汽车底盘
结构·原理·拆装·维修

王军 李伟 何建 主编

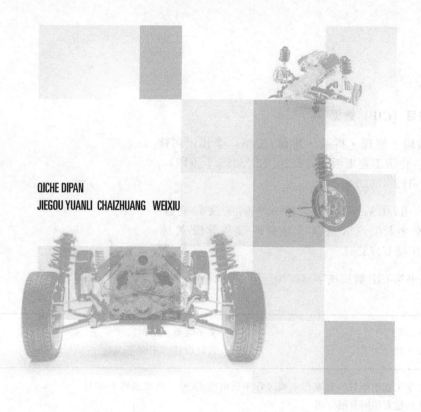

QICHE DIPAN
JIEGOU YUANLI CHAIZHUANG WEIXIU

化学工业出版社
·北京·

内 容 简 介

本书系统地介绍了汽车新型底盘各总成和部件的结构、工作原理及拆装与检修的方法，主要包括检修离合器、检修手动变速器、检修万向传动装置、检修驱动桥、检修车桥与车轮、检修悬架、调整车轮定位、检修转向系统和检修制动系统等内容。本书可帮助读者理解汽车各系统、总成的工作原理及结构特点，使读者基本具备汽车底盘拆卸、装配能力，以及使用汽车底盘维修的常用工具、量具、设备进行底盘各总成、部件检修的技能，掌握维修、调整技术。本书内容丰富，图文并茂，实用性强，并配有大量视频资料。

本书可作为高职高专及本科院校相关专业的教材，也可作为汽车维修人员及汽车工程技术人员的参考用书。

图书在版编目（CIP）数据

汽车底盘结构·原理·拆装·维修/王军，李伟，何建主编.—北京：化学工业出版社，2020.12（2025.1重印）
ISBN 978-7-122-37650-3

Ⅰ.①汽⋯　Ⅱ.①王⋯②李⋯③何⋯　Ⅲ.①汽车-底盘-结构-高等学校-教材②汽车-底盘-车辆修理-高等学校-教材　Ⅳ.①U463.103②U472.41

中国版本图书馆 CIP 数据核字（2020）第 165408 号

责任编辑：陈景薇　　　　　　　　　　　文字编辑：冯国庆
责任校对：宋　玮　　　　　　　　　　　装帧设计：王晓宇

出版发行：化学工业出版社（北京市东城区青年湖南街 13 号　邮政编码 100011）
印　　装：北京建宏印刷有限公司
787mm×1092mm　1/16　印张 19¼　字数 499 千字　2025 年 1 月北京第 1 版第 2 次印刷

购书咨询：010-64518888　　　　　　　　　售后服务：010-64518899
网　　址：http://www.cip.com.cn
凡购买本书，如有缺损质量问题，本社销售中心负责调换。

定　价：88.00 元　　　　　　　　　　　　　　　　　　　　版权所有　违者必究

前言

　　为了适应现代汽车新型底盘的发展需要，本书在编写过程中注重理论与实践相结合，针对目前汽车技术更新速度越来越快的情况，本书立足于成熟的技术和规范的同时，力争把握汽车专业发展前沿，重视新技术、新知识、新工具、新规范的介绍和应用，力求做到内容与行业技术同步更新。本书还安排了拆装实训和故障排除与诊断，以提高汽车专业的学生和汽车维修人员在实际生产中的知识应用能力。

　　本书选用目前国内市场上的主流车型，以求学以致用。本书系统地介绍了检修离合器、检修手动变速器、检修万向传动装置、检修驱动桥、检修车桥与车轮、检修悬架、调整车轮定位、检修转向系统和检修制动系统等内容，可使读者较快地掌握维修、调整技术。为方便学习，本书配有动画视频和学习课件（读者可发邮件到1204107416@qq.com获取资源），清晰直观，能够大大提高读者的学习兴趣。

　　本书适用于汽车维修人员、汽车行业工程技术人员，也可供高职高专及本科院校相关专业的师生参考阅读。

　　本书共分十章，第一章至第五章由吉林工程技术师范学院汽车工程学院讲师王军主编，第五章由李伟主编，第六章至第十章由吉林工程技术师范学院助理研究员何建主编。参加本书编写的人员还有李春山、李微、马珍、刘强、吕春影等，在此深表感谢。

　　由于作者经验不足，书中不完善之处在所难免，恳请广大读者批评指正。

编者

目录

第一章 底盘基础知识

第一节 传动系统 1
一、传动系统的功能 1
二、传动系统的分类 3
三、传动系统的布置方案 4

第二节 行驶系统 5
一、行驶系统的组成 5
二、行驶系统的功用 5

第三节 转向系统 6
一、转向系统的功用与组成 6
二、转向系统的分类 6

第四节 制动系统 7
一、制动系统的分类 7
二、制动系统的工作原理 8

第二章 离合器

第一节 概述 9
一、离合器的功用 9
二、离合器的分类 9
三、离合器的工作原理 10
四、离合器的构造 10

第二节 新型离合器、双片离合器结构 15
一、新型 CSC 离合器结构 15
二、自调式离合器结构 16
三、双片离合器结构 18

第三节 离合器的拆装与检修 21
一、离合器总成的拆装 21

二、离合器主泵的拆卸 ·· 21
　　三、离合器踏板的拆装 ·· 23
　　四、离合器从动缸的拆装 ·· 24
　　五、离合器压盘、离合器从动盘以及同轴分泵的检测 ···················· 25
　　六、同轴分泵和适配器的拆装 ·· 25
　　七、离合器排气 ·· 26
　　八、离合器自由行程调整 ·· 27
　第四节　离合器的故障诊断与维修 ······································ 28
　　一、常见故障诊断 ·· 28
　　二、故障诊断案例 ·· 29

第三章　变速器

　第一节　概述 ··· 34
　　一、变速器的功用 ·· 34
　　二、变速器的类型 ·· 34
　　三、变速器的工作原理 ·· 35
　第二节　二轴式和三轴式变速器 ·· 39
　　一、二轴式变速器 ·· 39
　　二、三轴式变速器 ·· 45
　第三节　新型变速器结构 ·· 49
　　一、大众奥迪新款 02Q 型变速器结构 ·································· 49
　　二、大众奥迪 01X 6 挡变速器结构 ···································· 50
　第四节　同步器 ··· 52
　　一、变速器换挡方式 ·· 52
　　二、同步器的构造及工作原理 ·· 52
　第五节　变速器操纵机构及锁止机构 ···································· 56
　　一、功用与要求 ·· 56
　　二、操纵机构 ·· 56
　　三、换挡拨叉机构 ·· 57
　　四、锁止装置 ·· 59
　第六节　二轴式、三轴式变速器拆装 ···································· 62
　　一、二轴式变速器的装配 ·· 62
　　二、三轴式变速器拆装 ·· 70
　第七节　变速器的故障诊断与维修 ······································ 87

一、常见故障诊断 ………………………………………………………… 87
　　二、故障维修案例 ………………………………………………………… 88
　　三、换挡拉线调整 ………………………………………………………… 92

第四章　万向传动装置

第一节　概述 …………………………………………………………………… 93
　　一、万向传动装置的组成与功用 ………………………………………… 93
　　二、万向节 ………………………………………………………………… 94
　　三、传动轴与中间支承 …………………………………………………… 100
第二节　万向传动装置的拆装 ………………………………………………… 101
　　一、等速万向传动轴的拆装 ……………………………………………… 101
　　二、三销式万向节的拆装 ………………………………………………… 102
　　三、等速万向节的分解和组装 …………………………………………… 105
　　四、外等速万向节的检查 ………………………………………………… 107
　　五、十字轴式万向传动装置的拆卸 ……………………………………… 108
第三节　万向传动装置的故障诊断与维修 …………………………………… 109
　　一、万向传动装置的检修 ………………………………………………… 109
　　二、常见故障诊断 ………………………………………………………… 110
　　三、故障维修案例 ………………………………………………………… 111

第五章　驱动桥

第一节　概述 …………………………………………………………………… 115
　　一、驱动桥的功用与组成 ………………………………………………… 115
　　二、驱动桥的结构 ………………………………………………………… 115
第二节　主减速器 ……………………………………………………………… 117
　　一、主减速器的功用与组成 ……………………………………………… 117
　　二、主减速器的工作原理 ………………………………………………… 118
　　三、主减速器的分类 ……………………………………………………… 118
第三节　差速器 ………………………………………………………………… 125
　　一、差速器的功用与组成 ………………………………………………… 125
　　二、差速器的工作原理 …………………………………………………… 125
　　三、差速器的分类 ………………………………………………………… 125
第四节　半轴与桥壳 …………………………………………………………… 127
　　一、半轴 …………………………………………………………………… 127

二、桥壳 128

　第五节　驱动桥的拆装与检修 130

　　一、主减速器的分解 130

　　二、主减速器的拆装 130

　第六节　驱动桥的故障诊断与维修 135

　　一、常见故障诊断 135

　　二、故障维修案例 137

第六章　车架与车桥

　第一节　概述 139

　　一、车架 139

　　二、车桥 141

　第二节　转向轮定位及四轮定位 143

　　一、车轮定位的作用 143

　　二、车轮定位参数 144

　　三、车辆四轮定位 147

　第三节　车架与车桥的故障诊断与维修 161

　　一、常见故障诊断 161

　　二、故障维修案例 164

第七章　车轮与轮胎

　第一节　概述 167

　　一、车轮的结构与作用 167

　　二、轮胎的作用与分类 169

　　三、轮胎的结构与规格 170

　第二节　车轮与轮胎的拆装与检修 172

　　一、车轮的拆装 172

　　二、轮胎的检修 172

　　三、轮胎的拆装 174

　　四、车轮动平衡检测 177

第八章　悬架

　第一节　概述 182

  一、悬架的作用 …………………………………………………… 182
  二、悬架的基本组成 ……………………………………………… 182
  三、悬架的分类 …………………………………………………… 183
 第二节 减振器与弹性元件 …………………………………………… 188
  一、减振器的作用与结构 ………………………………………… 188
  二、双向作用式减振器的工作原理 ……………………………… 188
  三、弹性元件 ……………………………………………………… 189
 第三节 横向稳定器与导向装置 ……………………………………… 190
  一、横向稳定器 …………………………………………………… 190
  二、导向装置 ……………………………………………………… 191
 第四节 电控减振器与空气减振器 …………………………………… 192
  一、双管自调式减振器 …………………………………………… 192
  二、磁流液减振器 ………………………………………………… 195
  三、奥迪轿车四级空气悬架 ……………………………………… 196
 第五节 悬架拆装 ……………………………………………………… 203
  一、后减振器的拆装 ……………………………………………… 203
  二、减振器的分解 ………………………………………………… 205
  三、前减振支柱的拆装 …………………………………………… 207
 第六节 悬架的故障诊断与维修 ……………………………………… 208
  一、常见故障诊断 ………………………………………………… 208
  二、故障维修案例 ………………………………………………… 210

第九章 转向系统

 第一节 概述 …………………………………………………………… 212
  一、转向系统的作用 ……………………………………………… 212
  二、转向系统的类型 ……………………………………………… 212
  三、转向系统的组成 ……………………………………………… 212
 第二节 电动助力转向系统 …………………………………………… 217
  一、电动助力转向系统的基本组成 ……………………………… 217
  二、奥迪滚珠丝杠电动助力转向系统 …………………………… 217
  三、大众电动助力转向系统 ……………………………………… 219
  四、宝马后轮转向系统 …………………………………………… 224
 第三节 转向系统的拆装与检修 ……………………………………… 226
  一、四辐方向盘的拆装 …………………………………………… 226

二、转向柱的拆装 · 226
　　三、转向中间轴的拆装 · 229
　　四、转向器的拆装 · 230
　　五、转向节主销的拆装 · 232
　　六、主销检查 · 233
　　七、方向盘自由行程检查 · 234
　　八、转向拉杆更换 · 234
　　九、液压助力转向系统检查 · 236
　第四节　转向系统的故障诊断与维修 · 237
　　一、机械转向系统常见故障诊断 · 237
　　二、动力转向系统常见故障诊断 · 239
　　三、故障维修案例 · 240
　　四、转向系统匹配设置 · 246

第十章　制动系统

　第一节　概述 · 250
　　一、制动系统的作用 · 250
　　二、制动系统的分类 · 250
　　三、制动系统的组成 · 251
　第二节　汽车防抱死制动系统 · 258
　　一、汽车防抱死制动系统的基本组成与工作原理 · 258
　　二、汽车防抱死制动系统的主要部件 · 259
　第三节　电子驻车制动系统 · 263
　　一、电子驻车制动系统的类型与组成 · 263
　　二、电子驻车制动系统的工作原理 · 264
　　三、迈腾电子驻车制动系统电路分析 · 266
　　四、大众电子驻车制动系统基本设定的操作 · 269
　第四节　气压制动系统 · 271
　　一、气动防抱死制动系统的组成 · 271
　　二、气动防抱死制动系统气压调节器 · 271
　　三、制动气室的结构 · 274
　　四、排气制动系统的组成 · 274
　　五、电涡流缓速器 · 275
　第五节　制动系统的拆装与检修 · 277

一、前制动钳的拆装 ……………………………………………………………… 277
二、制动盘的拆装 ………………………………………………………………… 278
三、后制动摩擦片的拆装 ………………………………………………………… 279
四、制动盘和制动摩擦片的检查 ………………………………………………… 281
五、宝马左右前制动钳（制动钳已拆下）的检查 ……………………………… 282
六、车轮转速传感器输出电压的检查 …………………………………………… 283
七、东风天锦和天龙的制动器制动间隙自动调整 ……………………………… 284
八、轿车制动系统的排气 ………………………………………………………… 284
九、制动器总成拆装 ……………………………………………………………… 285
十、制动踏板高度的检修 ………………………………………………………… 287
十一、真空助力器的检查 ………………………………………………………… 287
十二、制动液的更换 ……………………………………………………………… 288

第六节　制动系统常见故障与诊断 ………………………………………………… 289
一、迈腾电子机械式驻车制动器控制单元 J540 唤醒导线故障的检修 ………… 289
二、迈腾 EPB 故障灯闪烁但无故障码 …………………………………………… 291
三、奇瑞瑞虎 ABS 低速误动作故障 ……………………………………………… 293
四、排气制动系统电路图分析及常见故障 ……………………………………… 295

第一章
底盘基础知识

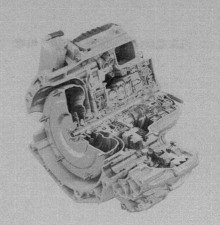

我们知道，汽车发动机是汽车的动力装置，它的作用是使供入其中的燃料燃烧而发出动力。而底盘则接收发动机的动力，使汽车产生运动，并能使汽车按驾驶员的意愿在道路上行驶。底盘由以下几部分组成。

（1）传动系统　传动系统将发动机的动力传递给驱动车轮，传动系统包括离合器、变速器、传动轴、主减速器及差速器、半轴等部分。

（2）行驶系统　将汽车各总成及部件安装在适当的位置，对全车起支承作用和对路面起附着作用，缓和道路冲击和振动，以保证汽车的正常行驶。行驶系统包括支承全车的承载式车身及车架、前悬架、前轮、后悬架、后轮等部分。

（3）转向系统　转向系统可保证汽车按驾驶员选定的方向行驶。它由带方向盘的转向器及转向传动机构组成，有的汽车还有转向助力装置。

（4）制动系统　制动系统可使汽车减速或停车，并保证驾驶员离车后能使汽车可靠地停驻原处。它包括前轮制动器、后轮制动器以及控制装置、传动装置和供能装置。

第一节　传动系统

一、传动系统的功能

机械式传动系统的组成及布置形式如图1-1所示，发动机发出的动力经过离合器、变速器和由万向节及传动轴组成的万向传动装置以及安装在驱动桥中的主减速器、差速器和半轴传到驱动轮。传动系统的功用如下。

1. 实现汽车的减速增矩

只有当作用在驱动轮上的牵引力足以克服外界对汽车的阻力，汽车才能正常起步。由试验得知，即使汽车在平的沥青路面上以低速匀速行驶，也需要克服约相当于1.5%汽车总重力的滚动阻力。发动机发出的转矩若直接传给驱动轮，则驱动轮所得的驱动力很小，不足以驱动汽车运动；另外，发动机的转速较高，此转速直接传到驱动轮上，汽车将达到每小时几百千米的速度，这样高的车速既不实用，也不可能实现（因为牵引力太小，汽车根本无法起步）。

为解决上述矛盾，必须使传动系统具有减速增矩作用，即使驱动轮的转速降低为发动机

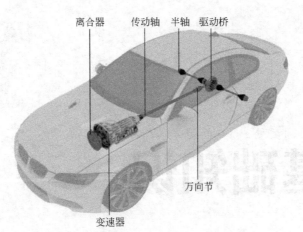

图 1-1 机械式传动系统的组成及布置形式

转速的几千分之一,相应地,驱动所得到的转矩则增大到发动机转矩的若干倍。在机械式传动系统中,若不计摩擦,则驱动轮转矩与发动机转矩之比等于发动机转速与驱动轮转速之比。该比值称为传动系统的传动比,以符号 i 表示。这一功能一般由主减速器(传动比以 i_0 表示)来实现。

2. 实现汽车变速

汽车的使用条件,诸如汽车的实际装载质量、道路坡度、路面状况以及道路宽度和曲率、交通情况所允许的车速等,都在很大范围内不断变化,这就要求汽车牵引力和速度也有相当大的变化范围。就活塞式内燃机而言,在其整个转速范围内,转矩的变化不大,而功率及燃油消耗率的变化却很大,因而保证发动机功率较大而燃油消耗率较低的曲轴转速范围,即有利转速范围是很窄的。为了使发动机能保持在有利转速范围内工作,而汽车牵引力和速度又能在足够大的范围内变化,应当使传动比能在最大值与最小值之间变化,即传动系统应具有变速功能。该功能由变速器(传动比以 i_g 表示)来实现。

3. 实现汽车倒车

汽车在某些情况下(如进入停车场或车库、在窄路上掉头时)需要倒向行驶,然而内燃机是不能反向旋转的,故与内燃机共同工作的传动系统必须保证在发动机旋转方向不变的情况下,能使驱动轮反向旋转。一般的结构措施是在变速器内加设倒挡(具有中间齿轮的减速齿轮副)。

4. 必要时中断传动系统的动力传递

内燃机只能在无负荷情况下启动,而且启动后的转速必须保持在最低稳定转速以上,否则可能熄火。所以在汽车起步之前,必须将发动机与驱动轮之间的传动路线切断,以便启动发动机。发动机进入正常怠速运转后,再逐渐地恢复传动系统的传动能力,即从零开始逐渐对发动机曲轴加载,同时加大节气门开度,以保证发动机不致熄火,且汽车能平稳起步。此外,在变换传动系统传动比挡位(换挡)以及对汽车进行制动之前,也都有必要暂时中断动力传递。为此,在发动机与变速器之间,可装设一个依靠摩擦来传动,且其主动和从动部分可在驾驶员操纵下彻底分离,随后再柔和接合的机构——离合器。

在汽车长时间停驻时,以及在发动机不停止运转情况下,使汽车暂时停驻,或在汽车获得相当高的车速后,欲停止对汽车供给动力,使之靠自身惯性进行长距离滑行时,传动系统应能长时间保持在中断动力传递状态。为此,变速器应设有空挡,即所有各挡齿轮都能自动保持在脱离传动位置的挡位。

5. 应使车轮具有差速功能

当汽车转弯行驶时,左右车轮在同一时间内滚过的距离不同,如果两侧驱动轮仅用一根刚性轴驱动,则两者角速度必然相同,因而在汽车转弯时必然产生车轮相对于地面滑动的现象。这将使转向困难,汽车的动力消耗增加,传动系统内某些零件和轮胎加速磨损。所以,驱动桥内装有差速器,使左右两驱动轮可以不同的角速度旋转。动力由主减速器先传到差速器,再由差速器分配给左右两半轴,最后传到两侧的驱动轮。

二、传动系统的分类

根据汽车传动系统中传动元件的特征,传动系统可分为机械式、液力式和电力式三大类。

1. 机械式传动系统

机械式传动系统主要由离合器、变速器、万向传动装置和驱动桥组成,其中万向传动装置由万向节和传动轴组成,驱动桥由主减速器和差速器组成。发动机前置前轮驱动机械式传动系统布置如图1-2所示。发动机发出的动力经过离合器、变速器、主减器从动齿轮、差速器和半轴传递到驱动车轮,使汽车产生运动。

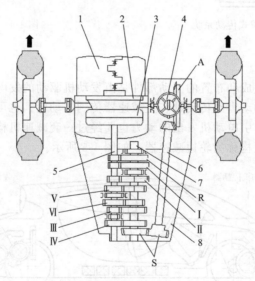

图1-2 发动机前置前轮驱动机械式传动系统布置

1—发动机;2—从动盘;3—离合器模块;4—差速器;5—驱动轴(主轴);6—带边轴的主动齿轮;7—从动轴;8—手动变速器;Ⅰ—第1挡;Ⅱ—第2挡;Ⅲ—第3挡;Ⅳ—第4挡;Ⅴ—第5挡;Ⅵ—第6挡;R—倒车挡;A—主减速器;S—中间传动的圆柱齿轮

2. 液力式传动系统

(1) 动液式 动液式又称液力机械传动系统,其特点是将液力与机械传动有机地组合起来。液力传动以液体为传力介质,利用液体在主动和从动元件之间的循环流动过程中动能的变化来传递动力。液力机械传动系统能根据道路阻力的变化,自动地在若干个车速范围内分别实现无级变速,而且其中的有级式机械变速器还可以实现自动或半自动操纵,使驾驶员的操作大为简化,如图1-3所示。

(2) 静液式　静液式传动系统如图1-4所示,其特点是通过液体介质压力的变化传递动力,利用发动机带动油泵产生静压力,通过控制装置控制液压马达转速,用一个液压马达带动驱动桥或用两个液压马达直接驱动两个驱动轮。静液式传动系统的主要缺点是机械效率低、造价高、使用寿命短、可靠性差等,故还没有得到广泛应用。

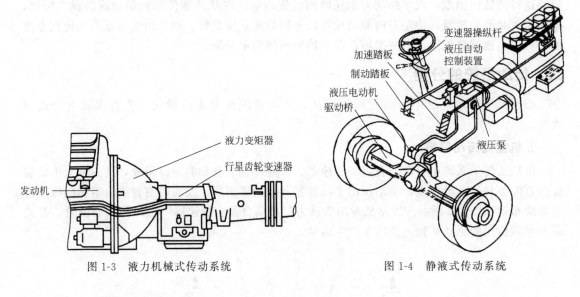

图1-3　液力机械式传动系统　　　　　图1-4　静液式传动系统

3. 电力式传动系统

电力式传动系统的组成和布置的主动部件是由发动机驱动的发电机,从动部件是牵引电动机。牵引电动机发出的动力经传动轴、主减速器传到驱动轮;也可以在每个驱动轮上单独安装牵引电动机,这个牵引电动机发出的动力也要经过一套减速机构才能传给驱动轮,目的是降速增矩,这套减速机构称为轮边减速器,如图1-5所示。

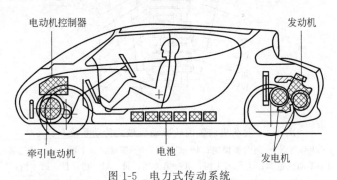

图1-5　电力式传动系统

三、传动系统的布置方案

传动系统的布置方案如图1-6所示。

(1) 前置后驱动（FR）　发动机前置后轮驱动方案;主要用于货车、部分客车和部分高级轿车。

(2) 前置前驱动（FF）　主要用于轿车和微型、轻型客车等。

(3) 后置后驱动（RR）　特点是发动机布置在后轴之后,用后轮驱动;主要用于大中型客车和少数跑车。

（4）中置后驱动（MR） 特点是发动机布置在前后轴之间，用后轮驱动；主要用于跑车和少数大、中型客车。

（5）全轮驱动（AWD） 特点是传动系统增加了分动器，动力可以同时传给前后轮；主要用于越野车及重型货车。

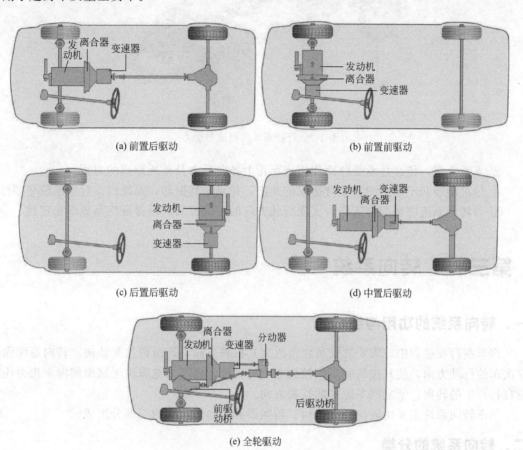

图 1-6 传动系统的布置方案

第二节 行驶系统

一、行驶系统的组成

轮式汽车行驶系统一般由车架、车桥、车轮和悬架等组成。车轮支承着车桥，车桥又通过弹性悬架与车架相连接。车架是整个汽车的基体，它将汽车的各相关总成连接成一个整体，构成汽的装配基础，如图1-7所示。

二、行驶系统的功用

① 接收由发动机发出、经传动系统传来的转矩，并通过驱动轮与路面间的附着作用，产生对驱动轮的牵引力，以保证汽车正常行驶。

图 1-7　行驶系统的组成与受力

② 支承全车，传递并承受路面作用于车轮上各向反力及其所形成的力矩。
③ 尽可能缓和不平路面对车身造成的冲击，并衰减其振动，保证汽车行驶系统平顺性。
④ 与转向系统协调配合工作，实现行驶方向的正确控制，以保证汽车操纵稳定性。

第三节　转向系统

一、转向系统的功用与组成

汽车在行驶过程中，需要驾驶员经常改变其行驶方向，即所谓汽车转向。转向系统除改变汽车的行驶方向，使其按驾驶员操控的方向行驶外，还可以克服由于路面侧向干扰力使车轮自行产生的转向，恢复汽车原来的行驶方向。

汽车转向系统主要由转向操纵机构、转向器和转向传动机构三部分组成。

二、转向系统的分类

汽车转向系统可按转向能源的不同分为机械转向系统和动力转向系统两大类。

1. 机械转向系统

机械转向系统以驾驶员的体力作为转向能源，如图 1-8 所示，驾驶员对方向盘施加一个转向力矩，该力矩通过转向轴输入机械转向器，经转向器的减速传动副放大后的力矩和减速后的运动传到转向横拉杆，再传给固定于转向节上的转向节臂，使转向节和它所支承的转向轮偏转，从而改变汽车的行驶方向。

2. 动力转向系统

动力转向系统是兼用驾驶员体力和发动机（或电动机）动力为转向能源的转向系统。它是在机械转向系统的基础上加设一套转向加力装置而形成的。液压式动力转向系统的组成和液压转向加力装置的管路布置如图 1-9 所示。当驾驶员转动方向盘时，转向摇臂摆动，通过转向直拉杆、转向横拉杆、转向节臂，使转向轮偏转，从而改变汽车的行驶方向。同时，转向器输入轴还带动转向器内部的转向控制阀转动，使转向动力缸产生液压作用力，这样驾驶员施于方向盘上很小的转向力矩，便可克服地面作用于转向轮上的转向阻力矩。

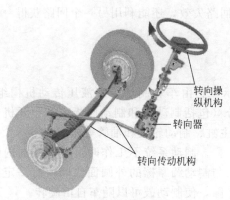

图 1-8 机械转向系统

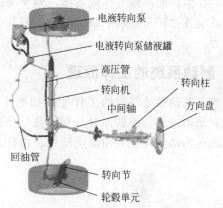

图 1-9 液压式动力转向系统的组成和液压转向加力装置的管路布置

第四节 制动系统

一、制动系统的分类

使行驶中的汽车减速甚至停车，使下坡行驶的汽车的速度保持稳定，以及使已停驶的汽车保持不动，这些作用统称为汽车制动。

1. 按制动系统功用分类

一般汽车应包括两套独立的制动系统：行车制动系统和驻车制动系统。行车制动系统又称脚制动系统，其功用是使正在行使中的汽车减速或在最短的距离内停车。驻车制动系统又称手制动系统，其功用是使已经停在各种路面上的汽车驻留原地不动。第二制动系统是在行车制动失效的情况下保证汽车仍能实现减速或停车的一套装置。在许多国家的制动法规中规定第二制动系统是必须具备的。

辅助制动系统（排气制动）是汽车下长坡时稳定车速的一套装置。排气缓速开关由驾驶员控制，在需要使用时将开关拉到闭合位置，接通电源，排气缓速指示灯点亮，显示排气缓速式辅助制动系统处于工作状态。不踩加速踏板和在离合器处于接合状态时，加速开关与离合器开关处于接通状态，电流流经电磁阀，打开压缩空气通道。从储气筒来的压缩气体进入控制缸，把控制缸推杆向前推进，使安装在排气通道上的排气节流阀关闭，急速降低发动机转速，从而迅速降低车速。例如，经常行驶在山区的汽车，若单靠行车制动系统来达到下长坡时稳定车速的目的，则可能导致行车制动系统的过热而降低制动效能，甚至完全失效。故经常在山区使用的汽车还应具备此装置。

2. 按制动系统制动能源分类

① 人力制动系统是以驾驶员作为唯一制动能源的制动系统。

② 动力制动系统是完全靠发动机的动力转化而成的气压或液压形式的势能进行制动的制动系统。

③ 伺服制动系统是兼用人力和发动机动力进行制动的制动系统。

传动机构采用单一的气压或液压回路的制动系统为单回路制动系统。这种制动系统，只要有一处损坏而渗漏气体或液体，整个制动系统即行失效。因此，现在汽车上均使用双回路制动系统或多回路制动系统，这样，若其中一个回路失效，还能利用另一个回路获得一部分制动力。

二、制动系统的工作原理

汽车制动系统简单的工作原理如图1-10所示。它由车轮制动器和液压传动机构组成。车轮制动器主要由旋转部分（制动鼓）、固定部分（包括制动鼓和制动底板）和张开机构组成。液压传动机构主要由制动踏板、推杆、制动主缸、制动轮缸和油管等组成。

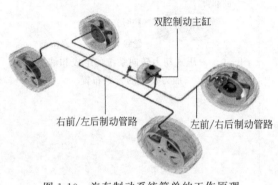

图1-10 汽车制动系统简单的工作原理

制动系统不工作时，制动鼓的内圆面与制动蹄摩擦的外圆面之间留有一定的间隙，使制动鼓可以随车自由旋转。

制动时，踩下制动踏板，推杆便推动主缸活塞，使制动主缸中的油液以一定压力流入制动轮缸，通过轮缸活塞使两制动蹄的上端向外张开，从而使摩擦片压紧在制动鼓内圆面上。这样，不旋转的制动蹄就对旋转着的制动鼓产生一个摩擦力矩M_U，其作用方向与车轮旋转方向相反。制动鼓将该力矩M_U传到车轮后，由于车轮与路面间的附着作用，车轮对路面作用一个向前的周缘力F_U，同时，路面对车轮作用一个向后的反作用力F_B，即制动力。制动力F_B由车轮经车桥和悬架传给车架及车身，迫使整个汽车产生一定的减速。制动力越大，则汽车减速也越大。当放开制动踏板时，复位弹簧即将制动踏板拉回原位，摩擦力矩M_U和制动力F_B消失，制动作用即行终止。

第二章
离合器

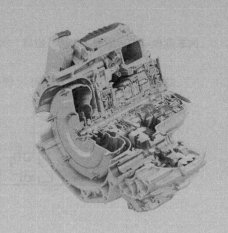

第一节 概述

一、离合器的功用

离合器是在汽车传动系统中直接与发动机相连接的部件,用来分离或接合发动机与变速器之间的动力传递。离合器的主要功用有:保证汽车平稳起步;保证传动系统换挡时工作平顺;防止传动系统过载。

二、离合器的分类

离合器可分为液力式变矩器、电磁式离合器和摩擦式离合器。摩擦式离合器有干式和湿式两种。

1. 液力式变矩器

液力变矩器靠液压油传递转矩,其结构如图 2-1 所示。泵轮是主动件,涡轮为从动件,并与泵轮相对安装。当泵轮转速较低时,涡轮不能转动,主动件与从动件之间处于分离状态;随着泵轮转速的提高,涡轮在液压油的冲击下开始转动,主动件与从动件处于接合状态,发动机转矩便传到变速器轴上。

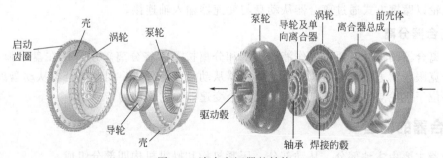

图 2-1 液力变矩器的结构

2. 电磁式离合器

电磁式离合器靠线圈的通断电来控制离合器的接合与分离。为了增加主、从动件之间的动力传递,在两者之间可放置磁粉,磁粉式电磁式离合器如图 2-2 所示。

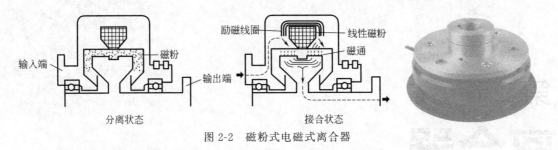

图 2-2 磁粉式电磁式离合器

3. 摩擦式离合器

目前与手动变速器相匹配的离合器绝大多数为干式离合器。根据所用压紧弹簧布置位置的不同,可分为周布式弹簧离合器(图 2-3)和膜片式弹簧离合器(图 2-4)等。

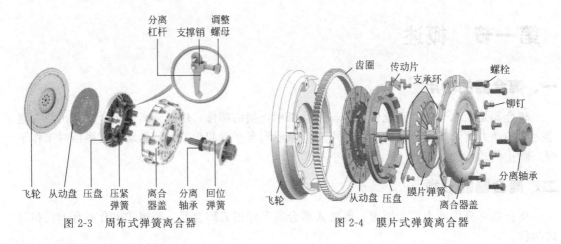

图 2-3 周布式弹簧离合器　　　　图 2-4 膜片式弹簧离合器

三、离合器的工作原理

1. 离合器接合

如图 2-5 所示,盘形弹簧 5 将离合器压盘 2 压在离合器从动盘 3 上,离合器从动盘以轴向移动方式支撑在从动轴 4 上,因此离合器压盘可将离合器从动盘压在飞轮 1 的摩擦面上,从而使飞轮以摩擦方式通过离合器从动盘与变速器输入轴连接。

2. 离合器分离

踩下离合器踏板时,通过工作液压缸 7 和分离拨叉 8 将分离轴承 6 压在盘形弹簧 5 上。盘形弹簧克服压紧力使离合器压盘 2 从离合器从动盘 3 上分离。因此离合器从动盘离开飞轮摩擦面并位于飞轮与离合器压盘之间,此时至变速器箱的作用力传递中断。

四、离合器的构造

离合器主要由主动部分、从动部分、压紧机构和操纵机构四部分组成。

1. 主动部分

离合器的主动部分包括飞轮、离合器盖、压盘等,离合器盖与压盘的总成如图 2-6 所示。它们与发动机曲轴连在一起,并始终与曲轴一起转动。离合器盖与飞轮用螺栓连接。离

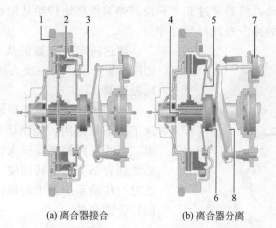

(a) 离合器接合　　　　　(b) 离合器分离

图 2-5　离合工作原理

1—飞轮；2—离合器压盘；3—离合器从动盘；4—从动轴；5—盘形弹簧；6—分离轴承；
7—工作液压缸；8—分离拨叉

合器盖及压盘总成构造如图 2-7 所示，传动片用弹簧钢片制成，沿压盘周边均匀分布，切线方向安装，其两端分别被铆钉铆在离合器盖和压盘上。离合器分离时，传动片发生弯曲变形。

2. 从动部分

从动部分由离合器片、扭转减振器和花键毂三个基本部分组成，离合器从动盘构造如图 2-8 所示。

离合器从动盘毂和减振器盘都开有 6 个长方孔，每个孔中装有一个减振器弹簧。从动盘本体和减振器盘上圆周方向的长方孔边处设有翻边，将减振器弹簧卡在长方孔中。减振器盘与从动盘本体用铆钉铆接在一起，并将从动盘毂及其两侧的减振器阻尼片夹在中间。从动盘毂与从动盘本体间可转动一个角度。

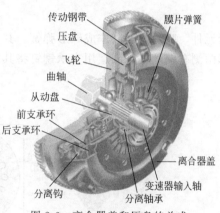

图 2-6　离合器盖和压盘的总成

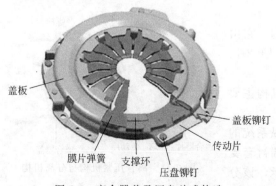

图 2-7　离合器盖及压盘总成构造

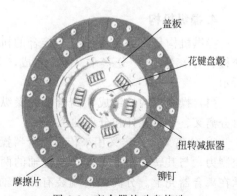

图 2-8　离合器从动盘构造

离合器接合时，发动机输出的转矩经飞轮和压盘传到从动盘两侧的摩擦片，继而带动从动盘本体和减振器盘转动,然后通过 6 个减振器弹簧把转矩传给从动盘毂。因为有减振弹簧作用,所以传动系统受的冲击在此得到缓冲。

捷达轿车离合器的从动盘有两级减振装置,如图 2-9 所示,第一级为预减振装置,第二级为减振弹簧。

第一级预减振装置很软,主要是在发动机怠速工况下起作用,能消除怠速时变速器的噪声。第二级减振弹簧刚度很大,它可降低曲轴与传动系统接合部分的扭转刚度,缓和汽车改变行驶状态时对传动系统产生的扭转冲击,并改善离合器的接合柔和性。

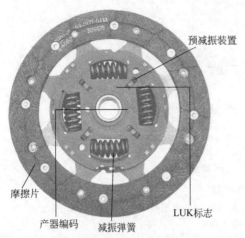

图 2-9 捷达轿车离合器的从动盘

3. 压紧机构

压紧机构主要由压盘、离合器盖、膜片弹簧和螺旋弹簧组成,如图 2-10 和图 2-11 所示。以离合器盖为依托,将压盘压向飞轮,从而将从动盘压紧。膜片弹簧是近年来广泛采用的离合器压紧元件,膜片弹簧制作成碟形弹簧,其上有若干个径向开口,形成若干个弹性杠杆。弹簧中部两侧有钢丝支承圈,用支承铆钉将其安装在离合器盖上。

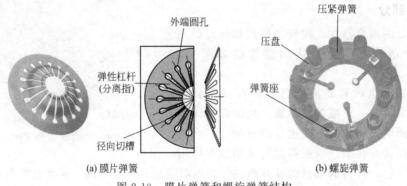

图 2-10 膜片弹簧和螺旋弹簧结构

4. 操纵机构

操纵机构是使离合器分离与接合的机构,它由踏板、分离轴承、分离杠杆等组成,如图 2-12 所示。

(1)操纵机构的组成 离合器的操纵机构主要由分离叉、分离杠杆和分离轴承组成。

① 分离叉。分离叉用来传递离合器操纵系统的控制力,与其转轴制成一体,通过轴的两端衬套支承在离合器壳上。分离叉前端装有分离轴承,该分离轴承松套在变速器第一轴轴承盖的分离轴承导套的外圆面上,并在分离轴承回位卡的作用下,以其两侧的凸台平面,抵靠在分离叉两端的圆弧表面上。分离叉以其中段分离叉座支承在飞轮壳中的球头螺栓上,其外侧拨叉的延伸端伸

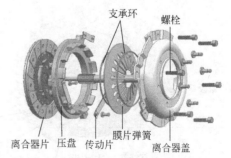

图 2-11 离合压紧机构与分离机构

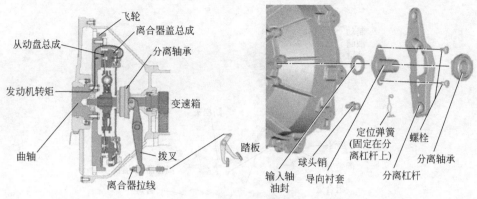

图 2-12 离合器操纵机构

出飞轮壳与离合器操纵机构相连。分离叉以球头螺栓为支点向前移动，推动分离轴承向飞轮方向移动，而对分离杠杆内端施加推力。由于离合器工作时分离轴承外壳并不转动，而分离杠杆则是随离合器壳和压盘转动的，故为了避免两者之间的直接摩擦，设置分离轴承结构形式为推力式或径向推力式。

② 分离杠杆。用薄钢板冲压制成，其内端与分离轴承相连，另一端连接到分离轴承后端，中间通过支点支撑在变速器壳体上。其支承柱的前端插入压盘相应的孔中，中部有方孔，通过浮动销支承在方孔的平面上，并用扭簧使它们靠紧，后端用调整螺母的球面支承在离合器盖相应的孔上。这种方式结构简单，且分离杠杆的高度是通过螺母调整支点高度来调整的。

③ 分离轴承。离合器分离时，分离套筒沿其轴线移动，推动分离轴承向前移动，推动分离叉内端向前摆动，分离叉外端使压盘后移，实现离合器分离（在正常情况下分离轴分离叉的间隙为1~3mm）。分离轴承广泛采用轴向或径向推力轴承，在轴承装配之前一次加足润滑脂，是封闭式润滑轴承。在小尺寸的离合器上也采用结构简单的石墨滑动轴承。有的离合器，在分离叉内端用卡簧浮动地安装一个分离环，一起转动，利用其环形平面与分离轴承接触传动，降低了滑动接触面的单位压力，减小了磨损。分离杠杆随离合器主动部分一起旋转，与分离轴承间存在周向滑动和径向滑动，当两者在旋转中不同心时，径向滑动加剧。为了消除因不同心引起的磨损，在膜片弹簧式离合器中广泛采用自动调心式分离轴承。

(2) 操纵机构的分类　离合器操纵机构按传动方式划分，可分为液压式和气压式两种。

① 液压式操纵机构。液压式操纵机构示意如图2-13所示，主要由离合器主缸、离合从动缸（离合器分泵）以及管路系统组成。液压式操纵机构具有摩擦阻力小、传动效率高、重量轻、接合柔和及布置方便等优点，并且不受车身和车架变形的影响，因此其应用广泛。

主缸构造如图2-14所示。主缸进油孔通过进油软管与制动储液罐相通，出油孔与离合器分泵通过管路相连接。主缸体内装有活塞、限位橡胶装置。

离合器分泵结构如图2-15所示，主要由排气孔、进油孔、回位弹簧、皮碗、推杆、保护套等组成。

② 气压式操纵机构。气压式操纵机构一般是利用由发动机带动的空气压缩机作为主要的操纵能源，驾驶人则作为辅助的和后备的操纵能源。由于包括空气压缩机、储气罐在内的一整套磁压缩空气源的结构复杂，所以单为离合器操纵机构设置整套能源系统是不适宜的，一般都是与汽车的气压制动系统及其他气动设备共用一套压缩空气源。

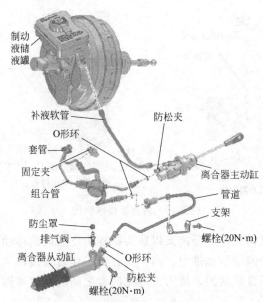

图 2-13 液压式操纵机构示意

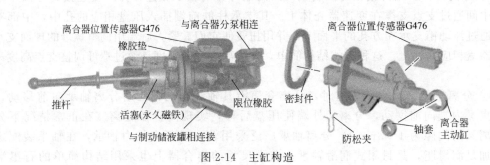

图 2-14 主缸构造

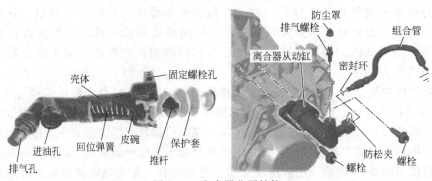

图 2-15 离合器分泵结构

离合器分离：如图 2-16 所示，踩下离合器踏板，总泵制动液从 2 口输入 A 腔，作用在活塞杆 a 上，使推杆 b 产生向左推力。同时，制动液经 j 通道进入 C 腔，推动控制阀杆 c 向左移动，打开气门 f，压缩空气经 g 通道流入 B 腔。在气压力和液压力同时作用下，使推杆 b 继续往左移动，从而使离合器分离。

离合器啮合：松开离合器踏板，2 口液压降为零。在大回位弹簧 d 和气压的作用下，控制阀杆 c 向右移动，关闭气门 f，空气经控制阀杆的 h 通道由 3 口排向大气，活塞杆回位，推杆 b 在大回位弹簧 d 的作用下亦同时回到起始位置，如图 2-16 所示。

注：最大行程为 60~75mm；最大工作压力，液压为 12MPa，气压为 1MPa。

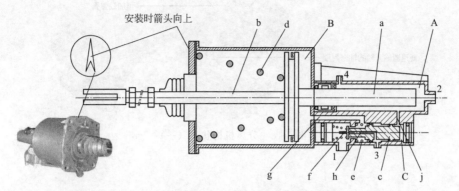

图 2-16　气压助力离合器泵

1—进气口；2—进液口；3—排气口；4—液压排气口（放气螺栓）；a—活塞杆；b—推杆；c—控制阀杆；d—大回位弹簧；e—小回位弹簧；f—气门；g,h,j—通道；A—液压腔；B—气压腔；C—油腔

第二节　新型离合器、双片离合器结构

一、新型 CSC 离合器结构

目前，开始流行将离合器的分缸直接和分离轴承集成在一起成为同心式分缸（Concentric Slave Cylinder，CSC），如图 2-17 所示。同心式分缸的主要优点是，简化了离合器操纵传动的组装，可在一个紧凑的分缸单元里集成多种功能，如尖峰转矩限制功能（即在分缸内有一个开闭式流道，能随时改变流道大小，在离合器分离时可使液流变慢，增加接合时间，而分离时却毫无阻力）、踏板阻尼功能（减小操纵系统工作时踏板的振动）等。

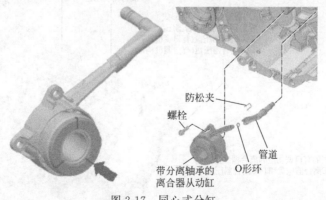

图 2-17　同心式分缸

CSC 通过轴承直接安装在离合器盖上，这不仅可使离合器分离时发动机曲轴免受轴向力作用，还可减轻曲轴发生轴向运动时引发的转矩波动，以免造成离合器接合时的抖动。未操纵离合器/离合器已接合，如图 2-18 所示。已操纵离合器/离合器已脱开，如图 2-19 所示。

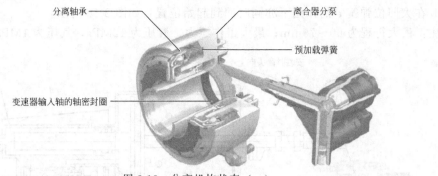

图 2-18 分离机构状态（一）

图 2-19 分离机构状态（二）

二、自调式离合器结构

自调式离合器（Self Adjusting Clutch，SAC）的结构如图 2-20 所示。SAC 系统根据分离力的情况来工作。在 SAC 系统上，离合器压盘的磨损补偿可重新复位，因此离合器从动盘和离合器压盘就可以单独更换了。

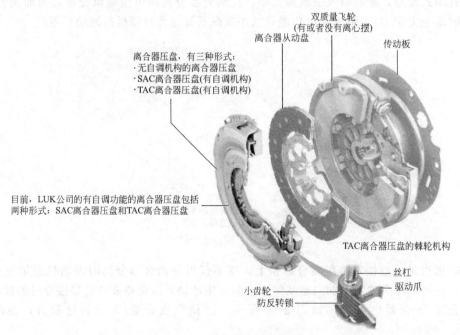

图 2-20 自调式离合器的结构

调节发生在离合器接合和脱开过程中。如果离合器压盘的摩擦面与双质量飞轮之间的距离因离合器磨损而相应减小了,那么离合器行程就会调节,这个行程变化会触动棘轮机构,棘轮机构与丝杠连接在一起,于是就转动斜面环,补偿磨损。

在离合器从动盘的整个使用寿命中保持不变的分离力,离合器从动盘结构如图2-21所示。

随着离合器从动盘的磨损,主碟形弹簧的位置会发生改变,从而改变压紧力和分离力的特征线。主碟形弹簧有一条递减的特征线。为了使压盘的压紧力在1.5~2mm的磨损范围内不致过低,选择的主碟形弹簧力的特征线在一开始压紧力首先上升,其结果是不得不加大踩踏力。在双涡轮增压发动机上,离合器必须传递很高的转矩。因为在设计离合器时由于结构上的条件限制了摩擦片的面积,所以必须通过更高的压紧力来补偿。结果是同样需要更高的分离力(特别是在磨损时),离合器压盘结构如图2-22所示。

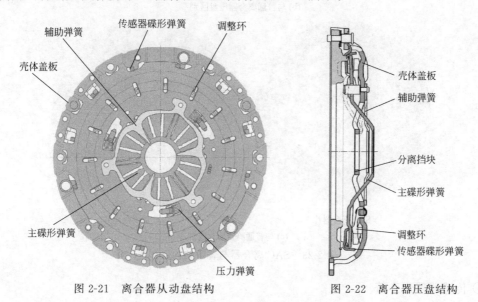

图2-21 离合器从动盘结构　　图2-22 离合器压盘结构

与传统的离合器相比,下列零件是经过改进的(图2-23)。

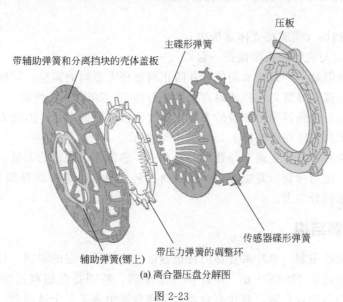

(a) 离合器压盘分解图

图2-23

SAC离合器压盘　　　　　普通离合器压盘

(b) 与普通离合器压盘区别

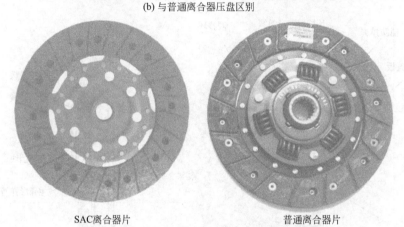

SAC离合器片　　　　　普通离合器片

(c) 与普通离合器片区别

图 2-23　SAC 离合器与普通结构区别

① 传感器碟形弹簧。
② 带斜面（楔子）和压力弹簧的调整环。
③ 带斜面压花和压力弹簧导向片的壳体盖板。
④ 离合片。
⑤ 分离行程挡块（集成在壳体盖板中）。
⑥ 辅助弹簧（与壳体盖板铆接在一起）。

分离行程挡块限制了分离轴承的位移并防止调整环无意间的调整。辅助弹簧从一个定义的行程开始克服主碟形弹簧力，并使得离合器受力均匀，如图 2-24 所示。

分离时的过程：传感器碟形弹簧的力量克服主碟形弹簧的力量，力量大小应保证在正常分离力下将主碟形弹簧压在调整环上，如图 2-25 所示。

如果由于摩擦片磨损使主碟形弹簧的力量大于传感器碟形弹簧的力量，则主碟形弹簧会从调整环上翘起。压力弹簧沿着壳体盖板的斜面扭转调整环，这样就补偿了摩擦片的磨损，并重新恢复了压紧和分离力。

三、双片离合器结构

由于受到结构的限制，单片离合器的转矩容量也受到了一定的限制。目前，常见的单片离合器转矩容量可达到 2300N·m，而许多大型车辆，特别是在超载运输经常发生的情况下，则用双片离合器比较合适，双片离合器即是离合器中多了一个从动盘。在单片离合器无

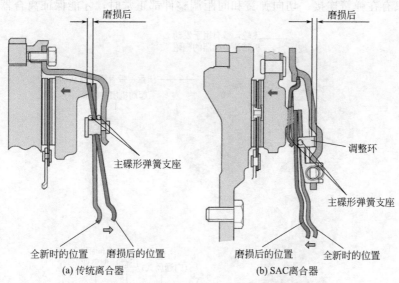

图 2-24 传统离合器与 SAC 离合器复位过程

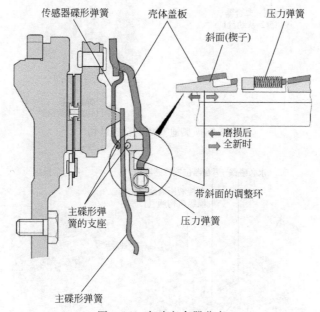

图 2-25 自动离合器分离

法满足转矩容量要求的情况下，便出现了双片离合器。

双片离合器与单片离合器相比有以下优点。

① 双片离合器从动盘允许摩擦量是单片离合器的 2 倍（同等尺寸时），因而具有更长的使用寿命。

② 两个摩擦片平行工作，离合器接合时从动盘逐步压紧，所以起步平稳。快速换挡时，转矩峰值也较小，有利于延长变速器的寿命。双片离合器结构及安装位置如图 2-26～图 2-28 所示。

③ 双片离合器由于多了一个从动盘，使离合器从动部分转动惯量增大，鉴于此，压盘 1 和 2 的切向弹簧之间有间距调整件，它的作用是在离合器脱开时保持离合器从动盘之间所必

需的气隙。只有在弹簧连接、切向弹簧和间距调整件都正常时,才能保证离合器正常脱开。

图 2-26　奥迪双片离合器结构

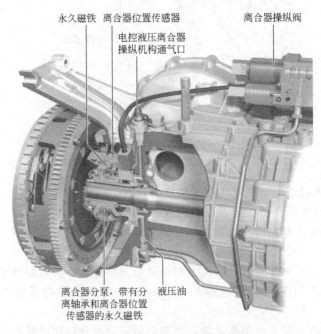

图 2-27　奥迪双片离合器安装位置

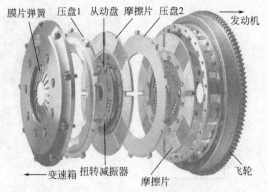

图 2-28 货车双片离合器结构

④ 双片离合器还存在一个磨损后压紧力调整的问题,单片离合器(螺旋盖)磨损后压紧力会变小,通常换新之前是不用调整的,而双片离合器比单片离合器允许的摩擦量大 1 倍,这意味着双片离合器的压紧力也要比单片离合器的改变量大 1 倍,通常这样的情况采取调整弹簧或垫片数量补偿压力损失。

第三节 离合器的拆装与检修

一、离合器总成的拆装

① 从适配器分离离合器油软管,如图 2-29 所示,使用锁止钳防油泄漏。
② 拆下变速器总成,如图 2-30 所示。

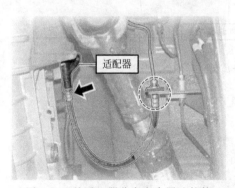

图 2-29 从适配器分离离合器油软管

图 2-30 拆下变速器

③ 把定中心销(专用工具)插入中央的花键。按横向顺序拧松离合器壳螺栓 1/2 周直到弹簧张力释放,如图 2-31 所示。
④ 拧下螺栓并拆下离合器壳、压盘和离合器片,如图 2-32 所示。
⑤ 安装按拆卸的倒序进行。

二、离合器主泵的拆卸

① 排放离合器油。

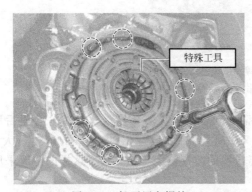

图 2-31　松开压盘螺栓　　　　图 2-32　拧下螺栓并拆下离合器壳、压盘、离合器片

② 从制动器储油箱分离离合器油供给软管（到腔），如图 2-33 所示。

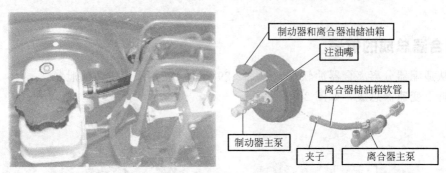

图 2-33　从制动器储油箱分离离合器油供给软管

③ 拧下 2 个离合器主泵固定螺母，如图 2-34 所示。

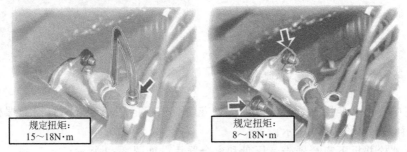

图 2-34　拧下 2 个离合器主泵固定螺母

④ 从离合器踏板分离离合器主泵推杆并拆卸离合器主泵。
⑤ 按与拆卸相反的顺序进行安装，安装后检查"放气和离合器板工作"。
⑥ 向储油箱注入制动器和离合器油，如图 2-35 所示。

第二章 离合器

图 2-35 向储油箱注入制动器和离合器油

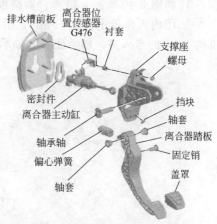

图 2-36 大众车型离合器踏板机构装配

三、离合器踏板的拆装

大众车型离合器踏板机构装配如图 2-36 所示。

1. 拆卸

① 拆卸驾驶员侧仪表板护板。
② 如图 2-37 所示，旋出螺栓 2。
③ 将转向中间轴 1 从转向柱上拔下（箭头）并置于一侧。
④ 拆卸防冲撞条。
⑤ 如图 2-38 所示，拔下离合器主动缸操纵拉杆的固定销，用套筒扳手 SW（8mm）松开卡子。

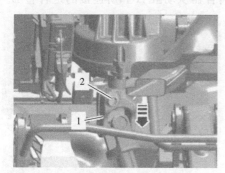

图 2-37 将转向中间轴从转向柱上拔下

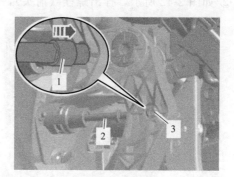

图 2-38 拔下离合器主动缸操纵拉杆的固定销
1—套筒扳手；2—离合器推杆；3—固定销

⑥ 如图 2-39 所示，用内六角扳手 SW（8mm）沿逆时针方向旋转离合器踏板的轴承轴 3，直至轴承座 2 和轴承轴上的箭头相互对准为止。
⑦ 为拉出轴承轴，要前后移动离合器踏板。
⑧ 取下离合器踏板。

2. 安装

安装以倒序进行，同时要注意更换轴承轴和固定销。

023

① 如图 2-40 所示，将离合器踏板置于安装位置并推入新的轴承轴 3。

② 用内六角扳手 SW（8mm）沿顺时针方向旋转离合器踏板的轴承轴，直至听到止动机构 1、4 的卡入声。轴承座 2 和轴承轴 3 上的箭头位置相互错开。

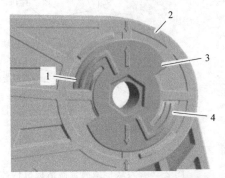 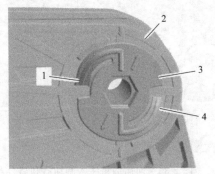

图 2-39　逆时针方向旋转离合器踏板的轴承轴　　　　图 2-40　顺时针方向旋转离合器踏板的轴承轴
1,4—止动机构；2—轴承座；3—轴承轴　　　　　　　1,4—止动机构；2—轴承座；3—轴承轴

③ 按压离合器踏板，直至离合器主动缸操纵拉杆达到其安装位置。
④ 压入新的固定销，直至听到卡入声。
⑤ 安装转向中间轴。
⑥ 安装驾驶员侧仪表板护板。

四、离合器从动缸的拆装

1. 拆卸

① 如图 2-41 所示，在软管处用软管夹 3094 夹住离合器主动缸和从动缸之间的组合管。
② 如图 2-42 所示，拧出螺栓（箭头），取下离合器从动缸 A 和所连接的组合管 B。

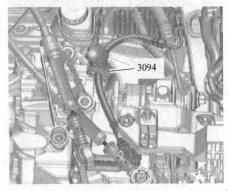 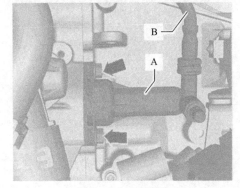

图 2-41　夹住离合器主动缸和从动缸之间的组合管　　　图 2-42　拧出螺栓

③ 将一块抹布置于下面，以便收集溢出的制动液。
④ 如图 2-43 所示，用螺丝刀松开防松夹 3，将组合管 1 从接头 4 上拔下。

2. 安装

安装以倒序进行，同时要注意下列事项。
① 如图 2-42 所示，将组合管 B 连接到离合器从动缸 A 上。
② 用 MoS2 润滑脂润滑离合器从动缸 A 的挺杆头部。

③ 安装离合器从动缸，按规定的拧紧力矩拧紧螺栓。
④ 为离合器装置排气。

五、离合器压盘、离合器从动盘以及同轴分泵的检测

（1）离合器压盘的检测 检测膜片弹簧是否磨损和高度不平，不平极限为 0.8mm，如图 2-44 所示。

（2）离合器从动盘的检测 检测表面铆钉是否松动，是否接触不平、卡滞，是否有油和润滑脂泄漏情况。检测铆钉头深度，如果超过极限 0.3mm，则换片，如图 2-45 所示。

（3）同轴分泵的检测 检测是否存在受热损坏、异常噪声、转动不良和同轴分泵轴承磨损情况，如图 2-46 所示。

六、同轴分泵和适配器的拆装

① 拧下离合器外壳中的油管螺母（20~25N·m），拆卸油管，如图 2-47 所示。
② 从离合器外壳上拧下油管适配器固定螺栓并拆卸适配器和油管，如图 2-48 所示。

图 2-43 松开防松夹
1—组合管；2—密封环；
3—防松夹；4—接头

图 2-44 离合器压盘

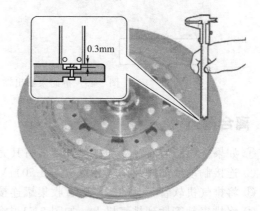

图 2-45 检测离合器从动盘

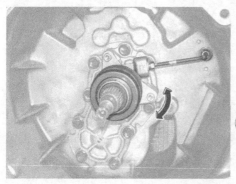

图 2-46 检测同轴分泵

③ 拧下 3 个螺栓并拆卸泵输出轴上的同轴分泵总成，如图 2-49 所示。
④ 按与拆卸相反的顺序进行安装。

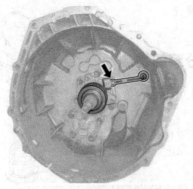
图 2-47 拆下离合器外壳

图 2-48 拆卸适配器和油管

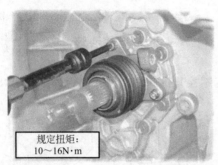

图 2-49 拆卸泵输出轴上的同轴分泵总成

七、离合器排气

① 如果空气滤清器在从动缸上方，请将其完整地拆除。
② 连接制动液加注及排气装置（图 2-50）VAG 1869 或空瓶。
③ 将排气机软管与制动排气装置收集罐连接。
④ 将排气软管插到排气机上，如图 2-51 中箭头所示。

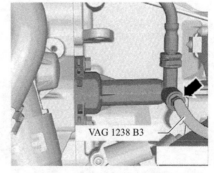
图 2-50 制动液加注及排气装置　　图 2-51 将排气软管插到排气机

⑤ 以 2bar（$1bar=10^5Pa$，下同）的压力给系统供气。
⑥ 打开排气阀。
⑦ 排出约 $100cm^3$ 的制动液。
⑧ 关闭排气阀。

⑨ 迅速将踏板从一个极限位置到另一个极限位置踩 10~15 次。
⑩ 打开排气阀。
⑪ 排出剩余的 $50cm^3$ 制动液。
⑫ 关闭排气阀。
⑬ 结束排气过程后踩几次离合器踏板。
⑭ 安装整个空气滤清器罩壳。

八、离合器自由行程调整

离合器自由行程：驾驶员踩下离合器踏板后，先要消除一段间隙，然后才能开始分离离合器。为消除这段间隙所需要的离合器踏板行程，即为离合器自由行程。

液压操纵式离合器自由行程调整方法 1：用扳手松开离合器分泵上推杆上的锁紧螺母，调长推杆，离合器踏板自由行程减小；反之，离合器踏板自由行程增大，如图 2-52 所示。

图 2-52　液压操纵式离合器自由行程调整

液压操纵式离合器自由行程调整方法 2：用扳手松开离合器踏板臂上连接离合器主缸的偏心螺栓的锁紧螺母。转动偏心螺栓，使偏心螺栓转至左方，则离合器踏板自由行程减小；反之，离合器踏板自由行程增大，如图 2-53 所示。调整好后，拧紧偏心螺栓的锁紧螺母。

拉线式离合器自由行程的调整：通过调整分离杠杆上的球形调整螺母来进行。螺母旋入，自由行程减小；螺母旋出，自由行程增大，如图 2-54 所示。离合器踏板自由行程为 15~25mm，如不符合要求可通过调整螺母进行调整。

图 2-53　液压离合器自由行调整

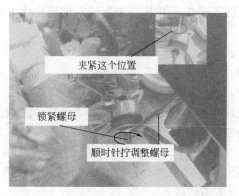

图 2-54　拉线式离合器自由行程的调整

第四节　离合器的故障诊断与维修

一、常见故障诊断

1. 离合器打滑

(1) 现象

① 汽车用低挡起步，放松离合器踏板后，汽车不能灵敏起步或起步困难。

② 汽车加速时，车速不能随发动机转速提高而加快及行驶无力。

③ 当载客上坡时，打滑较明显，严重时从离合器内散发出焦臭味。

(2) 原因

① 离合器踏板自由行程太小或没有，分离轴承经常压在膜片弹簧上，使压盘处于半分离状态。

② 摩擦片磨损变薄、硬化、铆钉外露或沾有油污。

③ 离合器和飞轮连接螺栓松动。

(3) 判断与排除

① 拉紧驻车制动器，挂上低速挡，慢慢放松离合器踏板，逐渐加大油门，若汽车不动，发动机仍继续运转而不熄火，说明离合器打滑。

② 检查离合器踏板自由行程，如不符合规定应予以调整。

③ 若自由行程正常，应拆下变速器罩壳，检查离合器与飞轮连接螺栓是否松动，如松动应予以拧紧。

④ 经上述检查排除后仍然打滑时，应拆下离合器检查摩擦片的状况。若有油污，一般应用汽油清洗干净并烘干，然后找出油污来源，并设法排除。若摩擦片磨损过薄或多数铆钉头外露，应更换摩擦片。

⑤ 如摩擦片完好，则应分解离合器，检查压盘膜片弹簧，若弹力过软应予更换。

2. 离合器分离不彻底

(1) 现象

① 发动机怠速运转时，踩下离合器踏板，挂挡有齿轮撞击声，且难以挂入；虽强行挂入，但不放松踏板，汽车就向前行驶或造成发动机熄火。

② 变速时挂挡困难或挂不进挡，并从变速器端发出齿轮撞击声。

(2) 原因

① 离合器踏板自由行程太大。

② 膜片弹簧指不在同一平面上。

③ 离合器从动盘翘曲，铆钉松脱或新换的摩擦片过厚。

④ 从动盘毂键槽与变速器输入轴键锈蚀，使从动盘移动困难。

⑤ 分离杠杆调整不当或分离杠杆弯曲、变形。

(3) 判断和排除

① 将变速杆放到空挡位置，踩下离合器踏板，用旋具推动离合器从动盘，若能轻松推动，说明能分离；反之则分离不彻底。

② 检查、调整离合器踏板自由行程。

③ 若新换摩擦片过厚，可在离合器盖与飞轮间增加适当厚度的垫片予以调整，但各垫片厚度应一致。

④ 若上述检查调整仍无效时，应将离合器拆下分解和检查，必要时予以修理或换件。

3. 离合器发响

（1）现象　行驶中操纵离合器时有不正常响声。

（2）原因　分离轴承磨损严重或缺油，轴承回位弹簧过软、折断或脱落。从动盘铆钉松动或减振弹簧折断。踏板回位弹簧过软、脱落或折断。

（3）判断和排除

① 稍稍踩下离合器踏板，膜片弹簧与分离轴承接触，听到"沙沙"的响声，为分离轴承响。若加油后仍响，为轴承磨扣松旷或损坏，应予以更换。

② 踩下、放松离合器踏板时，如出现间断碰击声，为分离轴承前后滑动响（分离轴承支承弹簧失效），应更换支承弹簧。

③ 发动机一启动就有响声，将踏板提起后响声消失，为踏板弹簧失效，应更换踏板弹簧。

④ 连踩踏板，在离合器刚接触或分开时响，为从动盘铆钉松动和摩擦片铆钉外露，应修复铆钉。

4. 起步时发抖

（1）现象　起步时不能平稳结合，使车身产生抖动。

（2）原因　压盘和从动盘发生翘曲，或从动盘铆钉松动。变速器与飞轮壳或者离合器盖与飞轮固定螺栓松动。膜片弹簧弹力不均。

（3）判断与排除

① 让发动机怠速运转，挂上低速挡，缓慢松开离合器踏板并加大油门起步，如车身有明显的抖动，则为离合器发抖。

② 检查变速器与飞轮壳、离合器盖与飞轮固定螺钉是否松动，检查膜片弹簧高度。

③ 拆开离合器盖，测量膜片弹簧的高度是否一致。

④ 若上述各项均不符合要求，则拆下离合器，分别检查压盘、从动盘是否变形，铆钉是否松动，膜片弹簧的弹力是否在允许范围内。

二、故障诊断案例

1. 离合器打滑

故障现象

① 当汽车起步时，完全放松离合器踏板后，汽车提速慢，发动机的动力不能完全传至变速器主动轴，使汽车动力下降、油耗增加和起步困难。

② 汽车加速时，车速不能随发动机转速提高而加快，以致行驶无力。

③ 当重载上坡时，打滑现象会更明显。

故障原因

① 由于离合器踏板自由行程太小或没有，分离轴承压在离合器膜片弹簧指（环）上，抵消了工作压紧力，压紧弹簧压紧力不足。

② 由于摩擦片上沾有油污。

③ 由于离合器设计匹配不足，离合器后备系数选择过小，造成正常使用情况下出现打滑情况。

④ 离合器和飞轮连接螺钉松动。

⑤ 严重超载运行超过了离合器的设计能力而造成离合器打滑。

⑥ 过多使用半联动造成摩擦片异常磨损，压盘工作面产生变形、翘曲或断裂。

⑦ 摩擦片过度磨损，超过磨损极限使工作压紧力下降，磨损变薄、龟裂、硬化，铆钉外露。

⑧ 摩擦力矩严重不足：压紧力不足，摩擦系数小，离合器紧固螺钉松动，磨损部件如图 2-55 所示。

故障判断与排除

① 拉紧手刹，挂上低速挡，慢慢放松离合器踏板，徐徐加大油门，若汽车不动，发动机仍继续运转而不熄火，说明离合器打滑。

② 检查离合器踏板是否有自由行程，如果没有自由行程，应予以调整。

③ 经上述检查排除后仍然打滑时，应拆下离合器检查摩擦片的状况。若有油污，应找出油污来源，设法排除。若摩擦片磨损过薄、烧片或铆钉头外露，应更换从动盘，如图 2-56 所示。

④ 检查压盘表面情况，如出现压盘断裂、翘曲变形的情况，应更换压盘，如图 2-57 所示。

图 2-55 磨损部件

图 2-56 离合器紧固螺钉松动

图 2-57 检查压盘表面

⑤ 如摩擦片无磨损过薄情况，压盘表面均正常，则应检查离合器膜片弹簧与盖之间是否存在粉尘堵塞而引起压盘不能正常回位的现象，如有此现象则应清除堵塞的粉尘，清除后若膜片弹簧指高度一致则可继续使用；如不一致，应更换压盘。

⑥ 如没有上述情况，汽车又没有超载，则有可能是离合器压紧力不足，应予以更换压盘，如多次重复出现该故障，则是由于设计匹配离合器不当造成的。

2. 离合器分离不彻底故障

故障现象

① 发动机在怠速运转时，完全踩下离合器踏板，挂挡困难，甚至挂不进挡，同时变速器内有齿轮撞击声。

② 强行挂入挡后，车辆会在离合器踏板未完全抬起时前冲，有时发动机会熄火。

故障原因

① 离合器踏板自由行程过大造成离合器分离行程不足。

② 从动盘盘毂键槽与变速器第一轴键齿锈蚀发卡，使从动盘移动困难。
③ 使用了不同厂家不匹配的从动盘。
④ 膜片弹簧疲劳失效。
⑤ 膜片弹簧指不在同一平面上，或个别膜片弹簧指折断。
⑥ 离合器从动盘翘曲，铆钉松脱或新换摩擦片时未调整踏板行程。
⑦ 离合器片磨损或分离轴承分离不彻底，如图 2-58 所示。

(a) 磨损的离合器片　　　　　　　(b) 分离轴承

图 2-58　分离轴承与磨损离合器片部件

故障判断与排除

① 发动机熄火时，挂空挡，踩下离合器踏板，打开离合器壳上的观察窗口，用螺丝刀推动离合器从动盘。若轻推能动，说明离合器能分离开；若推不动，说明离合器分离不彻底。
② 检查调整离合器踏板自由行程，如自由行程过大，则要重新调整。
③ 检查膜片弹簧指高低是否一致（在安装状态检查，自由状态下膜片弹簧指高低不平不能说明问题），如不一致，则检查是否存在粉尘堵塞的情况，在清除粉尘后膜片弹簧指高低一致时可继续使用，否则应更换压盘。

3. 起步发抖故障

故障现象

汽车起步时，驾驶员按正常操作较平缓地放松离合器踏板，汽车不是平稳地起步加速，而是断断续续地加速，汽车轻微抖动，有行进振动感觉。

故障原因

① 离合器从动盘盘毂花键磨损，变速器输入轴花键轴磨损或轴变形，或分离轴承座缺油，滑动不畅，回位发卡，如图 2-59 所示。

(a) 离合器从动盘盘毂花键　　(b) 变速器输入轴花键轴　　　(c) 分离轴承

图 2-59　离合器从动盘盘毂花键、变速器输入轴花键轴和分离轴承磨损

② 离合器与发动机匹配不合理，选择后备系数过大，造成接合粗暴，滑磨时间过短，导致发抖。
③ 发动机飞轮、压盘或从动盘变形或表面不平，压紧时三者接触不良。

④ 扭转减振器弹簧弹力不均或失去弹力。
⑤ 膜片弹簧在圆周上弹簧力不均匀。
⑥ 飞轮在曲轴上的固定螺栓松动，变速器壳在离合器上的固定螺栓松动，发动机在汽车底板上的支承松动。
⑦ 摩擦片上有油污，从动盘翘曲不平，摩擦片铆钉外露或松动，如图2-60所示。

4. 离合器异响故障

故障现象

在使用离合器时，有不正常的响声产生。

故障原因

① 分离轴承磨损严重或缺油甚至钢珠脱出，轴承复位弹簧过软、折断或脱落，如图2-61所示。

图2-60 磨损的摩擦片铆钉外露

② 从动盘钢片铆钉松动，波形片碎裂或减振弹簧折断，如图2-62所示。

图2-61 分离轴承磨损严重或缺油甚至钢珠脱出

图2-62 从动盘减振弹簧折断

③ 踏板复位弹簧过软、脱落或折断。
④ 从动盘毂与变速器第一轴花键磨损严重，如图2-63所示。
⑤ 离合器支承环松动，膜片弹簧铆钉未铆紧，如图2-64所示。

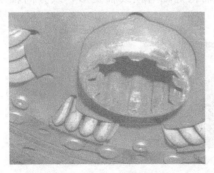

图2-63 从动盘毂磨损严重

图2-64 离合器支承环松动

故障判断与排除

① 少许踩下离合器踏板，使分离杠杆与分离轴承接触，听到有"沙沙"的响声，为分离轴承响。如踩油门踏板后仍响，则为轴承磨损松旷或损坏。检查分离轴承，如损坏或磨损

过大，应换用新的轴承。

② 踩下、放松离合器踏板时，如出现间断的碰击声，则为分离轴承前后滑动响，应检查分离轴承复位弹簧，如失效，应更换。

③ 从动盘盘毂铆钉松动，波形片碎裂或减振弹簧折断，如有则更换。

④ 压盘断裂或膜片弹簧指断裂后发生碰撞产生异响，应更换压盘。

⑤ 支承环松动异响，应更换离合器盖总成。

5. 离合器踏板沉重故障

故障现象

操纵离合器踏板沉重。

故障原因

拉索变形、缺油，离合器总泵或分泵磨损、漏油（或本身设计缺陷）、油路有气，运动件缺油、生锈，机件变形。

排除方法

① 检查总泵、分泵、油路是否有泄漏，如有泄漏，应更换相应零件，如图 2-65 所示。

② 检查油路是否有气，如有气，需进行排气。

③ 检查踏板轴、分离拨叉等运动部件是否生锈、卡滞，如有则更换相应零部件，如图 2-66 所示。

④ 如汽车厂在离合器匹配设计时有误，膜片弹簧离合器也容易出现分离沉重故障，部分服务站采用更换螺旋弹簧离合器的方法来解决，但这只是应急处理的方法。

图 2-65　检查总泵是否有泄漏

图 2-66　检查踏板轴、分离拨叉等运动部件是否生锈、卡滞

第三章 变速器

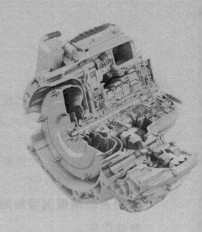

第一节 概述

目前汽车上广泛采用的动力装置是汽油发动机和柴油发动机,它们的转矩与转速变化范围都较小,而汽车的行驶条件非常复杂,行驶速度和行驶阻力的变化范围很大。为了解决这一矛盾,在汽车传动系统中设置了变速器。本章主要介绍普通齿轮变速器的基本组成、工作原理及国产轿车变速器的拆装、检修、故障诊断及排除。

一、变速器的功用

1. 实现变速变扭

为了改变传动比,扩大驱动轮转矩和转速的变化范围,适应汽车在各种行驶条件下所需的牵引力和合适的行驶速度,并使发动机能够经常在功率较高而油耗较低的有利工况下工作,因此变速器中应具有合理的挡数和合适的传动比。

2. 实现倒车

现在的内燃活塞式发动机,其旋转方向都是不变的(面对曲轴前端看,为顺时针旋转),为了使汽车能倒向行驶,变速器中设有倒挡。

3. 实现中断动力传递

在发动机启动、怠速运转、变速器换挡和进行动力输出时,都要中断发动机至传动系统的动力传递,故变速器中设有空挡。

二、变速器的类型

变速器可以按照传动比和操纵方式来分类。

1. 按传动比变化方式分类

(1)有级变速器 采用齿轮传动,具有若干个数值一定的传动比,从传动比等于1的直接挡(或小于1的超速挡)直到传动比最大的最低挡(一挡),传动比呈阶梯式变化。

(2)无级变速器 它的传动比在一定范围内呈无限多级的连续变化,如液力式传动系统采用的液力变矩器、电力传动系统中的直流串激电动机等均为无级变传动元件。

(3) 综合式变速器　一般是指由液力变矩器和齿轮式有级变速器组成的液力机械式变速器，其传动比在几个区段内呈无级变化，为部分无级式。这种结构既可得到较大的传动比，又可实现无级变速，目前应用较多。

2. 按操纵方式不同分类

(1) 手动换挡式变速器　靠驾驶人直接操纵变速杆进行换挡。这种变速器换挡机构简单，工作可靠，目前应用很广。

(2) 自动操纵式变速器　传动比的选择和换挡是自动进行的。它借助反映发动机负荷和车速的信号系统来控制换挡系统的执行元件以实现机械变速器的换挡，驾驶人只需操纵加速踏板以控制车速。

(3) 半自动式变速器　此种变速器有两种形式：一种是几个常用挡位可自动换挡，其余几个挡位要由驾驶人手动操作；另一种是预选式的，即驾驶人先用按钮选定挡位，在踩下离合器踏板或松开加速踏板时，接通自动控制和执行机构进行自动换挡。

变速器传动机构的主要作用是改变转矩的数值和方向；操纵机构的作用是实现传动比的变换——换挡。

三、变速器的工作原理

普通齿轮式变速器是利用不同齿数的齿轮啮合传动实现转速和转矩改变的。

启动发动机，踩下离合器踏板使离合器分离，通过变速杆挂上挡位，实际是将挡位的主动齿轮和从动齿轮通过同步器及输出轴连接起来共同旋转。当升挡时则又换成与新挡位的主动齿轮、从动齿轮、输出轴齿轮接合。

倒挡时，主动齿轮和从动齿轮间又增加一个倒挡轴和齿轮，这样就可使输出轴实现相反方向的转动。

变速是利用不同大小的齿轮与输出轴齿轮接合来传递动力的，当降挡时，实际上是将从动齿轮切换到更大的齿轮，主动齿轮变小，就好比我们骑的变速自行车，二者是一个道理。小齿轮（主动）带动大齿轮（从动）是减速，大齿轮（主动）带动小齿轮（从动）增速，所以通过切换不同挡位会实现不同的速度，如图3-1～图3-4所示。

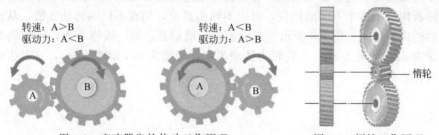

图 3-1　变速器齿轮传动工作原理　　　图 3-2　倒挡工作原理

由齿轮传动的原理可知，一对齿数不同的齿轮啮合传动时可以变速，而且两齿轮的转速与其齿数成反比。设主动齿轮转速为 n_1，齿数为 z_1；从动齿轮转速为 n_2，齿数为 z_2。主动齿轮（即输入轴）转速与从动齿轮（即输出轴）转速的比值称为传动比，用 i_{12} 表示，即

$$i_{12}=\frac{n_1}{n_2}=\frac{z_2}{z_1}$$

当小齿轮为主动齿轮（即 $z_1 < z_2$），其转速经大齿轮传出时就降低了，如图3-5(a)所

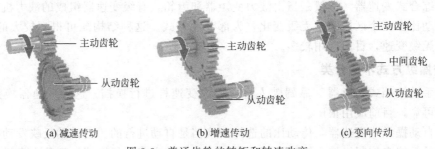

(a) 减速传动　　　　(b) 增速传动　　　　(c) 变向传动

图 3-3　普通齿轮的转矩和转速改变

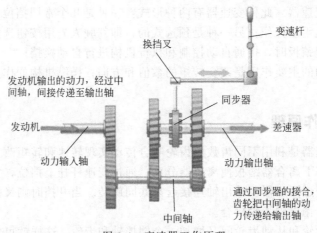

图 3-4　变速器工作原理

示,即 $n_2<n_1$,称为减速传动,此时传动比 $i>1$;如图 3-5(b) 所示,当以大齿轮为主动齿轮(即 $z_1>z_2$),其转速经小齿轮传出时就升高了,即 $n_2>n_1$,称为增速传动,此时传动比 $i<1$,这就是齿轮传动的变速原理。

一对齿轮传动只能得到一个固定的传动比,从而得到一种输出转速,并构成一个挡位。为了扩大变速器输出转速的变化范围,普通齿轮变速器通常都采用多组大小不同的齿轮啮合传动,这样就构成了多个不同的挡位,对应不同的挡位,均有不同的传动比值,从而可得到多种不同的输出转速。如图 3-6 所示为二级齿轮传动示意。第一级传动中,小齿轮为主动齿轮,其转速为 n_1,齿数为 z_1;大齿轮为从动齿轮,转速为 n_2,齿数为 z_2,这对齿轮的传动比(或称速比)为

$$i_{12}=\frac{n_1}{n_2}=\frac{z_2}{z_1}$$

$$n_1=\frac{z_2}{z_1}n_2$$

第二级传动中,齿轮 3 为主动齿轮,转速为 n_3,齿数为 z_3,齿轮 4 为从动齿轮,转速为 n_4,齿数为 z_4,这时传动比为

$$i_{34}=\frac{n_3}{n_4} \quad n_4=\frac{z_3}{z_4}n_3$$

经过两对齿轮传动,总速比为 i_k。

$$i_k=i_{14}=\frac{n_1}{n_4}=\frac{z_2z_4n_2}{z_1z_3n_3}$$

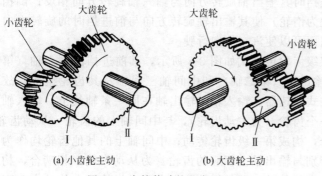
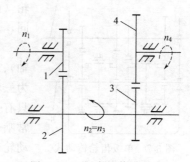

图 3-5 齿轮传动的基本原理
Ⅰ—主动；Ⅱ—从动

图 3-6 二级齿轮传动示意
1,3—主动齿轮；2,4—从动齿轮

因为齿轮 2 和齿轮 3 是在同一根轴上，故 $n_2=n_3$，上式成为

$$i_k=\frac{z_2 z_4}{z_1 z_3}$$

因此多级齿轮传动比为

$$i=\frac{\text{所有从动齿轮齿数的乘积}}{\text{所有主动齿轮齿数的乘积}}=\text{各级齿轮传动比的乘积}$$

在齿轮传动中，如不计量损失，根据能量守恒定律，输入轴（主动齿轮）的功率为 P_1 应等于输出轴（从动齿轮）的功率 P_2，即 $P_1=P_2$。而 $P_1=M_1 n_1/9550$，$P_2=M_2 n_2/9550$，式中的 M_1、M_2 分别为输入轴、输出轴上的转矩。由 $P_1=P_2$ 可得

$$i_{12}=\frac{n_1}{n_2}=\frac{M_2}{M_1}$$

同理可得

$$i_{14}=\frac{n_1}{n_4}=\frac{M_4}{M_1}$$

一般

$$i_k=\frac{n_{\text{主动}}}{n_{\text{从动}}}=\frac{M_{\text{从动}}}{M_{\text{主动}}}$$

对于变速器，其各挡的传动比 i_k 就是变速器输入轴的转速 $n_\text{入}$（或输出轴扭矩 $M_\text{出}$）与输出轴转速 $n_\text{出}$（或输入轴扭矩 $M_\text{入}$）之比，即

$$i_k=\frac{n_\text{入}}{n_\text{出}}=\frac{M_\text{出}}{M_\text{入}}$$

$i_k>1$ 时，$n_\text{出}<n_\text{入}$，$M_\text{出}>M_\text{入}$，为降速增扭（变速器低速挡）；$i_k=1$ 时，输入、输出轴上转速、转矩分别相等（变速器直接挡）；$i_k<1$ 时，$n_\text{出}>n_\text{入}$，$M_\text{出}<M_\text{入}$，为升速降扭（变速器超速挡）。在输入功率 $P_\text{入}=M_\text{入} n_\text{入}$ 一定时，选用不同的 i_k，就使输出轴得到不同的转速和转矩。转速降低（增加）多少，转矩就相应地增大多少，这就是变速的工作原理。

汽车上使用的普通齿轮变速器常见的齿轮传动形式为单级齿轮传动式，如图 3-7 所示，其前进挡由输入轴（也称为第一轴）和输出轴（也称第二轴）两根轴组成，所以，通常称为两轴式变速器。所有各前进挡都由一对齿轮啮合传动，其主动齿轮都安装在输入轴上，从动齿轮都安装在输出轴上，各挡的传动比都等于该挡从动齿轮数与主动齿轮数的比值。变速器

在前进挡时其输出轴旋转方向与输入轴旋转方向相反;倒挡齿轮(此为惰轮)使其输出轴旋转方向与前进挡时的旋转方向相同,从而可以使汽车倒向行驶。

双级齿轮传动式如图3-8所示,其前进挡由输入轴(第一轴)、输出轴(第二轴)和中间轴三根轴及其齿轮组成,故称为三轴式变速器。输入轴与输出轴在同一条轴线上。输入轴上只有一个齿轮(为主动齿轮),与中间轴上的齿轮(从动齿轮)常啮合,构成第一级齿轮传动;中间轴上的其他齿轮均作为主动轮分别与输出轴上相应的齿轮(为从动齿轮)相啮合,构成第二级齿轮传动,即每一挡位都由两对齿轮啮合传动实现双级齿轮传动。

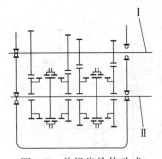

图3-7 单级齿轮传动式
Ⅰ—输入轴;Ⅱ—输出轴

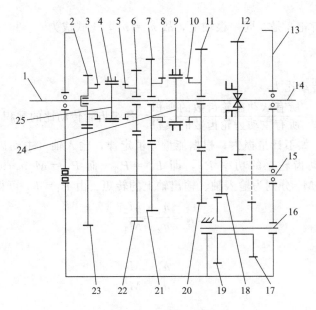

图3-8 双级齿轮传动式

1—第一轴;2—第一轴常啮合传动齿轮;3—第一轴齿轮接合齿;4,9—接合套;5—4挡齿轮接合齿圈;6—第二轴4挡齿轮;7—第二轴3挡齿轮;8—3挡齿轮接合齿圈;10—2挡齿轮接合齿圈;11—第二轴2挡齿轮;12—第二轴1挡和倒挡滑动齿轮;13—变速器壳体;14—第二轴;15—中间轴;16—倒挡轴;17,19—倒挡中间齿轮;18—中间轴1挡和倒挡齿轮;20—中间轴2挡齿轮;21—中间轴3挡齿轮;22—中间轴4挡齿轮;23—中间轴常啮合传动齿轮;24,25—花键毂

三轴式变速器前进挡的输入轴与输出轴转向相同,其倒挡则是在中间轴与输出轴之间加装一根倒挡和倒挡齿轮,使输出轴与输入轴转向相反,从而使汽车倒向行驶。

各挡传动路线及传动比如下。

1挡:操纵变速杆,通过拨叉使第二轴上的1挡从动齿轮12左移,与中间轴上的1挡主动齿轮18相啮合,动力便从第一轴常啮合传动齿轮2、中间轴常啮合传动齿轮23、中间轴15、中间轴1挡和倒挡齿轮18、第二轴1挡和倒挡滑动齿轮12经花键传至第二轴14输出。一挡传动比为

$$i_1 = \frac{z_{23} z_{12}}{z_2 z_{18}} = 7.31$$

2挡：将第二轴1挡和倒挡滑动齿轮12退出啮合后，拨动带同步器的接合套9右移，与第二轴2挡齿轮11的接合齿圈10啮合，便从1挡换入2挡。动力从第一轴常啮合传动齿轮2、中间轴常啮合传动齿轮23至中间轴15，再经中间轴2挡齿轮20传至第二轴2挡齿轮11，因齿轮11空套在第二轴上，动力不能由齿轮11直接传到第二轴上，而是经其上的2挡齿轮接合齿圈10传至接合套9再到花键毂24，最后传至第二轴。2挡传动比为

$$i_2 = \frac{z_{23} z_{11}}{z_2 z_{20}} = 4.31$$

3挡：将接合套9左移与3挡齿轮接合齿圈8啮合，即挂入3挡。动力通过第一轴常啮合传动齿轮2、中间轴常啮合传动齿轮23、中间轴15、中间轴3挡齿轮21、第二轴3挡齿轮7、接合齿圈8、接合套9、花键毂24传至第二轴。3挡传动比为

$$i_3 = \frac{z_{23} z_7}{z_2 z_{21}} = 2.45$$

4挡：将第二轴4、5挡接合套4向右移动，与4挡齿轮接合齿圈5啮合，即可挂入4挡。动力依次经第一轴常啮合传动齿轮2、中间轴常啮合传动齿轮23，中间轴15、中间轴4挡齿轮22、第二轴4挡齿轮6、接合齿圈5、接合套4、花键毂25传至第二轴。4挡传动比为

$$i_4 = \frac{z_{23} z_6}{z_2 z_{22}} = 1.54$$

5挡：将第二轴上接合套4左移与第一轴常啮合传动齿轮2的接合齿圈3啮合，即挂入5挡。这时，第一轴经接合套4与第二轴通过花键毂25连成一体。动力从第一轴经第一轴常啮合传动齿轮2、第一轴齿轮接合齿3、接合套4和花键毂25直接传至第二轴，不再经过中间轴，故通常把这种挡位称为直接挡。直接挡动力传动路线最短，传动效率最高，在公路上行驶的车辆，经常都是用直接挡。五挡传动比为

$$i_5 = 1$$

倒挡：将第二轴1挡从动齿轮（也兼作倒挡从动齿轮）12右移，与倒挡中间齿轮17啮合，即挂入倒挡。动力由第一轴常啮合传动齿轮2、中间轴常啮合传动齿轮23、中间轴15，中间轴1挡和倒挡齿轮18、倒挡中间齿轮19及17至第二轴1挡和倒挡滑动齿轮12，经花键传至第二轴。倒挡传动比为

$$i_R = \frac{z_{23} z_{19} z_{12}}{z_2 z_{18} z_{17}} = 7.66$$

第二节 二轴式和三轴式变速器

变速传动机构是变速器的主体，主要由一系列相啮合的齿轮副及其支承轴以及作为基础件的壳体组成，其作用是改变转速、改变转矩和改变旋转方向。下面分别介绍新款二轴式和三轴式变速器传动机构的基本结构及工作过程。

一、二轴式变速器

1. 二轴式5挡变速器基本结构

二轴式5挡变速器基本结构如图3-9所示。二轴式变速器结构及主要部件结构如图3-10～图3-21所示。

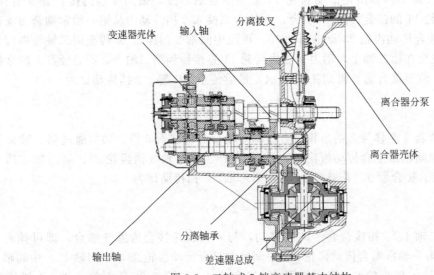

图 3-9　二轴式 5 挡变速器基本结构

图 3-10　变速器的主要部件

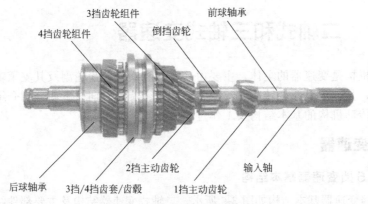

图 3-11　变速器输入轴结构

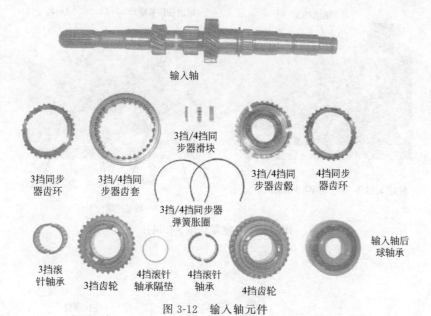

图 3-12　输入轴元件

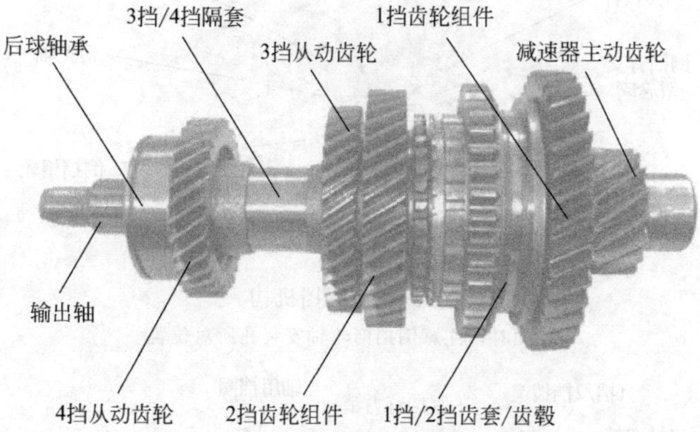

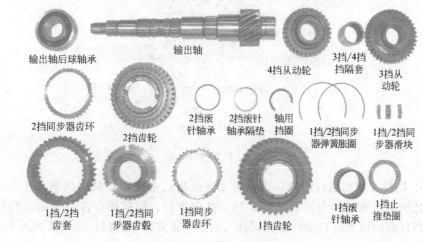

图 3-13　变速器输出轴结构

图 3-14　输出轴元件

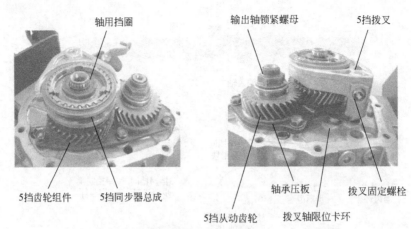

图 3-15 变速器后体 5 挡组件

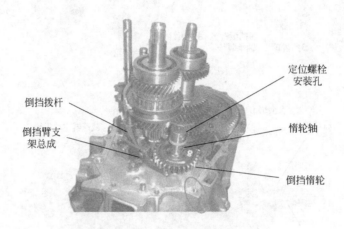

图 3-16 倒挡机构
装配时,注意倒挡惰轮轴安装孔所对位置

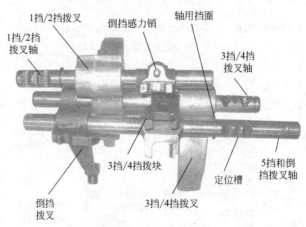

图 3-17 拨叉与拨叉轴

注:1~5 挡拨叉利用螺钉定位;倒挡拨叉定位用的是钢球和轴用挡圈,挂挡时轴用挡圈传力,摘挡时轴用钢球传力。如果从 5 挡误挂向倒挡,倒挡锁合件的平面会挡住互锁拨块,阻止换挡杆向倒挡方向转动,防止误挂入倒挡。正常挂倒挡时,互锁拨块压下倒挡锁合件,可顺利挂入倒挡。

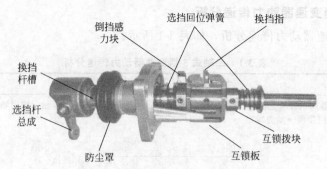

图 3-18　操纵盖带换挡和选挡机构

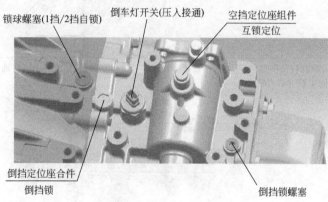

图 3-19　变速器定位机构

图 3-20　空挡定位螺栓安装位置

(a) 从5挡直接误挂倒挡时

(b) 正常挂倒挡时

图 3-21　倒挡锁机构

2. 二轴式 5 挡变速器动力传递分析

二轴式 5 挡变速器动力传递分析，如表 3-1 所示。

表 3-1　二轴式 5 挡变速器动力传递分析

挡位	动力传递路线
1 挡	变速器操纵杆从空挡向左、向前移动：动力→输入轴→输入轴 1 挡齿轮→输出轴 1 挡齿轮→输出轴上 1 挡/2 挡同步器→动力输出
2 挡	变速器操纵杆从空挡向左、向后移动：动力→输入轴→输入轴 2 挡齿轮→输出轴 2 挡齿轮→输出轴上 1 挡/2 挡同步器→动力输出
3 挡	变速器操纵杆从空挡向前移动：动力→输入轴→输入轴 3 挡齿轮→输出轴 3 挡齿轮→输出轴上 3 挡/4 挡同步器→动力输出
4 挡	变速器操纵杆从空挡向后移动：动力→输入轴→输入轴 4 挡齿轮→输出轴 4 挡齿轮→输出轴上 3 挡/4 挡同步器→动力输出

续表

挡位	动力传递路线
5挡	变速器操纵杆从空挡向右、向前移动：动力→输入轴→输入轴上5挡同步器→输出轴上5挡齿轮→输出轴上5挡同步器→动力输出
倒挡	按下变速器换挡操纵杆从空挡向左前移动：动力→输入轴→输入轴倒挡齿轮→倒挡轴上倒挡齿轮→输出轴上1挡/2挡同步器→动力反向输出

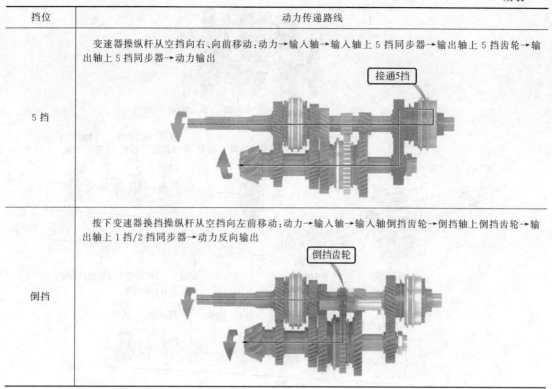

二、三轴式变速器

1. 三轴式变速器结构

三轴式变速器广泛用于发动机前置、后轮驱动的汽车上，其特点是传动比的范围大，传动效率高，其变速传动机构包括第一轴（输入轴）、第二轴（输出轴）、中间轴、倒挡轴、各挡齿轮和轴承等，如图3-22所示。

2. 三轴式变速器动力分析

三轴式变速器由第一轴（输入轴）、第二轴（输出轴）和中间轴以及在各轴上的齿轮组成。第一轴和第二轴在一条直线上。第一轴通过中间轴驱动第二轴以达到输出动力的目的。

（1）1挡　1挡主动齿轮与中间轴花键紧密配合，从动齿轮与输出轴间装有滚针轴承，从动齿轮在输出轴上空转。选择1挡时操纵机构通过1挡/2挡拨叉将1挡/2挡同步器啮合套右移，经过同步后，同步器啮合套将1挡从动齿轮和同步器齿毂连为一体。离合器传递的动力经输入轴上的中间轴常啮合主动齿轮、中间轴上的常啮合从动齿轮传递到中间轴上的1挡主动齿轮。1挡主动齿轮将动力传递给1挡从动齿轮。1挡从动齿轮再将动力传递给1挡/2挡同步器和同步器齿毂，通过同步器齿毂花键将动力传递给输出轴，如图3-23所示。

（2）2挡　2挡主动齿轮与中间轴花键紧密配合，从动齿轮与输出轴间装有滚针轴承，从动齿轮在输出轴上空转。选择2挡时操纵机构通过1挡/2挡拨叉将1挡/2挡同步器啮合套左移，经过同步后，同步器啮合套将1挡从动齿轮和同步器齿毂连为一体。离合器传递的动力经输入轴上的中间轴常啮合主动齿轮、中间轴上的常啮合从动齿轮传递到中间轴上的2挡主动齿轮。2挡主动齿轮将动力传递给2挡从动齿轮。2挡从动齿轮再将动力传递给1挡/2挡同步器和同步器齿毂，通过同步器齿毂花键将动力传递给输出轴，如图3-24所示。

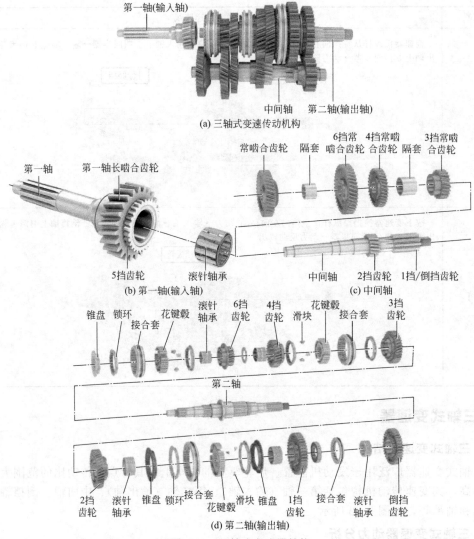

图 3-22 三轴式变速器结构

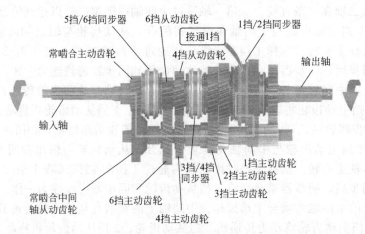

图 3-23 1挡传递动力路线

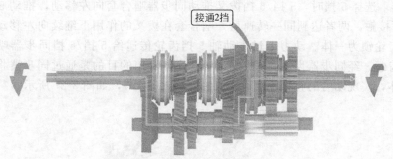

图 3-24　2 挡动力传递路线

（3）3 挡　3 挡动力传递路线如图 3-25 所示。选择 3 挡时，操纵机构通过 3 挡/4 挡拨叉将 3 挡/4 挡同步器啮合套右移，经过同步后，同步器啮合套将 3 挡从动齿轮和同步器齿毂连为一体。离合器传递的动力经输入轴上的中间轴常啮合主动齿轮、中间轴上的常啮合从动齿轮传递到中间轴上的 3 挡主动齿轮。3 挡主动齿轮将动力传递给 3 挡从动齿轮。3 挡从动齿轮再将动力传递给 3 挡/4 挡同步器和同步器齿毂，通过同步器齿毂花键将动力传递给输出轴。

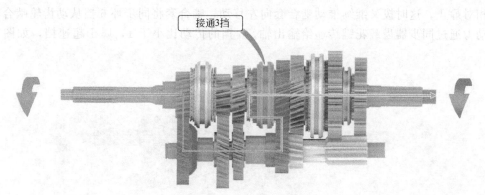

图 3-25　3 挡动力传递路线

（4）4 挡　选择 4 挡时，3 挡/4 挡拨叉推动同步器啮合套向左移动，推动 4 挡同步环与 4 挡齿轮锥面接触，两者达到同一转速后，啮合套在拨叉的作用下继续向左移动，将 4 挡同步环与 4 挡齿轮锁为一体。离合器传递的动力经输入轴上的中间轴常啮合主动齿轮、中间轴上的常啮合从动齿轮传递到中间轴上的 4 挡主动齿轮。4 挡主动齿轮将动力传递给 4 挡从动齿轮。4 挡从动齿轮再将动力传递给 3 挡/4 挡同步器和同步器齿毂，通过同步器齿毂花键将动力传递给输出轴，如图 3-26 所示。

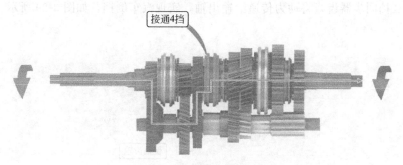

图 3-26　4 挡动力传递路线

（5）5挡　选择5挡时，5挡/6挡拨叉推动同步器啮合套向左移动，推动5挡同步环与5挡齿轮锥面接触，两者达到同一转速后，啮合套在拨叉的作用下继续向左移动，将5挡同步环与5挡齿轮锁为一体。动力通过主动轴5挡齿轮传递给5挡/6挡同步器啮合套，再传递给同步器齿毂，经同步器齿毂花键传递给输出轴。5挡的目的是通过同步器将输入轴与输出轴锁为一体，实现动力的直接输出，5挡的传动比等于1，如图3-27所示。

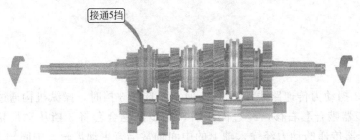

图3-27　5挡动力传递路线

（6）6挡　选择6挡时拨叉推动同步器啮合套向右移动，啮合套推动同步环向右移动并与6挡齿轮锥面接触产生摩擦，同步环和6挡齿轮的转速相同，此时6挡齿轮和同步环与啮合套相对静止，这时拨叉继续推动啮合套向左移动，啮合套将同步环6挡从动齿轮啮合在一起，动力通过同步器齿毂花键传递给输出轴。6挡的传动比小于1，属于超速挡，如图3-28所示。

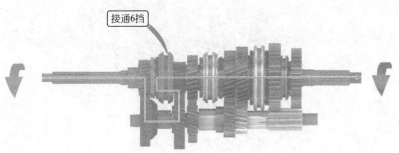

图3-28　6挡动力传递路线

（7）倒挡　实现汽车倒挡，对变速器而言，只要使输出轴反方向旋转即可，为此在变速器输出轴与中间轴之间增设了一个倒挡轴和一个倒挡中间齿轮即倒挡惰轮。倒挡惰轮空套在倒挡轴上，并可在操纵机构的作用下滑动。变速器挂倒挡时，汽车必须处于静止状态，此时变速器不输出动力。拨叉推动倒挡齿轮与倒挡主被动齿轮啮合，发动机动力经过与中间轴制为一体的倒挡主动齿轮传给倒挡惰轮，倒挡惰轮再将动力传给被动齿轮，然后经过与输出轴的花键紧密配合的1挡/2挡同步器齿毂将动力传递给输出轴，实现汽车倒挡，如图3-29所示。

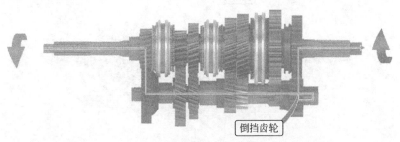

图3-29　倒挡动力传递路线

第三节　新型变速器结构

一、大众奥迪新款 02Q 型变速器结构

大众奥迪新款 02Q 型变速器结构如图 3-30 所示,挡位如图 3-31 所示。

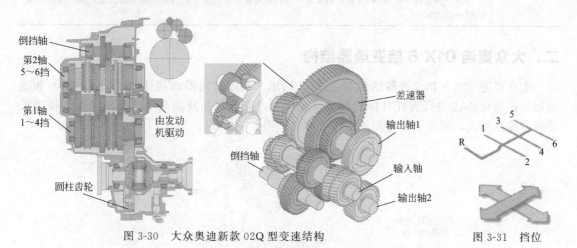

图 3-30　大众奥迪新款 02Q 型变速结构　　　图 3-31　挡位

大众奥迪 02Q 6 挡变速器动力传递路线如图 3-32 所示,动力传递路线说明见表 3-2。

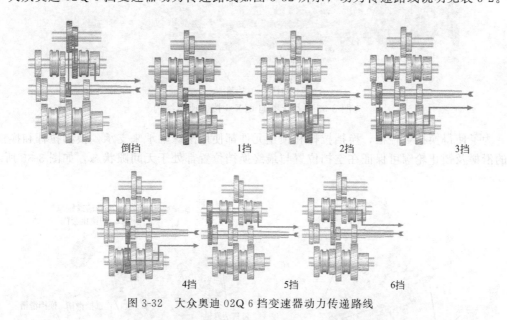

图 3-32　大众奥迪 02Q 6 挡变速器动力传递路线

表 3-2　动力传递路线

挡位	动力传递路线
1 挡	动力→传动轴→传动轴 1 挡齿轮→输出轴 1 挡齿轮→输出轴上 1 挡/2 挡同步器→输出轴→动力输出
2 挡	动力→传动轴→传动轴 2 挡齿轮→输出轴 2 挡齿轮→输出轴上 1 挡/2 挡同步器→输出轴→动力输出

续表

挡位	动力传递路线
3挡	动力→传动轴→传动轴3挡齿轮→输出轴3挡齿轮→输出轴上3挡/4挡同步器→输出轴→动力输出
4挡	动力→传动轴→传动轴4挡齿轮→输出轴4挡齿轮→输出轴上3挡/4挡同步器→输出轴→动力输出
5挡	动力→传动轴→传动轴5挡齿轮→输出轴5挡齿轮→输出轴上5挡/6挡同步器→输出轴→动力输出
6挡	动力→传动轴→传动轴6挡齿轮→输出轴6挡齿轮→输出轴上5挡/6挡同步器→输出轴→动力输出
倒挡	动力→传动轴→传动轴1挡/倒挡齿轮→倒挡轴齿轮→输出轴上倒挡同步器→输出轴上倒挡齿轮→输出轴→动力输出

二、大众奥迪01X 6挡变速器结构

大众奥迪01X 6挡变速器结构如图3-33所示。通过变速器油接油槽（01X/02X）和变速器油供油盘0A3进行有针对性的润滑，这样可以降低机油液面高度，从而降低了搅动机油所造成的损失，提高了变速器的工作效率，如图3-34所示。

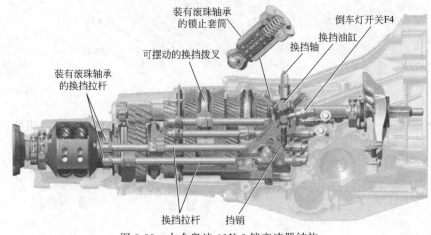

图3-33 大众奥迪01X 6挡变速器结构

为了使得换挡更轻松，换挡拉杆和锁止元件都使用滚珠轴承来支承。换挡拉杆和换挡油缸的滑槽及锁止轮廓可保证在空挡位置与最终换挡位置都处于无间隙状态，如图3-35所示。

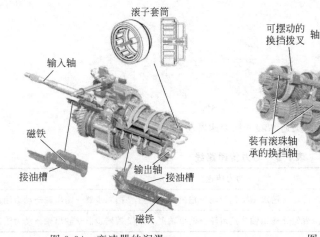

图3-34 变速器的润滑

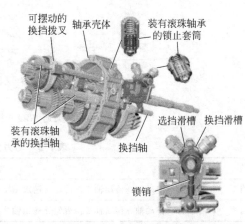

图3-35 内部换挡机构

新型奥迪 6 挡变速器 0DJ 和 6 挡变速器 0CS 的结构是相同的，不同之处主要是变速器前部壳体的材质选择：在 0DJ 变速器上，两部分壳体都是镁制的；在 0CS 变速器上，前部壳体是铝制的，后部壳体（变速器端盖）是镁制的，如图 3-36 所示。

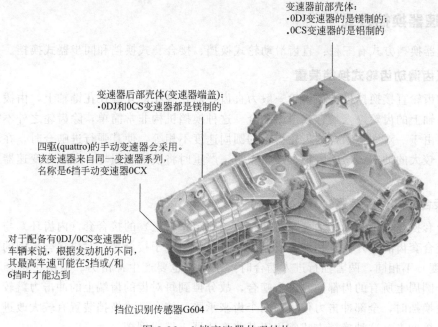

图 3-36　6 挡变速器外观结构

齿轮副的机油润滑结构很特殊，因此变速器油加注量就可以非常少。另外，车辆运行时所需的机油液面高度也大大降低，这也会明显降低搅动损失和拖动损失。为此，主动锥齿轮轴上的圆柱齿轮会把变速器机油（MTF）输送到机油盘内，机油盘再将机油分配到各个润滑点。

这种润滑结构，再加上低黏度的 MTF 和低摩擦的齿轮副轴承，可以大大提高效率并能大幅度降低燃油消耗。

通过直齿圆柱齿轮（其摩擦损失很小）将动力传递到主动锥齿轮轴上。短的主动锥齿轮轴与冠状齿轮成 90°工作，无轴向偏距，因此也就能在锥齿轮传动中采用低摩擦的斜齿和低黏度的 MTF。另外，可以用常规方式来检修主传动。

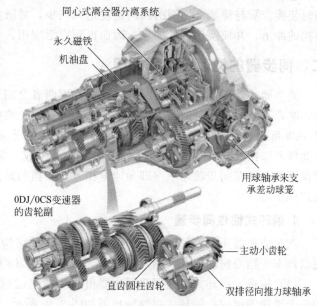

图 3-37　奥迪 0DJ/0CS 6 挡变速器

锥齿轮轴的轴承采用的是单排径向推力球轴承，因此轴承预紧力就会很小，运行就非常轻快，如图 3-37 所示。

第四节　同步器

一、变速器换挡方式

变速器换挡方式有三种：直齿滑动轮式换挡、接合套式换挡和同步器式换挡。

1. 直齿滑动齿轮式换挡装置

移动齿轮直接换挡机构，齿轮一般为直齿，内孔有花键孔套在花键轴上，由拨叉移动齿轮与另一轴上的齿轮进入啮合或退出啮合。这种换挡机构非常简单，除齿轮之外不需要其他零件。但由于一对即将啮合的齿轮齿上的圆周速度不相等，使其强行进啮合时，在轮齿齿端必然产生较大的冲击，易于磨损，产生噪声，严重时将使齿端损坏，所以在变速器中一般很少用。

2. 接合套式换挡装置

接合套换挡，是利用移动套在花键毂上（固定在轴上）的接合套（内齿环）与在传动齿轮上的接合套齿圈（外齿）相啮合或退出进行换挡。由于接合套与对应接合齿圈的圆周速度（或角速度）不相同，两者强行进入啮合时，在齿端也要产生冲击力。但由于接合套与接合齿圈整个圆周上所有的齿都同时进入啮合，故分摊到每对齿的齿端上的冲击力就较小，不像移动齿轮换挡时，全部冲击力仅由一两个齿来承受。接合套式换挡装置有较大改进，但是不能避免换挡冲击，这种换挡方式常用于某些变速器1挡或倒挡。

3. 同步器式换挡装置

它是在接合套式换挡装置的基础上又加了同步元件而构成的一种换挡装置，可以保证换挡时使接合套与待啮合齿圈的圆周速度达到同步，并防止两者同步前进入啮合，从而可消除换挡的冲击，并使换挡操纵简单，因而得到广泛应用。

二、同步器的构造及工作原理

同步器的功用是使接合套与待接合的齿圈两者之间迅速达到同步，并阻止两者在同步前进入啮合；消除换挡时的冲击，缩短换挡时间；简化换挡过程，使换挡操作简捷而轻便，如图3-38所示。同步器有惯性式、常压式、自增力式等多种类型，它们均由同步装置（包括推动件和摩擦件）、锁止装置和接合装置三部分组成。常压式同步器结构虽然简单，但有不能保证啮合件在同步状态下（即角速度相等）换挡的缺点，现已不用。现在广泛应用的是惯性式同步器。

1. 锁环式惯性同步器

汽车变速器所采用的锁环式惯性同步器有多种结构形式，其构造和工作原理基本相似。现以汽车5挡变速器中的3挡/4挡同步器为例说明其构造和工作原理。

（1）构造　锁环式惯性同步器主要由同步器花键毂、接合套、两个锁环（也称同步环）和三个滑块等组成。锁环式惯性同步器如图3-39所示。

同步器花键毂用内花键固定于其轴上，接合套与同步器花键毂的外花键相连，并可轴向滑动。花键毂上有3个均布的轴向槽，每个键槽内有一个滑块，滑块中央有凸出部分，滑块总是由环形弹簧推压在接合套上。当齿轮变速杆位于空挡时，每一滑块的凸出部分都固定在

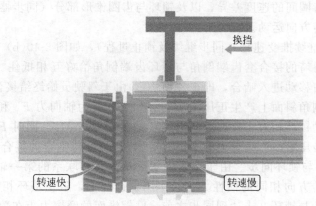

图 3-38 同步器的功用

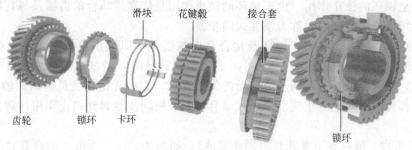

图 3-39 锁环式惯性同步器

接合套凹槽里面。换挡时，滑块可以随接合套在花键毂的轴向槽内轴向移动。锁环位于花键毂的两端，并置于接合套和接合齿圈之间。锁环具有内锥面，与接合齿圈的外锥面锥角相同。锁环内锥面上车有细密的螺纹槽，该螺纹槽在两锥面接触后破坏锥面间的油膜，增加摩擦。锁环外圆上制有短花键齿，与接合套花键齿、接合齿圈、花键毂外花键齿均相同。接合齿圈及锁环上的花键齿，在对着接合套的一端都制有与接合套内花键齿端相同的倒角，称为锁止角。锁环上有 3 个缺口，以嵌入滑块，但滑块的宽度小于缺口的宽度，两者之差略大于锁环上的花键齿宽。

（2）工作原理 现以大众变速器由 3 挡换入 4 挡的过程为例说明锁环式惯性同步器的工作原理。

① 空挡位置。接合套刚从 3 挡退到空挡时，锁环是轴向自由的，故其内锥面并不接触。在圆周方向上，接合套通过滑块靠在锁环缺口的一侧，推动锁环一起旋转。此时，接合套1、锁环 2 随同输入轴旋转，其转速分别为 n_1、n_2。接合齿圈 3 则随同输出轴旋转，其转速为 n_3。显然此时 $n_1=n_2$，$n_3>n_1$，故 $n_3>n_2$。

② 第一阶段。变速杆行程开始（开始同步），如图 3-40 所示。要挂入 4 挡时，操纵变速杆沿图 3-40(a) 中箭头 A 所示方向推动接合套。由于接合套与同步器滑块通过滑块中心的凸起部分相啮合，因此将接合套的运动传给滑块。当滑块右端面与锁环 3 的缺口端面接触后，便同时推动锁环，使其压在齿轮锥形部分上（同步器锥面），以启动同步器运作。由于齿圈 3 与锁环 2 转速不相等，即 $n_3>n_2$，所以两者一经接触便在其锥面之间产生摩擦力矩 M_1。接合齿圈 3 便通过摩擦力矩 M_1 的作用带动锁环 2 相对于接合套 1 超前转过一个角度，直到锁环缺口的一侧 [图 3-40(a) 中的下侧] 压紧。移动的量等于缺口与滑块宽之差。所以，从上往下看时，接合套里的花键与同步器锁环上的花键并未处于互相啮合的位置。

由于接合套与齿圈间的速度差异,以及锁环与齿圈锥形部分(同步器锥面)之间的摩擦力,锁环沿齿轮旋转方向运动。

③ 第二阶段。继续推变速杆(同步继续及锁止过程),如图3-40(b)所示。当变速杆继续移动时,使得相对峙的接合套齿端倒角与锁环齿端倒角恰好互相抵住(由设计保证),因而接合套不能再向右移动进入啮合,即被"锁止"。由于驾驶员始终给接合套一个轴向推力,于是在相互抵触的倒角斜面上产生正压力 F_n。F_n 可分解为轴向力 F_1 和切向分力 F_2。F_2 便形成一个力图拨动锁环相对于接合套向后倒转的拨环力矩 M_2。同时 F_1 使锁环2与接合齿圈3的锥面进一步压紧,产生更大的摩擦力矩 M_1,迫使待啮合的接合齿圈3相对于锁环2迅速减速,以尽早与锁环同步。由于接合齿圈3及与其相联系的第一轴零件的减速旋转,便产生一个与其旋转方向相同的惯性力矩,作用到锁环上,阻止锁环相对于接合套向后倒转。在待接合齿圈3与锁环2未达到同步之前,摩擦锥面的摩擦力矩在数值上就等于此惯力矩(即 M_1)。如果 $M_1 > M_2$,则锁环不能够倒转,并通过锁环齿端锁止角阻止接合套进入啮合,这就是锁环的锁止作用。由于锁环的锁止作用是依靠待啮合的齿圈及与其相联系的零件的惯性力矩而形成的,因此称为惯性式同步器。

拨环力矩 M_2 的大小取决于锁环及接合套齿端倒角(即锁止角)的大小,而惯性力矩 M_1 的大小则取决于摩擦锥面的锥角大小。在同步器设计时,经过适当地选择齿端倒角和摩擦锥面锥角,便能保证在达到同步之前始终保持 $M_1 > M_2$。无论驾驶员施加的轴向力 F_1 有多大,锁环都能够有效地阻止接合套进入啮合,从而使同步器起到锁止作用,防止变速器在同步前挂挡。

④ 第三阶段。继续推下变速杆(同步完成),如图3-40(c)所示。随着驾驶员继续对接合套施加推力,摩擦锥面之间的摩擦力矩就会使接合齿圈3的转速迅速降低,直至接合齿圈3与接合套和锁环同步,赖以产生阻止作用的惯性力矩也就消失。此时驾驶员还在继续向前拨动接合套,故拨环力矩 M_2 仍存在。M_2 使锁环及接合齿相对接合套向后退转一个角度,两锁止角不再接触,接合套得以继续右移,与待啮合的4挡接合齿圈进入啮合。但是,如果此时接合套的花键齿恰好与齿圈的花键齿发生抵触,则作用于接合套上的轴向力在齿圈的倒角面上也将会产生一个切向分力,靠此切向分力便可拨动齿圈及与其相联系的零件相对于接合套转过一个角度,从而使接合套与齿圈进入啮合,即最终完成换入4挡的过程。锁环式惯性同步器多用于轿车和轻型货车。近年来也用于中型货车变速器的中、高挡位。

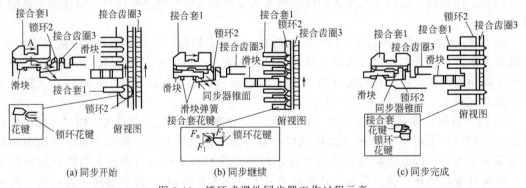

图 3-40 锁环式惯性同步器工作过程示意

同步器锁环是汽车变速器的关键零部件,新型双锥面同步器锁环在传统单锥锁环的基础上进行了重大改进和创新。新型双锥面同步器锁环采用了新的结构形式,由同步内环和同步外环组成,为嵌套式结构,性能大大超过单锥齿环。新型双锥面同步器锁环增加了摩擦元件，使摩擦面数目增加 1 倍，从而增大了摩擦力矩，与单锥同步器锁环相比，具有转矩容量大、热负荷低、输出功率大等优点。采用双锥面同步器锁环不仅能够实现快速无撞击的换挡，减小换挡力，而且能够大大减轻驾驶员的劳动强度，使换挡更容易。能显著提高汽车行驶的安全性、乘坐舒适性和操纵舒适性，提高同步器的耐久性、可靠性和换挡轻便性，减少换挡时间，有效提高齿轮及传动系统的平均使用寿命。

大众变速器中一、二挡同步器采用的是三锥面同步器。齿轮的双同步装置主要由内、外同步环和圆锥环组成。在三锥面同步器中圆锥环的摩擦面积约增加 2 倍，从而使同步性能提高了 50%，并使需要的换挡力大约减小一半，从而改善了操纵舒适性。如 3 挡减为 2 挡，2 挡减为 1 挡时即是如此。

2. 锁销式惯性同步器

目前中型及大型载货汽车较普遍地采用了锁销式惯性同步器。以汽车变速器的 4 挡/5 挡同步器为例，来说明锁销式惯性同步器的基本结构和工作原理。

① 锁销式惯性同步器的基本结构如图 3-41 所示。两个有内锥面的摩擦锥盘 2 分别固定在带有外花键齿圈的常啮合主动齿轮和 4 挡从动齿轮上。与之相配合的两个有外锥面的摩擦锥环 3，通过三个锁销 8 和三个定位销 4 与接合套 5 连接。锁销 8 的两端固定在摩擦锥环 3 的孔中，其两端的工作表面直径与接合套凸缘上相应的销孔的内径相等，其中部直径则小于孔径。只有在锁销与接合套孔对中时，接合套方能沿锁销轴向移动。锁销 8 中部和接合套 5 上相应的销孔两端有角度相同的倒角——锁止角。在接合套上定位销孔中部钻有斜孔（即 A—A 剖面），内装弹簧 11，把钢球 10 顶向定位销中部的环槽，以保证同步器处于正确的空挡位置。定位销 4 两端伸入锥环内侧面，但有间隙，故定位销可随接合套 5 轴向移动。

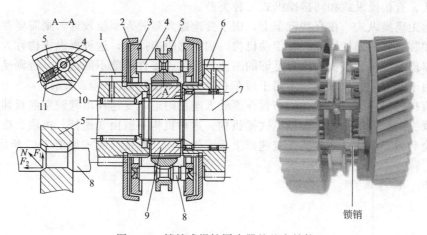

图 3-41 锁销式惯性同步器的基本结构

1—第一轴齿轮；2—摩擦锥盘；3—摩擦锥环；4—定位销；5—接合套；6—第二轴 4 挡齿轮；7—第二轴；
8—锁销；9—花键毂；10—钢球；11—弹簧

② 工作原理。锁销式惯性同步器的工作原理与锁环式惯性同步器基本相同，其换挡过程也相似。换挡时，接合套 5 受到拨叉轴向推力的作用，通过钢球 10 和定位销 4 带动摩擦锥环 3 向左（或向右）移动，使之与对应的摩擦锥盘接触。具有转速差的摩擦锥环与摩擦锥盘一经接触，靠接触面的摩擦使锥环连同锁销一起相对接合套转过一个角度，因而锁销 8 的轴线相对接合套上销孔的轴线产生偏移，于是锁销中部倒角与销孔端的倒角互相抵触，以阻止接合套继续前移。此时锁止面上的法向压紧力 N 的轴向分力 F_1 作用在锥环上并使之与锥盘压紧，因而接合套与待接合的花键齿圈迅速达到同步。只有达到同步时，起锁止作用的第

一轴齿轮 1 的惯性力矩消失，作用在锁销上的切向分力 F_2 才能通过锁销使摩擦锥环 3、摩擦锥盘 2 和齿轮一同相对于接合套转过一个角度，使锁销重新与销孔对中，于是接合套便能轻易地克服钢球 10 的阻力，而沿锁销移动，直至与第一轴齿轮 1 或第二轴 4 挡齿轮 6 的花键齿圈接合，实现挂挡。

锁销式惯性同步器由于其摩擦锥面的摩擦半径大，摩擦力矩也就大，因而其同步容量大，故中型以上的货车广泛采用这种同步器。

第五节　变速器操纵机构及锁止机构

一、功用与要求

为了保证在任何情况下变速器都能准确、安全、可靠地工作，对变速器操纵机构提出以下要求。

① 应设自锁装置，防止变速器自动脱挡，并保证轮齿以全齿宽啮合。
② 应设互锁装置，防止变速器同时挂入两个挡位，以免造成发动机熄火或损坏零部件。
③ 应设倒挡锁，防止误挂倒挡，否则会发生安全事故。

二、操纵机构

变速器操纵机构根据其变速操纵杆（简称变速杆）与变速器的相互位置不同，可分为远距离操纵式、直接操纵式和间接操纵式三种类型。

(1) 远距离操纵式　在有些汽车上，由于变速器离驾驶人座位较远，则需要在变速杆与拨叉之间加装一些辅助杠杆或一套传动机构，构成远距离操纵，这种操纵机构称为远距离操纵式变速器操纵机构。该机构应有足够的刚性，且各连接件间隙不能过大，否则换挡时手感不明显。由于布置上的原因，它多用于轿车和轻型汽车上，如图 3-42 所示。

(2) 直接操纵式　汽车变速器布置在驾驶人座位附近，变速杆由驾驶室底板伸出，驾驶人可直接操纵的操纵机构为直接操纵式操机构。这种机构一般由变速杆、拨块、拨叉、拨叉轴以及安全装置等组成，多集装于变速器上盖或侧盖内，直接操纵式如图 3-43 所示。

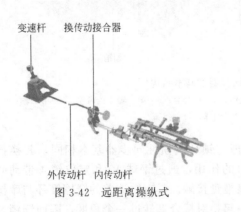

图 3-42　远距离操纵式

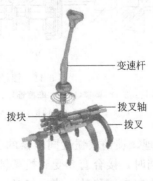

图 3-43　直接操纵式

(3) 间接操纵式　变速杆通过外传动杆与内传动杆相连，可带动内外传动杆左右转动和前后移动，当左或右转动时，即完成选挡的过程，然后在前或后移动时，即可拉动所选挡位的拨叉轴做轴向移动，拨叉轴上的拨叉即可推动同步器接合套进行换挡，如图 3-44 所示。

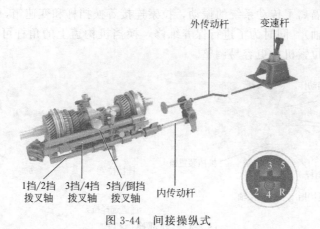

图 3-44　间接操纵式

三、换挡拨叉机构

换挡拨叉机构主要由变速杆、叉形拨杆、换挡轴、各挡拨块、拨叉轴及拨叉等组成，各种变速器由于挡位及挡位排列位置不同，其拨叉和拨叉轴的数量及排列位置也不相同。

1. 大众 02J 变速器换挡拨叉机构

大众捷达、宝来型轿车变速器的操纵机构由外操纵机构和内操纵机构组成。外操纵机构主要由变速杆、选挡机构壳体、横向（选挡）拉索、纵向（挂挡）拉索等组成。变速杆通过一系列中间连接杆件操纵变速器的内操纵机构，以进行选挡、换挡。变速杆以球形轴承为支点，可以直接左右、前后摆动。

（1）带换挡机构盖的换挡轴　所有凸轮块、弹簧和换挡机构的导向元件，以及调整换挡机构的角杆（角杆用于锁止换挡轴）均安装在该模块上，如图 3-45 所示。

（2）内部换挡模块　包括换挡拨叉、选挡盘和轴承换挡板与换挡拨叉须一起加工，更换时，须更换全套换挡机构，如图 3-46 所示。注：维修时，切勿混淆 1 挡/2 挡换挡板和 3 挡/4 挡换挡板。

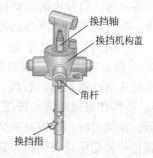

图 3-45　带换挡机构盖的换挡轴

（3）外部换挡机构　外部换挡机构由换挡杆、横向拉线、纵向拉线、调节机构等组成，如图 3-47 所示。

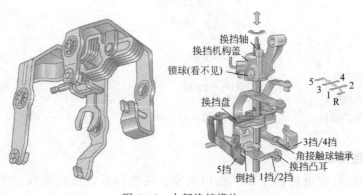

图 3-46　内部换挡模块

拉锁操纵装置隔离了传动系统的振动，拉索连接着换挡杆和变速箱，将换挡杆的动作传递给变速箱（换挡轴）。同时为了进行保养维修，换挡机构盖上的角杆可以将换挡轴固定在规定位置，从而使拉索机构更容易调整。

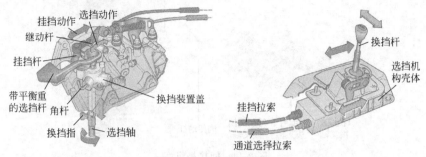

图 3-47　外部换挡机构

选挡动作：换挡杆的选挡动作（左-右）通过选挡杆转换为通道选择拉锁的前后动作。选挡杆安装在支承轴的旋转轴承上。

选挡拉锁的前后动作通过变速箱的外部换挡机构转化为换挡轴的上下移动。在变速箱内，这个上下移动使换挡轴上相对应的齿轮盘啮合，从而选定挡位，如图 3-48 所示。

挂挡动作：通过选挡杆将挂挡动作传递到挂挡拉索。换挡杆沿挡位方向前后移动，并按选挡动作的相反方向拉或推挂挡拉索。换挡过程中，前后移动的挂挡拉索使选挡轴转动。滑块保持通道选挡拉索的继动杆在选定位置不变。变速箱内，换挡轴的换挡指旋转时，移动换挡盘，然后换挡轴驱动换挡拨叉和换挡滑套，使挡位啮合，如图 3-49 所示。

（4）倒挡及其锁止装置　作为安全装置，压下锁止装置用于防止无意识挂上倒挡，如图 3-50 所示。压下锁止装置安装在换挡壳体内。驾驶员挂倒挡前必须克服倒挡弹簧的阻力。正常的挂前进挡换挡行程内，换挡杆锁止凸轮向上运动，防止锁止（是选挡壳体一个内部件）。换挡杆克服弹簧力被压下时，通过球形换挡杆导管向下运动，锁止凸轮位于联锁装置下面。挂倒挡时，联锁装置绕过锁止杆凸轮，从而可挂入倒挡。弹簧又将换挡杆上推到啮合位置，并将它保持在倒挡位置。

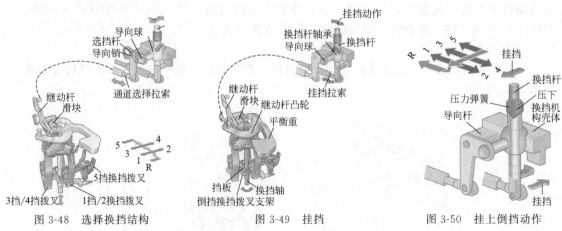

图 3-48　选择换挡结构　　　图 3-49　挂挡　　　图 3-50　挂上倒挡动作

2. B70 换挡操纵机构

B70 换挡操纵机构由换挡手柄、换挡机座、换挡拉线、选挡拉线、支架等组成，如图 3-51 所示，换挡拨叉位置如图 3-52 所示。

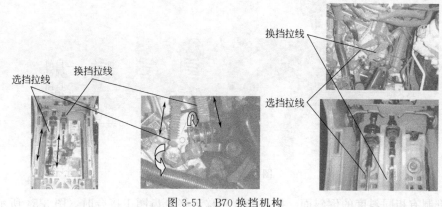

图 3-51 B70 换挡机构

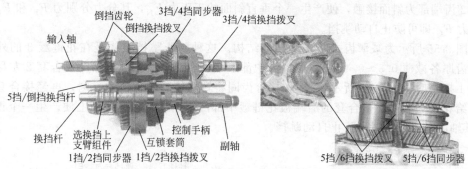

图 3-52 换挡拨叉位置

四、锁止装置

1. 自锁装置

自锁装置可以对各挡拨叉轴进行轴向定位锁止，以防止其自动产生轴向移动而造成自动挂挡或自动脱挡，并保证各挡传动齿轮以全齿长啮合。自锁装置一般由自锁钢球和自锁弹簧等组成，如图 3-53 所示。这类自锁装置是在变速器盖的前端凸起部钻有 3 个深孔，孔中装有自锁钢球及自锁弹簧，其位置处于拨叉轴的正上方。每根拨叉轴对着钢球的表面沿轴向设有 3 个凹槽，槽的深度小于钢球的半径。中间的凹槽是空挡位置，相邻凹槽之间的距离正好等于滑动齿轮（或接合套）由空挡移至相应工作挡位并保证齿轮处于全齿长啮合或是完全退出啮合的距离。凹槽对正钢球时，钢球便在自锁弹簧的压力作用下嵌入该凹槽内，拨叉轴的轴向位置便被固定，其拨叉及相应的接合套或滑动齿轮便被固定在空挡位置或某一工作挡位置，而不能自行挂挡或脱挡。当需要换挡时，驾驶员通过变速杆对拨叉轴施加一定的轴向力，克服弹簧的压力而将自锁钢球从拨叉轴凹槽中挤出并推回孔中。拨叉轴便可滑过钢球进行轴向移动，并带动拨叉及相应的接合套或滑动齿轮轴向移动。当拨叉轴移至另一凹槽与钢球相对正位置时，钢球又被压入凹槽（此动作传到手柄上，使驾驶员具有手感），此时拨叉所带动的接合套或滑动齿轮便被拨入空挡或被拨入另一个工作挡位。

除了采用自锁装置防止自动脱挡外，往往还需在换挡齿轮或花键齿的结构上采取一些措施来防止自动跳挡。常见的防止自动跳挡的结构有齿端倒斜面式和减薄齿式两种形式。如图 3-54 所示为齿端倒斜面式防止跳挡的结构。这种防止跳挡结构的接合套 2 外齿的两端及接合齿圈 1、

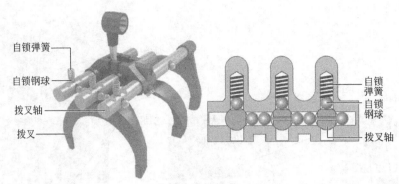

图 3-53 自锁装置

4 的齿端都制有相同斜度的倒斜面。接合套 2 左移与接合齿圈 1 接合时（图 3-54 所示位置），接合齿圈将转矩传到接合套的一侧，再经过接合套的另一侧传给花键毂 3。由于接合齿圈 1 与接合套 2 齿端部为斜面接触，便产生一个垂直斜面的正压力 F_N，其分力分别为 F_F 和 F_Q，其轴向分力 F_Q 即可防止自动跳挡。

如图 3-55 所示为减薄齿式防止跳挡的结构。这种防止跳挡结构是在花键毂 3 的外齿圈两端，齿厚各减薄 0.3～0.4mm，使各齿中部形成一个凸台。当同步器的接合套 2 左移与接合齿圈 1 接合时（图 3-55 所示位置），接合齿圈将转矩传到接合套的一侧，再经接合套的另一侧传给花键毂。由于接合套的后端被花键毂中部凸台挡住，在接触面上便产生一个正压力 F_N，其轴向分力 F_Q 即可防止自动跳挡。

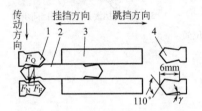

图 3-54 齿端倒斜面式防止跳挡的结构
1，4—接合齿圈；2—接合套；3—花键毂；
F_N—凸台对接合套的总阻力；F_Q—防止跳挡的轴向力；F_F—圆周力

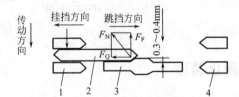

图 3-55 减薄齿式防止跳挡的结构
1，4—接合齿圈；2—接合套；3—花键毂；
F_F—圆周力，F_N—倒锥齿面正压力；F_Q—防止跳挡的轴向力；

2. 互锁装置

互锁装置可以阻止两个拨叉轴同时移动，防止同时挂入两个挡位，避免因同时啮合的两挡齿轮其传动比不同而互相卡住，造成运动干涉甚至造成零件损坏。互锁装置的结构形式很多，最常用的有锁球式和锁销式。

锁球式互锁装置的工作原理如图 3-56 所示，它由互锁钢球和互锁顶销组成。在变速器盖前端三根拨叉轴之间的孔道中装有两个互锁钢球，每根拨叉轴朝向互锁钢球的侧面上都制有一个深度相等的凹槽，中间拨叉轴的两侧都有凹槽，凹槽之间钻有通孔，互锁顶销就装在该通孔中。两个互锁钢球的直径之和正好等于相邻两个拨叉轴圆柱表面之间的距离加上一个凹槽的深度，互锁顶销的长度则等于拨叉轴的直径减去一个凹槽的深度。当变速器处于空挡位置时，所有拨叉轴的侧面凹槽与钢球、顶销都在同一直线上。在移动中间拨叉轴 3 时（图 3-56），拨叉轴 2 两侧的钢球从其侧面凹槽中被挤出，两侧面外钢球分别嵌入拨叉轴 1 和 3 的侧面凹槽中，将拨叉轴 1 和 3 锁止在空挡位置。若要移动拨叉轴 3，则必须先将拨叉轴

2 退回至空挡位置，拨叉轴 3 移动时将轴凹槽内的钢球挤出，通过顶销推动另一侧两个钢球移动，拨叉轴 1、2 均被锁止在空挡位置上。拨叉轴 1 的工作情况与上述相同所示。由上述互锁装置工作情况可知，一根拨叉轴移动的同时，其他两根拨叉轴均被锁止，即可防止同时换入两个挡。

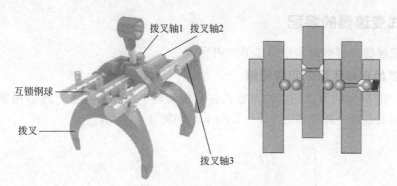

图 3-56　锁球式互锁装置的工作原理

3. 倒挡锁装置

倒挡锁装置的作用是防止汽车在前进中因误挂倒挡而造成极大的冲击，使零部件损坏，并防止在汽车起步时误挂倒挡而造成安全事故。它一般由倒挡钢球及倒挡锁弹簧等组成，其原理是驾驶人如要挂入倒挡，还需克服倒挡弹簧的阻力，需要对变速杆施加更大的力，才能挂入倒挡，起到提醒作用，从而防止无意中误挂倒挡，如图 3-57 所示。

在大众捷达变速器的变速操纵装置中，倒挡锁止装置被安装在变速杆下方的选挡机构壳体中。倒挡锁止装置的工作原理如图 3-58 所示。在正常的前进挡换挡行程内，变速杆锁止凸轮向上运动，防止锁止（是选挡壳体一个内部件）。挂倒挡时，驾驶员首先必须克服阻力压下锁止装置中的压力弹簧，变速杆通过球形变速杆导管向

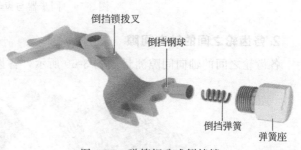

图 3-57　弹簧钢珠式倒挡锁

下运动，使锁止杆凸轮绕过联锁装置，挂入倒挡。之后弹簧又将变速杆上推到啮合位置，并使它保持在倒挡位置。

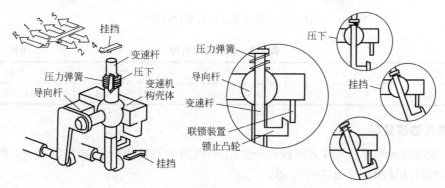

图 3-58　倒挡锁止装置的工作原理

第六节　二轴式、三轴式变速器拆装

一、二轴式变速器的装配

二轴式变速的分解参照本章第二节的内容。

1. 同步器齿环与齿轮之间的间隙

测量时，用50N的力以三点均布方式将同步器环平压在齿轮上，然后用塞尺测量齿轮和同步环之间的备量。正常值为0.8～1.6mm，如图3-59所示。

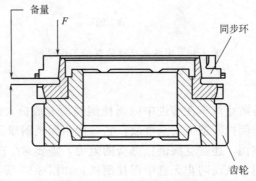

图3-59　同步器与齿轮间隙

2. 各齿轮之间的轴向间隙

各齿轮之间的轴向间隙测量如图3-60所示，各齿轮间隙如表3-3所示

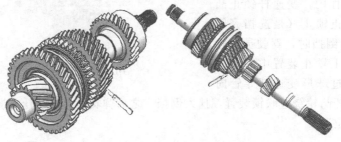

图3-60　各齿轮之间的轴向隙测量

表3-3　各齿轮间间隙　　　　　　　　　　　　　　　　　　　　　单位：mm

1挡	2挡	3挡	4挡	5挡
0.10～0.3	0.205～0.455	0.125～0.275	0.175～0.425	0.175～0.445

3. 输入轴的装配

输入轴的装配顺序：3挡主动齿轮→3挡/4挡同步器齿环→齿毂及齿套→4挡主动齿轮→输入轴后球轴承，如图3-61所示。

① 3挡/4挡同步器齿环的识别。3挡/4挡同步器齿环上分别有3、4的标记，装配时注意区分，如图3-62所示。

图 3-61　输入轴的装配

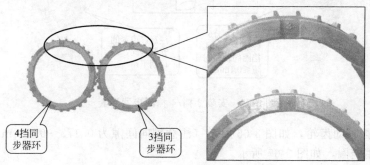

图 3-62　3 挡/4 挡同步器识别

② 齿毂和齿套的区分如图 3-63 所示。注意：3 挡/4 挡同步器齿毂无特定装配方向，两侧一样。

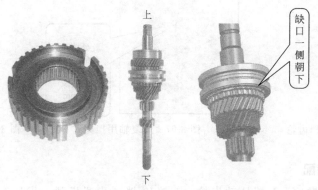

图 3-63　齿毂和齿套的区分

③ 在安装完 3 挡滚针轴承、3 挡主动齿轮后（注意轴向间隙为 0.125～0.275mm），压装 3 挡/4 挡同步器齿毂，压装时要对正花键，垂直压入，防止将齿毂压坏，如图 3-64 所示。

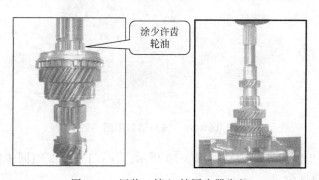

图 3-64　压装 3 挡/4 挡同步器齿毂

④ 安装挡圈、3挡/4挡滚针轴承隔垫、滚针轴承,并装好3挡/4挡同步器齿套,如图3-65所示。

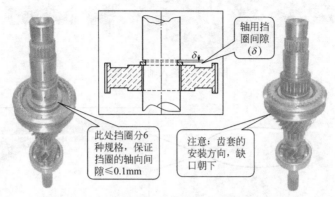

图3-65 安装3挡/4挡同步器齿套

⑤ 装上4挡主动齿轮,如图3-66所示(注意轴向间隙为0.175~0.425mm),压入后球轴承、装复轴用挡圈,如图3-67所示。

⑥ 输入轴装配完成,如图3-68所示。

图3-66 装上4挡齿轮　　　图3-67 装复轴用挡圈　　　图3-68 输入轴装配完成

4. 输出轴的装配

输出轴的装配顺序：1挡从动齿轮→1挡/2挡同步器齿毂、齿环、齿套→2挡从动齿轮→3挡从动齿轮、隔套→4挡从动齿轮→后球轴承,如图3-69所示。

图3-69 输出轴装配图

① 1挡/2挡同步器齿环的识别如图3-70所示。注：1挡、2挡同步器环上分别有1、2的标记,装配时注意区分。

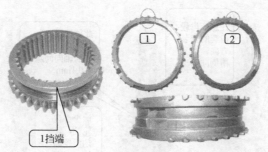

图 3-70　1 挡、2 挡同步器齿环的识别标记

② 3 挡/4 挡从动齿轮的安装方向如图 3-71 所示。

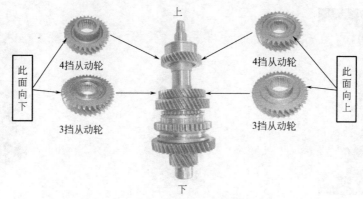

图 3-71　3 挡/4 挡从动齿轮的安装方向

③ 安装 1 挡滚针轴承和 1 挡从动齿轮（轴向间隙为 0.10～0.30mm），如图 3-72 所示。注意：止推钢球不要漏装；1 挡/2 挡滚针轴承的区分。

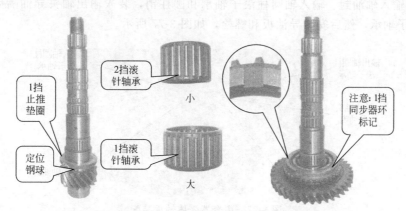

图 3-72　安装 1 挡滚针轴承和 1 挡从动齿轮

④ 压装 1 挡/2 挡同步器，装好挡圈、隔垫、滚针轴承、2 挡同步器环及 2 挡从动齿轮，如图 3-73 所示（注意轴向间隙为 0.205～0.455mm）。

⑤ 压装 3 挡从动齿轮，齿轮凸台朝上。以同样的方法安装 4 挡从动齿轮，如图 3-74 所示。注意隔套装在 3 挡和 4 挡之间。

⑥ 压装输出轴后球轴承，如图 3-75 所示。

⑦ 输出轴装配完成，如图 3-76 所示。

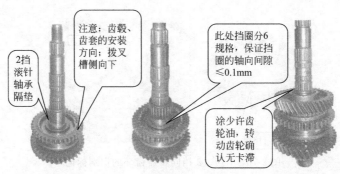

图 3-73 压装 1 挡/2 挡同步器

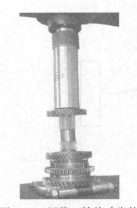

图 3-74 压装三挡从动齿轮

图 3-75 压装输出轴后球轴承

图 3-76 输出轴装配完成

5. 离合器壳体的装配

① 压装输入轴油封、输入轴圆柱滚子轴承和圆柱销，装入输出轴头导油嘴后再压入输出轴圆柱滚子轴承，然后安装导油板和螺栓，如图 3-77 所示。

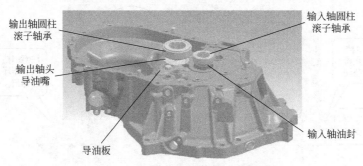

图 3-77 离合器壳体轴承装配

② 安装输出轴圆柱滚子轴承压板、螺栓和磁铁，压装油封和前圆锥滚子轴承（外圈），并放入选好的差速器前端垫片，如图 3-78 所示。

6. 拨叉和拨叉轴及倒挡机构的装配

（1）拨叉和拨叉轴及倒挡机构　如图 3-79 所示。

① 注意拨叉轴、拨叉的方向性。

② 装配长短锁销时为防止锁销掉落，要涂润滑脂。

图 3-78 安装输出轴圆柱滚子轴承压板、螺栓和磁铁

③ 装配定位螺栓时首先涂锁固胶,并按要求力矩拧紧:13.7~22.4N·m。

④ 装配弹性圆柱销时要注意弹性销的开口方向;所有圆柱销和轴用挡圈均不可以重复使用。

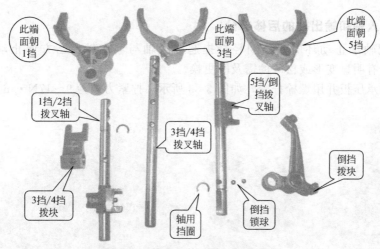

图 3-79 拨叉和拨叉轴及倒挡机构

(2) 倒挡惰轮的装配 如图 3-80 所示,注意螺钉要安装到位。

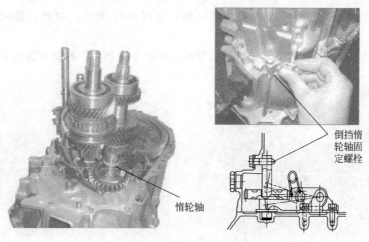

图 3-80 倒挡惰轮的装配

（3）拨叉与拨叉轴工作检查　如图3-81所示。

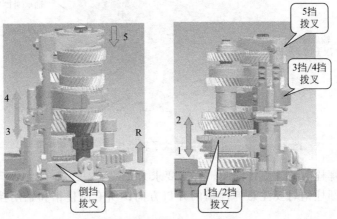

图3-81　拨叉与拨叉轴工作检查

7. 装配输入轴和输出轴的后体部分

① 在装配轴承止动环时，分别轻轻提起输入轴与输出轴，已方便止动环安装，如图3-82所示。有明显变形或松旷的需及时更换。

② 安装轴承压板并用螺栓拧紧，如图3-83所示。拧紧力矩为9～17N·m。

图3-82　装配轴承止动环

图3-83　安装轴承压板

③ 装入5挡主动齿轮滚针轴承及轴承隔垫，如图3-84所示。注意：装配时不要忘记安装滚针轴承隔垫。

④ 压入5挡从动齿轮，拧紧输出轴锁紧螺母，如图3-85所示。拧紧力矩为110～160N·m。

图3-84　装入5挡主动齿轮滚针轴承

图3-85　压入5挡从动齿轮

⑤ 装入5挡主动齿轮（图3-86）及5挡同步器齿环。

⑥ 压入5挡同步器总成，如图3-87所示。注意：轴向间隙为0.175～0.425mm，压入前先将5挡同步器总成和5挡拨叉组装好，压入时对好花键。

图3-86 装入5挡主动齿轮

图3-87 压入5挡同步器总成

⑦ 5挡组件的装配方向如图3-88所示。

图3-88 5挡组件的装配方向

⑧ 用卡簧钳安装5挡同步器轴用挡圈，如图3-89所示。

⑨ 安装5挡拨叉固定螺栓及3挡/4挡拨叉轴限位卡环，取下5挡拨叉，如图3-90所示。

图3-89 安装5挡同步器轴用挡圈

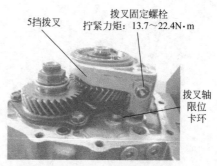

图3-90 安装5挡拨叉固定螺栓

⑩ 在后壳体与变速器壳体的结合面上涂好密封胶（宽1.2mm）后，安装到变速器壳体上，并用螺栓拧紧，如图3-91所示。

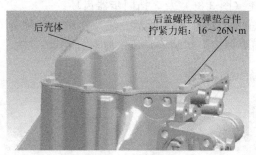

图 3-91 安装后壳体

二、三轴式变速器拆装

1. 拆卸

① 拆卸变速器放油螺栓（六角 14mm）并完全排出变速器油。把拆下的变速器放在工作台上，如图 3-92 所示。

② 如图 3-93 所示，拉出锁紧垫圈 1 并拆卸导向加销 2。

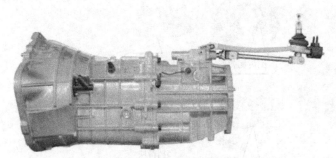

图 3-92 变速器放在工作台上

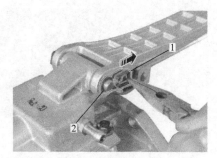

图 3-93 卸导向加销

③ 朝后推半遥控杆并用 12mm 扳手拧下装配螺栓以拆卸顶盖，如图 3-94 所示。

④ 倾斜偏置杆并拉出弹簧销以拆卸偏置杆，如图 3-95 所示。

图 3-94 拆卸顶盖

图 3-95 拉出弹簧销

⑤ 用 14mm 扳手从延伸壳上拧下螺栓，如图 3-96 所示。

⑥ 用专用工具拆卸延伸壳，如图 3-97 所示。注意：拆卸和延伸壳在一起的偏置杆和滚动柱塞时，小心不要掉落。

图 3-96　拆下延伸壳螺栓　　　　图 3-97　拆卸延伸壳

⑦ 用拉具拆卸后滚珠轴承并拆卸车速表从动齿轮，如图 3-98 所示。
⑧ 拆卸 5 挡/R 换挡拨叉弹簧销，如图 3-99 所示。

图 3-98　拆卸车速表从动齿轮　　　图 3-99　拆卸 5 挡/R 换挡拨叉弹簧销

⑨ 用卡环钳把中间轴齿轮（5 挡齿轮）挡圈拉出环槽，如图 3-100 所示。

图 3-100　拆卸挡圈

⑩ 拆卸挡圈后用拉具拆卸 5 挡中间轴齿轮，如图 3-101 所示。
⑪ 拆卸中间轴倒挡隔圈，如图 3-102 所示。

图 3-101 拆卸 5 挡中间轴齿轮

图 3-102 拆卸中间轴倒挡隔圈

⑫ 用卡簧钳拆卸 5 挡齿轮挡圈，如图 3-103 所示。
⑬ 从轴上拆卸止推垫圈，如图 3-104 所示。

图 3-103 拆卸 5 挡齿轮挡圈

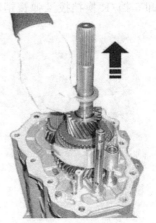
图 3-104 拆卸止推垫圈

⑭ 拆卸 5 挡齿轮并拉出弹簧销，如图 3-105 所示。
⑮ 拆卸两个 5 挡齿轮滚针轴承，如图 3-106 所示。

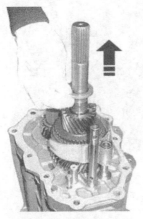
图 3-105 拉出弹簧销

图 3-106 拆卸两个 5 挡齿轮滚针轴承

⑯ 拆卸 5 挡齿轮同步器环，如图 3-107 所示。
⑰ 用环钳从轴上拆卸 5 挡/R 齿轮挡圈，如图 3-108 所示。

图 3-107　拆卸 5 挡齿轮同步器环

图 3-108　拆卸 5 挡/R 挡齿轮挡圈

⑱ 一次性拆卸 5 挡/R 挡同步器毂总成、倒挡齿轮和换挡拨叉，如图 3-109 所示。
⑲ 拆卸中间轴倒挡齿轮，如图 3-110 所示。

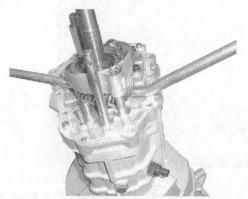

图 3-109　拆卸 5 挡/R 挡同步器毂总成

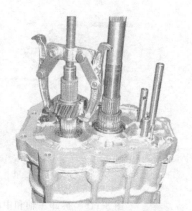

图 3-110　拆卸中间轴倒挡齿轮

⑳ 拆卸中间轴倒挡齿轮滚针轴承，如图 3-111 所示。
㉑ 拧下 17mm 互锁螺栓，如图 3-112 所示。

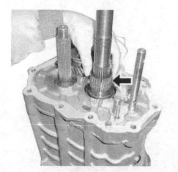

图 3-111　拆卸中间轴倒挡齿轮滚针轴承

图 3-112　拧下互锁螺栓

㉒ 从变速器壳上拆卸变速器中间壳体，如图 3-113 所示。

㉓ 从壳上拆卸齿轮总成，如图 3-114 所示。

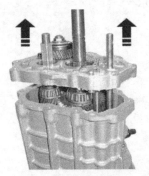  

图 3-113 拆卸变速器中间壳体　　　　图 3-114 拆卸齿轮总成

㉔ 拆卸主轴和中间轴齿轮总成。从 5 挡/R 挡和 1 挡/2 挡换挡导轨上拉出销并通过后部拆卸换挡导轨。从换挡拨叉上拉出锁销，如图 3-115 所示。

㉕ 拆卸换挡导轨和换挡拨叉，把输出轴和中间轴齿轮放到专用工具上，如图 3-116 所示。

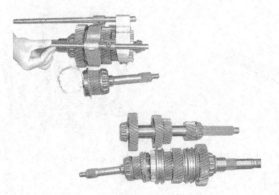 

图 3-115 拆卸主轴和中间轴齿轮总成　　　　图 3-116 拆卸换挡导轨和换挡拨叉

㉖ 把输出轴总成和 1 挡齿轮朝下放置并用专用工具拆卸中间滚锥轴承，如图 3-117 所示。

㉗ 拆卸 3 挡/4 挡齿轮挡圈，如图 3-118 所示。

图 3-117 拆卸中间滚锥轴承　　　　图 3-118 拆卸 3 挡/4 挡齿轮挡圈

㉘ 用专用工具拆卸3挡/4挡齿轮同步器毂、单同步器衬套和3挡齿轮，拉出滚针轴承，如图3-119所示。

㉙ 压松1挡/2挡齿轮、轮毂和双同步器衬套，如图3-120所示。

图3-119 拉出滚针轴承

图3-120 松动1挡/2挡齿轮

㉚ 拆卸倒挡齿轮内座圈，如图3-121所示。

㉛ 拆卸主滚锥轴承，如图3-122所示。

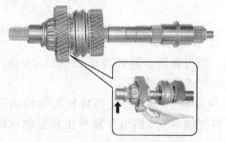
图3-121 拆卸倒挡齿轮内座圈

图3-122 拆卸主滚锥轴承

㉜ 从轴上拆卸内座圈、1挡齿轮和滚针轴承，如图3-123所示。

㉝ 拆卸在1挡齿轮侧的同步器内环、中间锥和外环，如图3-124所示。

图3-123 拆卸内座圈

图3-124 拆卸在1挡齿轮侧的同步器内环、中间锥和外环

㉞ 拆卸和双同步器衬套在一起的1挡/2挡齿轮同步器，如图3-125所示。

㉟ 拆卸在2挡齿轮侧的同步器内环、中间锥和外环，如图3-126所示。

图 3-125 拆卸 1 挡/2 挡齿轮同步器

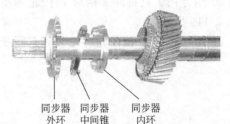

图 3-126 拆卸在 2 挡齿轮侧的同步器
内环、中间锥和外环

㊱ 拆卸 2 挡齿轮和滚针轴承，如图 3-127 所示。
㊲ 从延伸壳上拆卸油封，如图 3-128 所示。

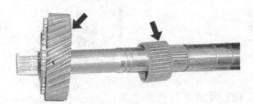

图 3-127 拆卸 2 挡齿轮和滚针轴承

图 3-128 拆卸油封

2. 组装

装配前要检查测量同步器环和变速器齿轮之间的间隙，新 1 挡/2 挡齿轮同步器环为 0.87～1.40mm；新 3 挡/4 挡齿轮同步器环为 0.88～1.50mm。如果间隙过大，则更换新同步器环，否则会损坏导致缺失或齿轮毁坏。

① 安装 2 挡齿轮滚针轴承，如图 3-129 所示。注意：1 挡/2 挡/3 挡齿轮滚针轴承有一排轴承并且这些轴承的尺寸相同。倒挡滚针轴承有两排轴承。5 挡滚针轴承比其他轴承较小并且包含 2 个轴承。

② 依次安装 2 挡齿轮、同步器外环、中间锥和内环，如图 3-130 所示。

图 3-129 安装 2 挡齿轮滚针轴承

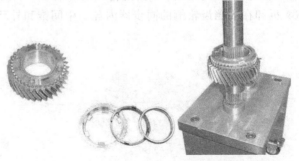

图 3-130 依次安装 2 挡齿轮同步器
外环、中间锥和内环

③ 在 1 挡/2 挡同步器毂和双同步器衬套内插入三个同步器键。在偏置内安装同步器弹簧，避免同步器弹簧被忽略掉，如图 3-131 所示。注：1 挡/2 挡齿轮同步器衬套边缘没有台阶，但 3 挡/4 挡和 5 挡/R 挡齿轮有。

④ 通过使用压具把1挡/2挡同步器毂和双同步器衬套安装到输出轴内，如图3-132所示。注：确定毂槽面朝2挡齿轮。对正2挡齿轮内的同步器环槽和同步器键。

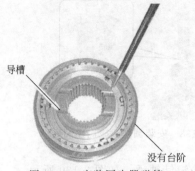

图3-131　安装同步器弹簧　　　　图3-132　同步器毂和双同步器衬套安装到输出轴内

⑤ 依次把同步器外环、中间锥和内环安装到1挡/2挡同步器毂内，如图3-133所示。
⑥ 安装1挡齿轮，如图3-134所示。

图3-133　安装同步器外环、中间锥和内环　　　图3-134　安装1挡齿轮

⑦ 安装1挡齿轮滚针轴承，如图3-135所示。
⑧ 通过使用压具安装1挡齿轮内座圈，如图3-136所示。注：1挡齿轮内座圈边缘没有台阶。

图3-135　安装1挡齿轮滚针轴承　　　　图3-136　安装1挡齿轮内座圈

⑨ 通过压具安装主滚锥轴承，如图3-137所示。
⑩ 通过压具安装倒挡齿轮内座圈，如图3-138所示。注：倒挡齿轮内座圈边缘有一个台阶。

图 3-137 安装主滚锥轴承

图 3-138 安装倒挡齿轮内座圈

⑪ 把输出轴总成和 1 挡齿轮朝下放置并安装 3 挡齿轮滚针轴承，如图 3-139 所示。

⑫ 安装 3 挡齿轮，如图 3-140 所示。

图 3-139 安装 3 挡齿轮滚针轴承

图 3-140 安装 3 挡齿轮

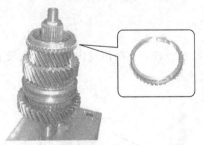
图 3-141 安装同步环

⑬ 在 3 挡齿轮上安装同步环，如图 3-141 所示。

⑭ 在 3 挡/4 挡同步器毂和同步器衬套内插入三个同步器键。在偏置内安装同步器弹簧，避免同步器弹簧被忽略掉，如图 3-142 所示。注：3 挡/4 挡齿轮同步器衬套边缘有一个台阶。使毂内的导槽面向 3 挡齿轮并对正 3 挡齿轮内的同步器环槽和同步器键。

⑮ 安装 3 挡/4 挡齿轮挡圈，如图 3-143 所示。注：通过用厚薄规把挡圈和毂之间的轴向间隙调整到 0～0.50mm 范围内。

图 3-142 安装同步器弹簧

⑯ 通过压具安装中间滚锥轴承，如图 3-144 所示。

图 3-143　安装 3 挡/4 挡齿轮挡圈

图 3-144　安装中间滚锥轴承

⑰ 把输入轴和 4 挡同步器环安装到一起，将输入轴面朝下放置到工作台上，如图 3-145 所示。

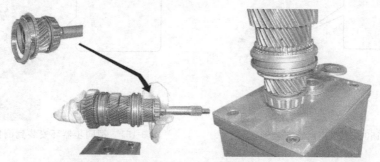

图 3-145　把输入轴和 4 挡同步器环安装到一起

⑱ 为了减轻负荷并为轴承提供一个间隙，应插入专用工具，如图 3-146 所示。
⑲ 把中间轴齿轮和输入/输出轴放到工作台上，如图 3-147 所示。

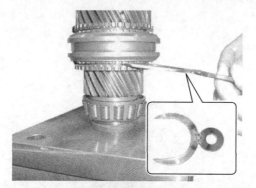

图 3-146　插入专用工具

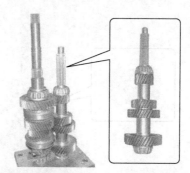

图 3-147　把中间轴齿轮和输入/输出轴放到工作台上

⑳ 把变速器适配器安装到输入轴和中间轴齿轮上，如图 3-148 所示。
㉑ 安装倒挡齿轮滚针轴承，如图 3-149 所示。
㉒ 把倒挡齿轮安装到轴上，如图 3-150 所示。
㉓ 把同步器环安装到倒挡齿轮上，如图 3-151 所示。

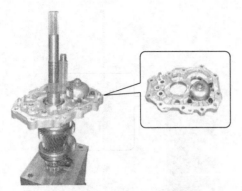

图 3-148 把适配器安装到输入轴和中间轴齿轮上

图 3-149 安装倒挡齿轮滚针轴承

图 3-150 把倒挡齿轮安装到轴

图 3-151 把同步器环安装到倒挡齿轮上

㉔ 在 5 挡/R 挡同步器毂和同步器衬套内装入三个同步器键。在偏置内安装同步器弹簧，避免同步器弹簧被忽略掉，如图 3-152 所示。注：使毂内的导槽面向 5 挡齿轮并对正倒挡齿轮的同步器环槽和同步器键。

㉕ 安装 5 挡/R 挡齿轮挡圈，如图 3-153 所示。

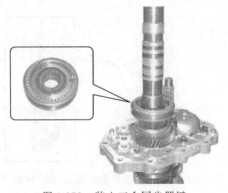

图 3-152 装入三个同步器键

图 3-153 安装 5 挡/R 挡齿轮挡圈

㉖ 通过压具安装中间轴倒挡齿轮，如图 3-154 所示。注：放置中间轴倒挡齿轮，使较长突出部分朝向适配器。

㉗ 安装中间轴倒挡隔圈，如图 3-155 所示。

图 3-154　安装中间轴倒挡齿轮

图 3-155　安装中间轴倒挡隔圈

㉘ 安装 5 挡同步器环，如图 3-156 所示。
㉙ 安装两个 5 挡齿轮滚针轴承，使这两个 5 挡齿轮滚针轴承排成一行，如图 3-157 所示。

图 3-156　安装 5 挡同步器环

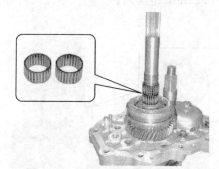
图 3-157　安装两个 5 挡齿轮滚针轴承

㉚ 安装 5 挡齿轮，如图 3-158 所示。
㉛ 使用压具安装 5 挡中间轴齿轮。此时，使 5 挡中间轴齿轮的较长突出部分朝向适配器，如图 3-159 所示。

图 3-158　安装 5 挡齿轮

图 3-159　安装 5 挡中间轴齿轮

㉜ 安装中间轴 5 挡齿轮挡圈，如图 3-160 所示。
㉝ 安装锁定滚珠，如图 3-161 所示。

图 3-160 安装中间轴 5 挡齿轮挡圈

图 3-161 安装锁定滚定珠

㉞ 在对正键槽的情况下安装止推垫圈，如图 3-162 所示。

㉟ 安装挡圈，如图 3-163 所示。注：使用厚薄规把挡圈和毂之间的轴向间隙调整到 0.08～0.22mm 范围内。

图 3-162 安装止推垫圈

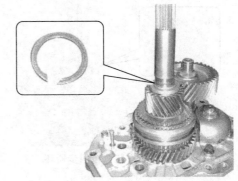
图 3-163 安装挡圈

㊱ 使用压具安装中间轴滚子轴承的内座圈，如图 3-164 所示。注：使中间轴滚子轴承内座圈的突出部分朝向 5 挡齿轮。

㊲ 把齿轮总成（图 3-165）平行放在工作台上。

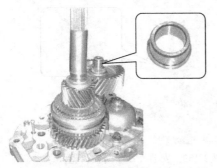
图 3-164 安装中间轴滚子轴承的内座圈

图 3-165 齿轮总成

㊳ 把内部变速杆和互锁板安装到 3 挡/4 挡齿轮换挡导轨内，如图 3-166 所示。注：锁内部变速杆的弹簧销很小（6mm×22mm）并且其开槽应面朝轴。

㊴ 把 3 挡/4 挡齿轮换挡导轨安装到变速器适配器内,如图 3-167 所示。注:换挡导轨的较长的部分应朝向输入轴。

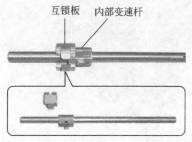
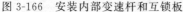

图 3-166　安装内部变速杆和互锁板

图 3-167　安装 3 挡/4 挡齿轮换挡导轨

㊵ 安装 3 挡/4 挡齿轮换挡拨叉,如图 3-168 所示。注:1 挡/2 挡和 5 挡/R 挡换挡拨叉兼容,但 3 挡/4 挡换挡拨叉是刻槽型的,而 1 挡/2 挡和 5 挡/R 挡换挡拨叉不是。

㊶ 在对正导槽的情况下安装 3 挡/4 挡换挡拨叉和换挡导轨,如图 3-169 所示。

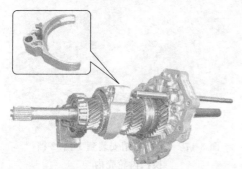

图 3-168　安装 3 挡/4 挡齿轮换挡拨叉

图 3-169　安装 3 挡/4 挡换挡拨叉和换挡导轨

㊷ 把 1 挡/2 挡齿轮换挡导轨安装到变速器适配器内,如图 3-170 所示。

㊸ 局部啮合 1 挡/2 换挡拨叉到换挡导轨,如图 3-171 所示。

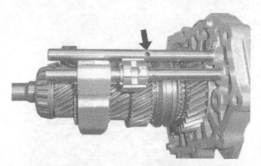

图 3-170　安装 1 挡/2 挡齿轮换挡导轨

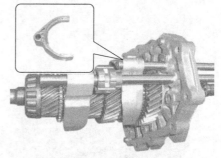

图 1-171　局部啮合 1 挡/2 换挡拨叉

㊹ 把换挡轮壳安装到 1 挡/2 挡换挡导轨上,如图 3-172 所示。安装倒挡锁止弹簧、倒挡锁止板和倒挡锁止螺栓。注:对正 1 挡/2 挡齿轮换挡轮壳和互锁板匹配表面。

㊺ 局部啮合 5 挡/R 挡齿轮换挡拨叉换到换挡导轨的导槽上,如图 3-173 所示。

㊻ 把 5 挡/R 挡换挡齿轮壳和 5 挡/R 挡换挡拨叉安装到换挡导轨上,如图 3-174 所示。注:对正 5 挡/R 挡换挡轮壳和互锁板表面。

㊼ 把弹簧销安装到 1 挡/2 挡换挡齿轮壳内，如图 3-175 所示。

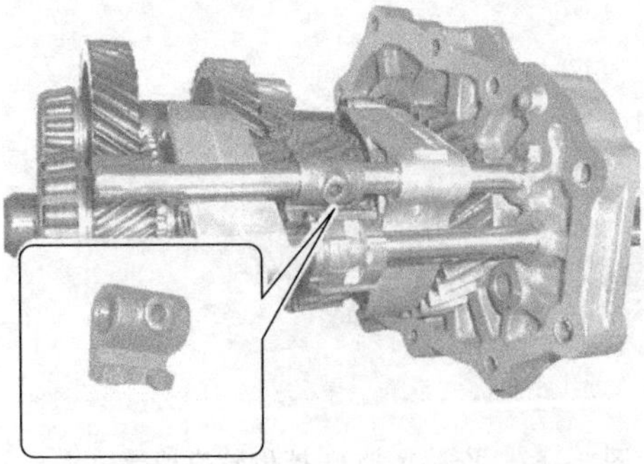

图 3-172　换挡轮壳安装到 1 挡/2 挡换挡导轨上

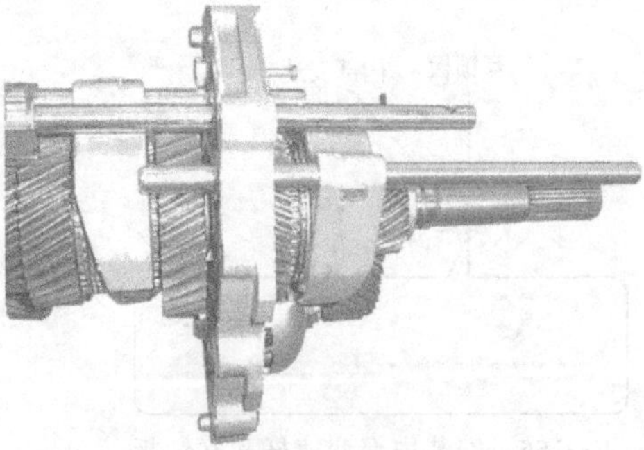

图 3-173　5 挡/R 挡齿轮换挡拨叉换到换挡导轨的导槽上

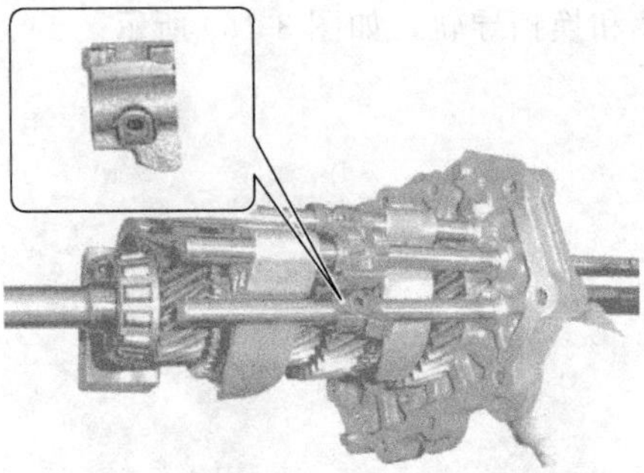

图 3-174　5 挡/R 挡换挡拨叉安装到换挡导轨上

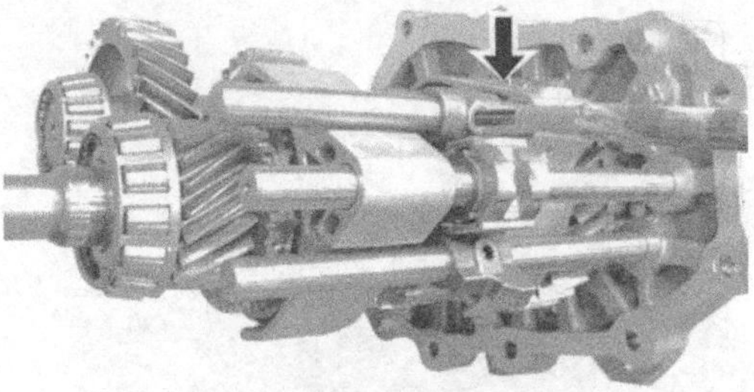

图 3-175　把弹簧销安装到 1 挡/2 挡换挡齿轮壳内

㊽ 把弹簧销安装到 5 挡/R 挡换挡壳内，如图 3-176 所示。

㊾ 把弹簧销安装到 1 挡/2 挡换挡拨叉内，如图 3-177 所示。

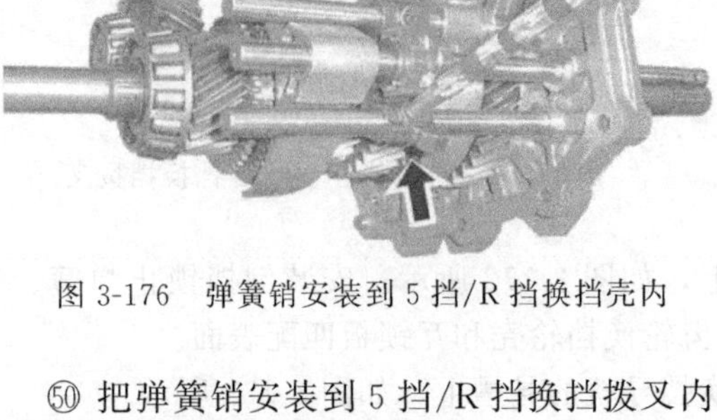

图 3-176　弹簧销安装到 5 挡/R 挡换挡壳内

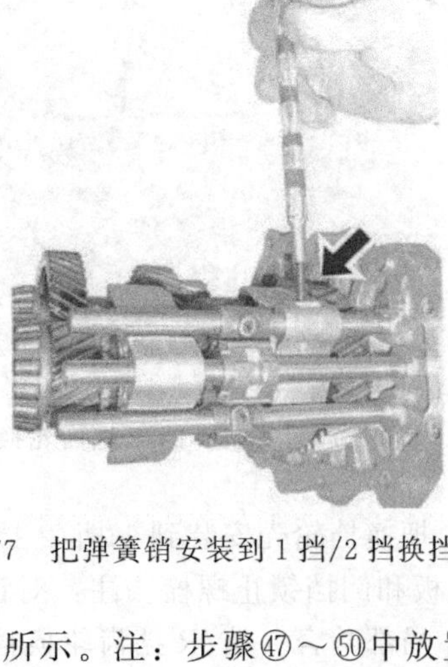

图 3-177　把弹簧销安装到 1 挡/2 挡换挡拨叉内

㊿ 把弹簧销安装到 5 挡/R 挡换挡拨叉内如图 3-178 所示。注：步骤㊼～㊿中放置弹簧销，使弹簧销开槽面朝轴。

(51) 把倒挡锁止板和倒挡锁止弹簧安装到 1 挡/2 挡换挡导轨上。

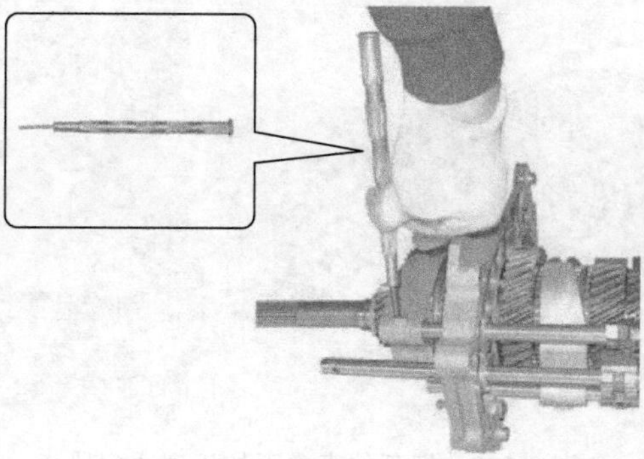

图 3-178 把弹簧销安装到 5 挡/R 挡换挡拨叉内

(52) 把止动板安装到 3 挡/4 挡换挡导轨上并插入弹簧销，如图 3-179 所示。

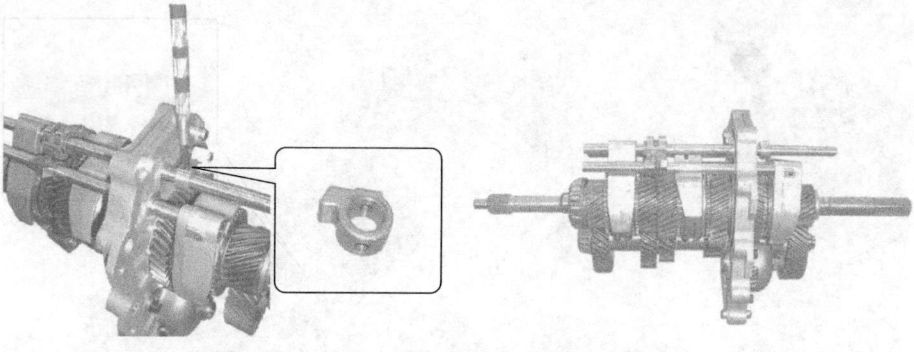

图 3-179 把止动板安装到 3 挡/4 挡换挡导轨上

(53) 在变速壳上涂抹密封胶，如图 3-180 所示。

(54) 把齿轮总成和适配器安装到变速壳上，如图 3-181 所示。

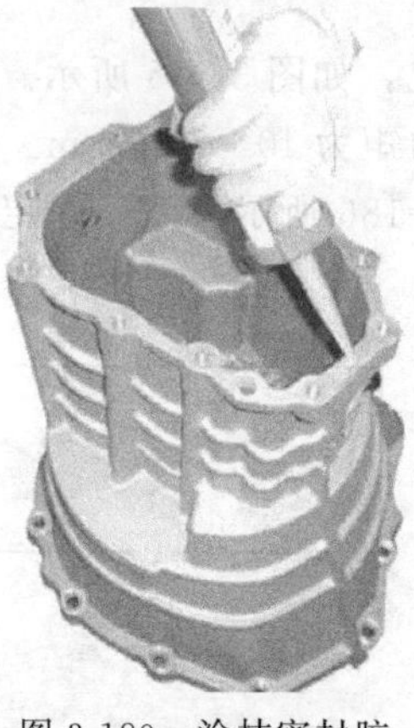

图 3-180 涂抹密封胶

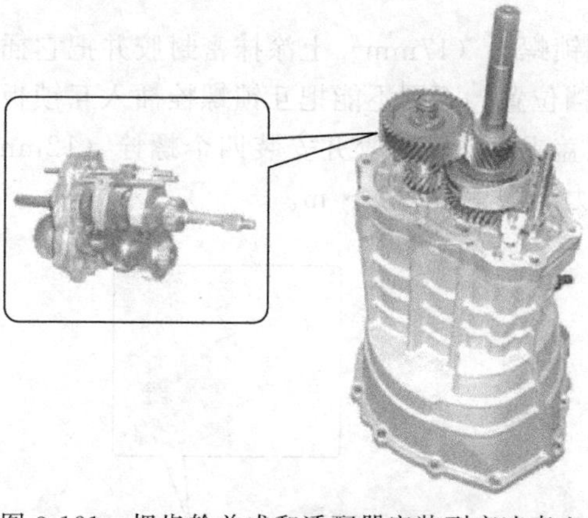

图 3-181 把齿轮总成和适配器安装到变速壳上

(55) 把车速表从动齿轮安装到输出轴上并使用压具安装滚珠轴承。

(56) 在延伸壳上涂抹密封胶。把延伸壳向下按压到适配器，如图 3-182 所示。

(57) 拧紧延伸壳螺栓，如图 3-183 所示。14mm×10mm，力矩为 42～57N·m。

(58) 把偏置杆插入 3 挡/4 挡导轨上并安装弹簧销，如图 3-184 所示。

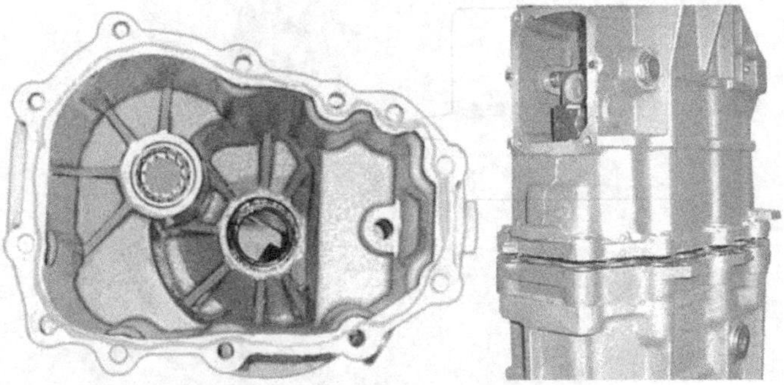

图 3-182　把延伸壳向下按压到适配器

(59) 在偏置杆轴套内涂抹润滑脂。

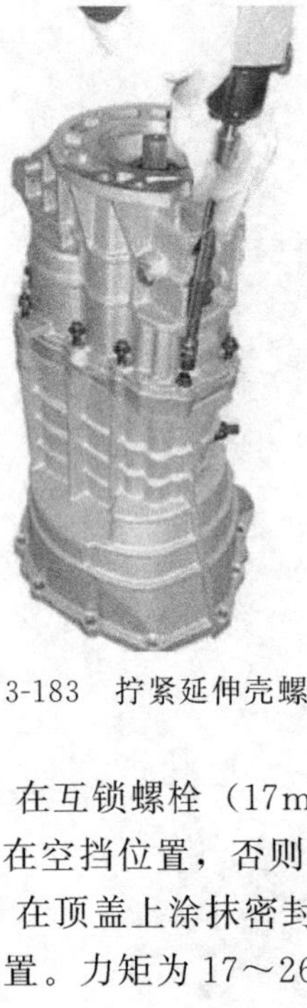

图 3-183　拧紧延伸壳螺栓

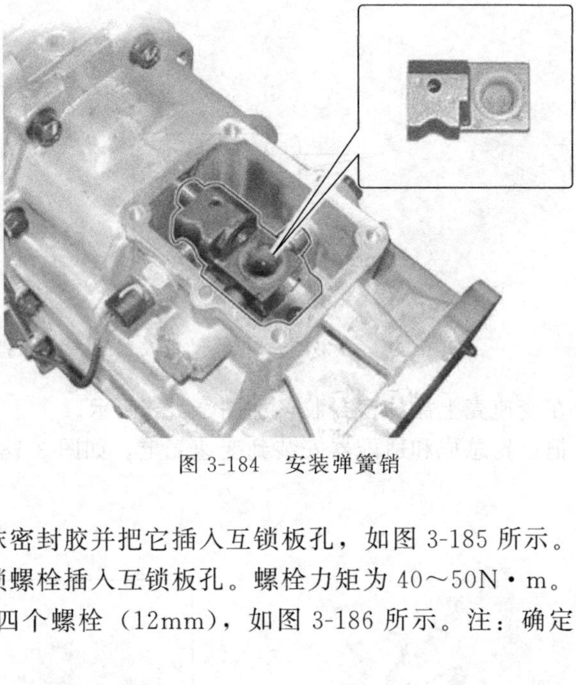

图 3-184　安装弹簧销

(60) 在互锁螺栓（17mm）上涂抹密封胶并把它插入互锁板孔，如图 3-185 所示。注：确定齿轮在空挡位置，否则不能把互锁螺栓插入互锁板孔。螺栓力矩为 40～50N·m。

(61) 在顶盖上涂抹密封胶并安装四个螺栓（12mm），如图 3-186 所示。注：确定齿轮在空挡位置。力矩为 17～26N·m。

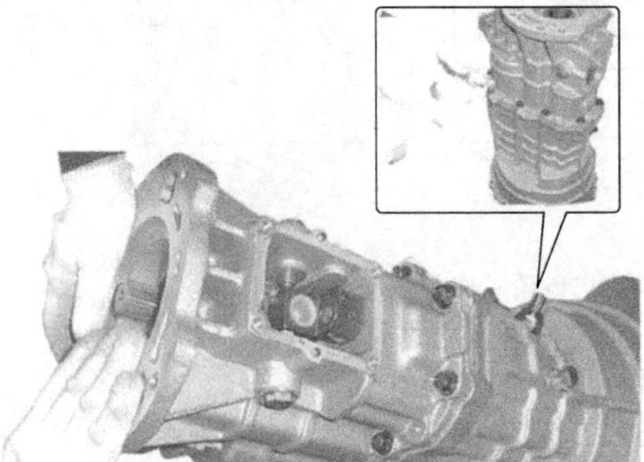

图 3-185　安装互锁螺栓

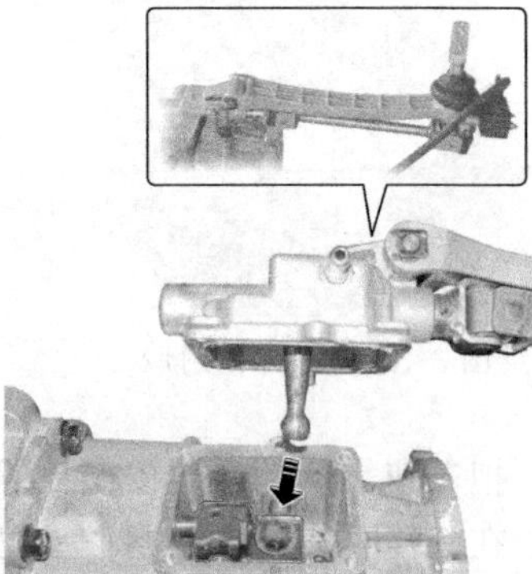

图 3-186　安装顶盖

第七节　变速器的故障诊断与维修

一、常见故障诊断

变速器一般不会出现故障，但随着行驶里程的增加，以及不正常的操作，使其零件的磨损、变形随之加大，会出现异常响声、挂挡困难、跳挡、乱挡、发热、漏油等故障。

1. 变速器的异常声响

（1）现象　发动机怠速运转，变速器处于空挡位置时有异响，踏下离合器踏板时响声消失。

（2）原因

① 变速器与发动机安装时曲轴与变速器第1轴中心线不同心，或变速器壳体变形。

② 第二轴前轴承磨损、污垢、起毛。

③ 变速器常啮合齿轮磨损，齿侧间隙过大，或个别齿轮牙齿破裂。

④ 常啮合齿轮未成对更换，啮合不良。

⑤ 轴承松旷、损坏，齿轮轴向间隙大。

⑥ 拨叉与接合套间隙过大。

2. 挂挡后发响

（1）现象　变速器挂入挡位后发响。当汽车以40km/h以上车速行驶时，发出一种不正常声响，且车速越快声响越大，而当滑行或低速时响声减小或消失。

（2）原因　轴的弯曲变形，轴的花键与滑动齿轮毂配合松旷。齿轮啮合不当，或轴承松旷。操纵机构各连接处松动，变速叉变形。主、从动锥齿轮配合间隙过大。

（3）诊断　变速器产生响声，是由齿轮或轴的振动及其他声源开始，然后扩散到变速器壳壁产生共振而形成的，诊断步骤如下。

① 发动机怠速运转，变速器在空挡时有异响，踩下离合器踏板后声响消失，多为常啮合齿轮啮合不良。

② 变速器在各挡均有声响，多为基础件、轴、齿轮、花键磨损使形位误差超限。

③ 挂入某挡，声响严重，则说明该挡齿轮磨损严重。

3. 变速器跳挡

（1）现象　汽车行驶中，变速杆自动跳回空挡位置（一般多在中、高速负荷时突然变化或汽车剧烈振动时发生）。

（2）原因

① 变速器齿轮或齿套磨损过量，沿齿长方向磨成锥形。

② 变速叉轴凹槽及定位球磨损，以及定位弹簧过软或折断，使自锁装置失效。

③ 变速器轴、轴承磨损松旷或轴向间隙过大，使轴转动时齿轮啮合不足而发生跳动和轴向窜动。

④ 操纵机构变形松旷，使齿轮在齿长位置啮合不足。

（3）诊断

① 发现某挡跳挡时，仍将变速杆挂入该挡，然后拆下变速器盖察看齿轮啮合情况，如啮合良好，应检查换挡机构。

②用手推动变速杆，如无阻力或阻力甚小，说明自锁装置失效，应检查自锁钢球和变速叉轴上的凹槽是否磨损过甚，自锁钢球弹簧是否过软、折断，如是则应更换。

③如齿轮未完全啮合，应检查拨叉是否磨损或变形，如果弯曲应校正。

④如换挡机构良好，应检查齿轮是否磨成锥形，轴承是否松旷，必要时应拆下修理或换。

4. 挂挡困难

（1）现象　挂挡时，不能顺利挂入挡位，常发生齿轮撞击声。

（2）原因　变速叉轴弯曲变形。自锁或互锁钢环破裂、毛糙卡滞。变速连接杆调整不当或损坏。同步器耗损或有缺陷。变速器轴弯曲变形或花键损坏。除了变速器故障外，离合器分离不彻底，齿轮油规格不符，也会造成挂挡困难。

（3）诊断

①检查变速叉轴是否弯曲变形，自锁和互锁钢球是否损坏弹簧是否过硬。

②检查操纵机构是否有变形或卡滞。

③如上述检查正常，应检查是否损坏。主要检视同步器是否散架，同步器锥环内锥面螺旋槽是否磨损，滑块是否磨损，弹簧弹力是否过软。

④如同步器正常，应检视变速器第一轴是否弯曲，其花键是否耗损。

5. 变速器乱挡

（1）现象　汽车起步挂挡或行驶中换挡，所挂挡与需要挡位不符，或虽然挂入所需挡位但不能退回空挡，或一次挂入两个挡位。

（2）原因　变速杆与变速杆拨动端松旷、损坏或变速杆拨动端内孔磨损过大。变速控制器弹簧压缩量达不到规定的要求。换挡滑杆互锁销磨损过大，失去互锁作用。

（3）诊断

①变速杆如能任意摆动，且能打圈，则为夹箍销钉折断或失落所致。

②挂挡时，变速杆稍偏离一点位置，就会挂上不需要的挡位，则是变速杆拨动端工作面磨损过大之故。

③如同时能挂上两个挡位，则是互锁机构失效所致。

6. 变速器发热

（1）现象　汽车行驶一段路程后，用手触摸变速器时有烫手感觉。

（2）原因　轴承装配过紧。齿轮啮合间隙过小。缺少齿轮油或齿轮油黏度太小。

（3）诊断　应结合发热部位，逐项检查予以排除。

7. 变速器漏油

（1）现象　变速器内的齿轮油从轴承盖或接合部位渗漏出来。

（2）原因　变速器各部密封衬垫密封不良、油封损坏或紧固螺栓松动。变速器壳体破裂。齿轮油过多。变速器放油螺栓或通气孔堵塞。

（3）诊断　可根据油迹部位来诊断漏油原因。

二、故障维修案例

1. 科鲁兹轿车3挡极易脱落

故障现象

一辆科鲁兹轿车，行驶里程约为10万千米。该车3挡极易脱落。

检查分析

路试发现该车 3 挡的挡位手感不清晰，入挡后稍一加速就会脱成空挡。车速低时，3 挡更难换入。发动机熄火后，3 挡换挡正常，但是手感仍然不清晰。发动机怠速运转时换入 3 挡，能感到齿轮的同步很吃力，要推住挡杆一段时间才能换入。如果在推住挡杆的同时提高怠速，则比较容易入挡，这说明 3 挡的同步环已经出现了打滑现象，要借助额外的转动力矩才能实现齿轮的同步。在这种情况下，决定对变速器进行解体检查。

解体变速器检查，发现 3 挡拨叉末端的尼龙套已经不见了，如图 3-187 所示。根据这一现象判断，同步器已经完全失效了。进一步检查发现，同步环内圈的纹路已经被磨平，这样一来，这些纹路就无法切入油膜来为齿轮提供同步扭矩。根据维修手册的提示，测量同步环与齿轮之间的间隙，发现已经严重超差，如图 3-188 所示。分析认为故障原因是不良的驾驶习惯，即驾驶员在换挡时离合器经常分离不彻底，导致同步器过载，从而出现早期磨损。

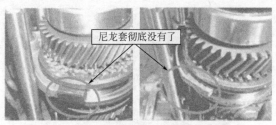 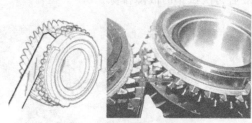

图 3-187 损坏的拨叉　　　　　　　　图 3-188 同步环的测量

故障排除

更换 3 挡同步环和换挡拨叉，故障排除。

2. 北京现代名图挂挡困难

故障现象

挂挡困难。

故障诊断

当踩下离合器踏板以后将换挡杆推入倒挡时，换挡杆不能够顺利地推入倒挡，可是当把换挡杆拨到空挡后重新推入倒挡时，换挡杆却能够顺利地推入倒挡位。按照上述的方法又测试了其他挡位，发现 1 挡、2 挡和 3 挡也都存在同样的问题。不过在故障检查当中，维修人员也发现如果将离合器踏板踩下以后持续保持约 5s 以上的时间再进行挂挡时，基本上不存在挂挡困难的情况。根据我们对该车故障的检测，我们初步判断故障的可能原因如下。

① 离合器分离不彻底。
② 换挡杆位置调整不当。
③ 变速器油型号不符。
④ 变速器内部故障。

变速器油是出厂时充注的原厂变速器油，所以在变速器油方面，我们只是检查了一下变速器油是否充足，检查的结果是正常的。然后我们又按照维修手册的要求检查了换挡杆的位置，这个也是没有问题的。考虑到变速器本身不太可能会出现问题，而且即便是有问题也不可能是倒挡、1 挡、2 挡和 3 挡同时出问题。所以最后我们把故障原因圈定在了离合器分离不彻底这方面。离合器分离不彻底的原因有两方面：一方面是离合器操作部分，比如离合器总泵、离合器分泵、离合器分离拨叉；另一方面就是离合器本体部分，比如离合器压盘或离合器片。于是在接下来的故障检查当中，按照由简到难的步骤先后检查了离合器总泵、离合

图 3-189 变速器输入轴上的锈迹

器分泵,并对离合器分泵进行放气排油的操作,而且也从外部检查了离合器分离拨叉的动作,上述这些检查均未发现有任何问题,最后只能将变速器拆卸下来检查离合器本体的情况。拆下变速器以后我们发现变速器输入轴的齿槽上布满了锈迹,如图 3-189 所示,而与之啮合的离合器的内花键上也同样是锈迹斑斑,如图 3-190 所示。将离合器片装入变速器输入轴上,滑动离合器片时发现离合器片的运动并不是很顺畅。使用钢丝刷清除变速器输入轴上的锈迹,然后使用除锈剂和锉清洁离合器片内花键上的锈迹。完成上述清洁工作后重新装配变速器,如图 3-191 所示,最后再次试车时故障排除。

图 3-190 离合器片内花键上的锈迹

图 3-191 将离合器片装入变速器输入轴上检查滑动的情况

3. 朗逸 2.0MT 轿车无法挂挡

故障现象

一辆行驶里程约为 6 万千米的 2015 年产朗逸 2.0MT 轿车,车主反映该车无法挂挡。

故障诊断

接车后,首先验证故障现象,操纵换挡手柄,变速器的确无法挂上挡;拆检变速器的换挡操纵机构,发现该车的换挡拉索已经断裂,更换换挡拉索,装复变速器换挡操纵机构后试车,变速器挂挡正常。但是,车开一会,再次出现无法挂挡的故障。再次拆检变速器换挡操纵机构,发现新更换上去的换挡拉索再次断裂,这不可能是换挡拉索的质量问题导致的故障。经过仔细检查发现该车变速器的安装位置和正常车有偏差,从而导致每次换挡操作时换挡拉索均被干涉而断裂;检查变速器的支撑螺栓,发现该车变速器左侧支撑螺栓松动,如图 3-192 所示。

图 3-192 左侧支撑螺栓松动位置

故障排除

按照规定力矩安装变速器左侧支撑螺栓并更换换挡拉索。

4. 捷达车换挡轴油封漏油故障

故障现象

选挡换挡轴油封漏油,如图 3-193 所示。

故障诊断

① 确认是选挡换挡轴油封漏油。
② 用 VW681 拉出油封。
③ 检查油封外围壁是否光滑，是否失圆。
④ 检查换挡轴是否有磨损，发现换挡轴磨损严重。
⑤ 检查换挡轴的晃动量。

故障原因

由于换挡轴长期处于摩擦状态，故容易产生磨损。更换的时候，我们要检查它的状态。

图 3-193　选挡换挡轴油封漏油

故障处理排除

更换换挡轴和油封，在密封唇上注满多用途润滑脂，用专用工具敲入。

案例点评及建议

虽然更换轴油封很简单，但我们除了规范操作外，还要分析它漏油的原因。

5. 速腾车换挡杆抖动故障

故障现象

手动挡速腾行驶车速为 80～90km/h 时，5 挡换挡杆抖动。

故障诊断

诊断流程如图 3-194 所示。

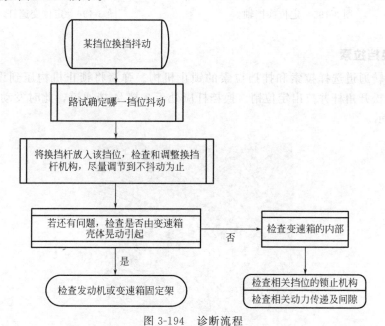

图 3-194　诊断流程

根据诊断流程，我们很容易检测到该故障是由变速箱的内部抖动造成的，检测内部结构，发现 5 挡齿和同步器间隙过大。

案例点评及建议

分析某一故障，是否有成型的诊断分析思路很关键，有了这个思路，我们就确定了方向，就能够更快、更准地解决故障。

三、换挡拉线调整

换挡拉线调整工作必须在空挡时进行。

1. 定位换挡轴

如图 3-195 所示,定位换挡轴时,先用手将换挡轴压到 1 挡/2 挡通道 1;压换挡轴时,先将角杆压向换挡轴 2,然后按箭头方向旋转 3,从而将换挡杆定位在该位置。

2. 定位变速杆

发动机怠速运转时,将变速杆置于 1 挡/2 挡通道。换挡杆上有一个定位空,通过此空将定位销 T10027 插到换挡壳体的孔内,如图 3-196 所示。

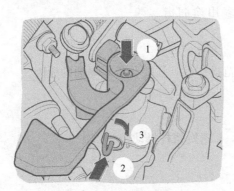
图 3-195 定位换挡轴

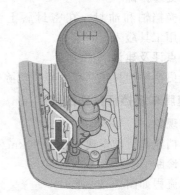
图 3-196 定位变速杆

3. 定位换挡拉索

顺时针旋转通道选择拉索和挂挡拉索的锁止机构。弹簧将锁止机构压到设定位置并固定,然后再次松开角杆并拉出定位销。换挡杆应处于 3 挡/4 挡通道,此时发动机怠速运转,如图 3-197 所示。

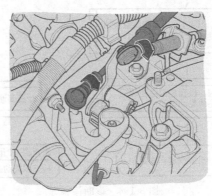
图 3-197 定位换挡拉索

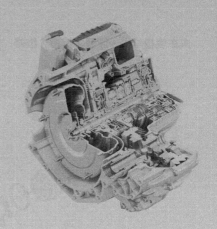

第四章
万向传动装置

第一节 概述

一、万向传动装置的组成与功用

万向传动装置主要由万向节和传动轴组成，对于传动距离较远的分段式传动轴还要加装中间支承。万向传动装置的功用是在轴线相交且相互位置经常变化的两转轴之间传递动力，如图 4-1 所示为万向传动装置示意，轿车万向节传动装置如图 4-2 所示。

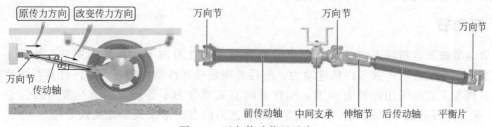

图 4-1 万向传动装置示意

万向传动装置在汽车上的应用如下。

1. 变速器（或分动器）与驱动桥之间

一般 FR 型汽车变速器（或越野车的分动器）的输出轴线与驱动桥的输入轴线难以布置重合，并且汽车在负荷变化及在不平路面行驶时引起的跳动，将使驱动桥输入轴与变速器输出轴之间的夹角和距离发生变化，故需用万向传动装置连接。

2. 变速器与离合器或与分动器之间

虽然变速器、离合器、分动器等都支承在车架上，且它们的轴线也可以设计重合，但为消除车架变形及制造、装配误差等引起的轴线同轴度误差对动力传递的影响，其间也常装有万向传动装置。

3. 转向驱动桥和断开式驱动桥中

汽车的转向驱动桥需满足转向和驱动的功能，其半轴是分段的，转向时两段半轴轴线相

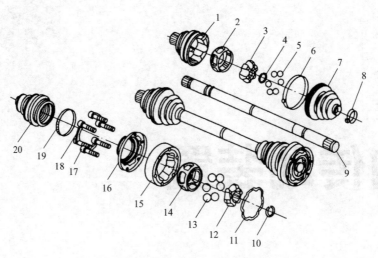

图 4-2 轿车万向节传动装置

1、15—球壳；2、14—保持架；3、12—球毂；4、10—卡簧；5、13—钢球；6、8、19—抱箍；
7、20—防尘罩；9—半轴；11—密封垫片；16—外球壳罩；17—螺栓；18—锁片

交且交角变化，因此要用万向传动装置。在断开式驱动桥中，主减速器壳是固定在车架上的，桥壳上下摆动，半轴是分段的，也需用万向传动装置连接。

4. 转向操纵机构中

某些汽车的转向操纵机构受整体布置的限制，方向盘轴线与转向器输入轴线不重合，因此在转向操纵机构中装有万向传动装置。

二、万向节

万向节按其在扭转方向是否有明显的弹性分为刚性万向节和挠性万向节，如图 4-3 所示。前者是靠刚性铰链式零件传递动力，而后者则是靠弹性组件传递动力，且具有缓冲减振作用。汽车上普遍采用刚性万向节，刚性万向节又可分为不等速万向节（常用的为十字轴式）、准等速万向节（三销式、双联式等）和等速万向节（球叉式、球笼式等）。

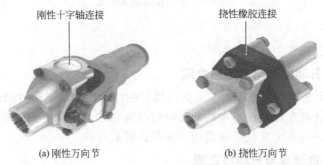

(a) 刚性万向节   (b) 挠性万向节

图 4-3 万向节的类型

1. 不等速（十字轴式刚性）万向节

（1）十字轴式刚性万向节的构造 如图 4-4 所示为十字轴式刚性万向节。它主要由万向节叉和十字轴等组成。万向节中常见的滚针轴承轴向定位方式，除上述盖板式外，还可采用互盖式、U形螺栓式及卡圈固定式等结构。

近年来在十字轴式刚性万向节上多用橡胶油封,其密封性能好,而且当十字轴内腔润滑脂压力超过允许值时,润滑脂就从油封与轴颈配合面溢出,故可以不装安全阀。

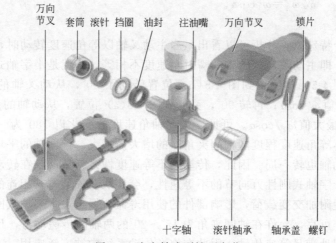

图 4-4 十字轴式刚性万向节

(2) 十字轴式刚性万向节的不等速性与等速排列　万向节在运动过程中,有两个特殊位置:主动叉处于垂直位置,十字轴平面与主动叉轴相垂直;主动叉处于水平位置,十字轴平面与从动叉轴相垂直。下面通过这两个特殊的运动,来分析说明单个万向节传动的不等速性。如图 4-5 所示为十字轴式刚性万向节传动的速度特性分析。设主动叉轴为垂直布置而且以 ω_1 等角速度旋转,从动叉轴与主动叉轴有夹角 α,其角速度为 ω_2。十字轴旋转半径 OA 与 OB 相等,设其为 r。

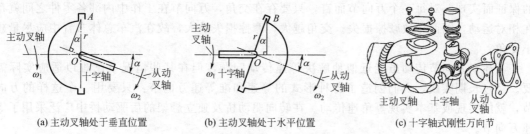

(a) 主动叉轴处于垂直位置　　(b) 主动叉轴处于水平位置　　(c) 十字轴式刚性万向节

图 4-5 十字轴式刚性万向节传动的速度特性分析

当万向节转动到图 4-5(a) 所示位置(即主动叉轴处于垂直位置,十字轴平面与主动叉轴相垂直)时,十字轴上 A 点的线速度 v_A 如下。

视十字轴随主动叉轴一起转动时

$$v_{A_1} = \omega_1 r$$

视十字轴随从动叉轴一起转动时

$$v_{A_2} = \omega_2 \cos\alpha$$

因为 $v_{A_1} = v_{A_2}$,故 $\omega_2 = \omega_1/\cos\alpha$。

此时,$\omega_2 > \omega_1$。

当万向节再转动 90°到图 4-5(b) 所示位置(即主动叉轴处于水平位置,十字轴平面与从动叉轴相垂直)时,十字轴 B 点的线速度 v_B 也可求出,即

$$v_{B_1} = \omega_1 \cos\alpha$$
$$v_{B_2} = \omega_2$$

因为 $v_{B_1} = v_{B_2}$　故 $\omega_2 = \omega_1 \cos\alpha$。

此时 $\omega_2 < \omega_1$。

通过上述两个特殊位置分析可以看出，当主动叉轴以等角速度转动时，从动叉轴是以不等角速度转动的，即主动轴与从动轴的瞬时角速度不相等，这就是十字轴式刚性万向节传动的不等速性。从图 4-5(a) 位置到图 4-5(b) 位置转动了 90°，从动叉轴的角速度由最大值 $\omega_1/\cos\alpha$ 变为最小值 $\omega_1\cos\alpha$；再转 90°，又回到图 4-5(a) 位置，从动轴的角速度 ω_2 又由最小值 $\omega_1\cos\alpha$ 变为最大值 $\omega_1/\cos\alpha$。可见，从动轴角速度的变化以 180° 为一个周期，在 180° 内时快时慢，且不等角速度程度随轴间夹角 α 的增大而增大。但两轴的平均速度相等，即主动轴转一周，从动轴也转一周。因此，传动的不等速度性是指从动轴在转动一周内其角度不均匀而言。单个十字轴式刚性万向节的不等速性，会使从动轴及与其相连的传动部件产生扭转振动，从而产生附加交变载荷，影响部件的使用寿命。但是，十字轴式刚性万向节的优点是结构简单，工作可靠，允许在轴间夹角为 15°～20° 的两轴间传递动力，且采用两个或两个以上万向节可近似地满足等速传动，因此在汽车传动系统中被广泛应用。

从以上分析可以想到，在两轴（例如变速器的输出轴和驱动桥的输入轴）之间，如采用图 4-6 所示双万向节传动，则第一个万向节的不等速性效应就有可能被第二个万向节的不等速效应所抵消，从而实现两轴间的等角速传动。依运动学分析可知，要达到这一目的，必须满足以下两个条件。

① 第一个万向节两轴间夹角 α_1，与第二个万向节两轴间夹角 α_2 相等。

② 第一个万向节的从动叉与第二个万向节的主动叉处于同一平面内。

条件①只有在采用驱动轮独立悬架时，才有可能通过整车的总体布置设计和总装配工艺的保证而实现。对每一个万向节而言，只要存在交角，万向节在工作中内部各零件之间就存在相对运动，因而导致摩擦损失。交角越大，摩擦损失越大，故在汽车总体布置中应尽量减小交角。

上述双万向节传动虽能近似地解决等速传动问题，但在某些情况下已难以适应实际需要。经过长期实践，人们创造了各种形式的等速和准等速万向节：只要用一个这样的万向节，就能实现或基本实现等角速传动。在转向驱动桥及独立悬架的后驱动桥中广泛采用了等速万向节。

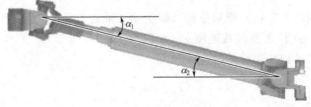

图 4-6　双向万向节等速传动

2. 准等速万向节

准等速万向节有三销轴式、双联式两种。

（1）三销轴式准等速万向节　如图 4-7 所示，主、从动偏心轴叉分别与转向驱动桥的内、外半轴制成一体。

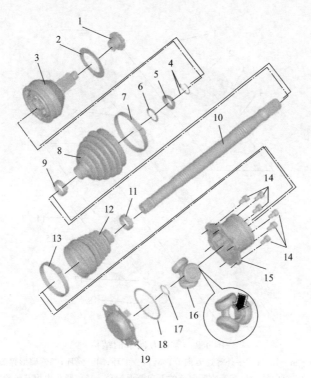

图 4-7 三销轴式准等速万向节

1—十二角螺母，50N·m+45°；2—离心盘（安装万向轴前检查离心盘的正确位置）；3—外等速万向节；4,17—卡环；5—隔环；6—碟形弹簧；7,9,11,13—卡箍；8—等速万向节的万向节保护套；10—万向轴；12—三销式万向节的万向节保护套；14—圆头内梅花螺栓（以交叉方式用70N·m的力矩拧紧）；15—万向节体（外径：108mm）；16—带三个滚轮的万向节［倒角（箭头）指向万向轴的花键］；18—密封环；19—盖板

(2) 双联式准等速万向节　实际上是一套将传动轴长度缩减至最小的双十字轴式万向节等速传动装置，双联叉相当于传动轴及两端处在同一平面内的万向节叉。当输入轴与输出轴的交角较小时，处在圆弧上的两轴轴线交点离上述中垂线很近，能使两轴角度接近相等，如图4-8 所示。

3. 等速万向节

等速万向节的结构如图 4-9 所示，目前较广泛采用的球叉式万向节和球笼式万向节均是根据这一原理制成的。

(1) 球叉式万向节　如图 4-10 所示，球叉式万向节的主动叉与从动叉分别与内、外半轴制成一体。在主、从动叉上，分别有四个曲面凹槽，装配后，则形成两个相交的环形槽，作为钢球滚道。四个传动钢球放在槽中，中心钢球放在两叉中心的凹槽内，以定中心。

为方便将钢球装入槽内，在中心钢球上铣出一个凹面，中央有一个深孔。装配时，先将定位销装入从动叉内，放入中心钢球，然后在两球叉槽中陆续装入三个传动钢球，再将中心钢球的凹面对向未放钢球的凹槽，以便装入第四个传动钢球，而后再将中心钢球的孔对准从

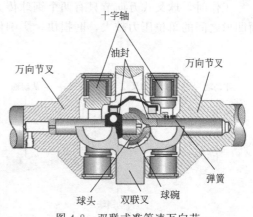

图 4-8 双联式准等速万向节

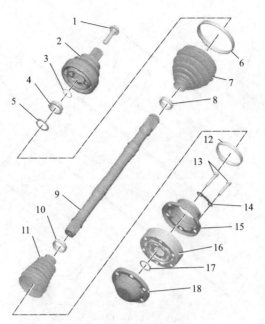

图 4-9 等速万向节的结构

1—十二角螺栓，200N·m+180°；2—外等速万向节；3,17—卡环；4—隔环；5—碟形弹簧；6,8,10,12—卡箍；7—万向节保护套；9—万向轴；11—等速万向节的万向节保护套；13—圆头内梅花螺栓（M8 为 40N·m，M10 为 70N·m）；14—垫板；15—盖罩；16—内等速万向节；18—盖板

动叉孔，提起从动叉轴使定位销插入球孔中，最后将锁止销插入从动叉上与定位销垂直的孔中，以限制定位销轴向移动，保证中心钢球的正确位置。

球叉式万向节等速传动的结构原理如图 4-11 所示。主、从动叉凹槽的中心 O_1、O_2 与万向节中心 O 距离相等，故在主、从动轴以任何角度相交时，传动钢球中心都位于两圆的交点上，因而保证了等角速传动。球叉式万向节结构简单，一般应用于转向驱动桥中，其允许最大交角为 32°~33°。在目前的有些球叉式万向节中，省去了定位销和锁止销，中心钢球也不铣凹面，而靠压力装配，这样结构更简单，但拆装不方便。

工作时，球叉式万向节只有两个钢球传力，反转时，由另外两个钢球传力，故钢球与曲面凹槽之间的单位压力较大，磨损快，影响使用寿命。

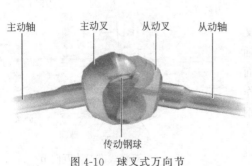

图 4-10 球叉式万向节　　图 4-11 球叉式万向节等速传动的结构原理

（2）球笼式万向节　按内、外滚道结构不同又分为 RF 型球笼式万向节、VL 型球笼式万向节和球笼式双补偿万向节等。

① RF 型球笼式万向节的结构如图 4-12 所示。如图 4-13 所示为 RF 型球笼式万向节等速分析。外滚道中心 A 与内滚道中心 B 不重合，分别位于万向节中心 O 的两边，且与 O 等距离。钢球中心 C 到 A、B 两点的距离也相等。球笼的内外球面、内滚道（星形套）的外球面和外滚道的内球面均以万向节中心 O 为球心。因此，当两轴交角变化时，球笼可沿内外球面滑动，以保持钢球在一定位置。由图 4-13 可见，由于 $OA=OB$，$CA=CB$，CO 为共边，那么，两个三角形 $\triangle COA$ 且与 $\triangle COB$ 全等，因此，$\angle COA$ 与 $\angle COB$ 相等，即两轴相交任意交角 α 时，传力的钢球都位于交角平分面上。此时钢球到主、从动轴的距离相等，从而保证了主、从动轴以相等的角速度旋转。

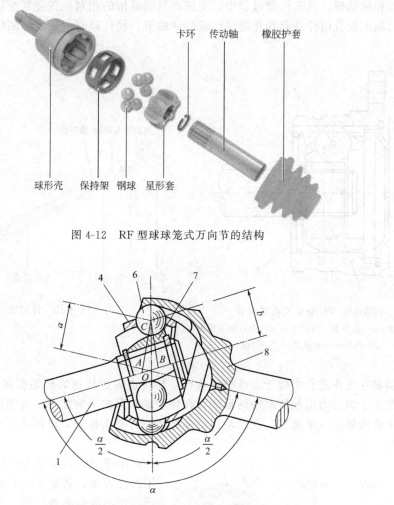

图 4-12　RF 型球球笼式万向节的结构

图 4-13　RF 型球笼式万向节等速分析

O—万向节中心；A—外滚道中心；B—内滚道中心；C—钢球中心；α—两轴交角（钝角）；
a,b—距离；1—中锻半轴；4—球笼；6—钢球；7—内球座（内滚道）；8—外滚座（外滚道）

RF 型球笼式万向节最大摆角达 47°，且在工作时，无论传动方向如何，六个钢球全部传力。与球叉式万向节相比，其承载能力大，结构紧凑，磨损小，拆装方便，因此应用越来越广泛。

② VL 型球笼式万向节又称为伸缩型等速万向节，如图 4-14 所示。由于星形套与筒形壳之间的轴向相对移动是通过钢球沿内、外滚道滚动来实现的，与滑动花键相比，因其滑动

阻力小，故最适用于断开式驱动桥。上海桑塔纳轿车转向驱动桥所用即为 VL 型球笼式万向节。

VL 型球笼式万向节的特点是：内、外滚道可作轴向移动，从而可以使前轮跳动时轴向长度得到补偿；由于内、外滚道是通过钢球传递转矩的，因此，在内、外滚道轴向移动时为滚动摩擦，阻力较小。其允许最大摆角为 22°，轴向伸缩量可达 45mm。

三、传动轴与中间支承

（1）传动轴　传动轴是万向传动装置中的主要传力部件，如图 4-15 所示，其作用是连接变速器和驱动桥，汽车行驶过程中，变速器与驱动桥的相对位置经常变化，为避免运动干涉，传动轴上设有由伸缩套和花键轴组成的伸缩节，使传动轴的长度能随传动距离的变化而伸缩。

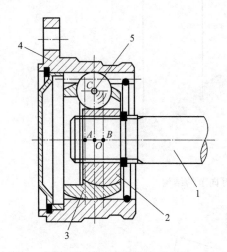

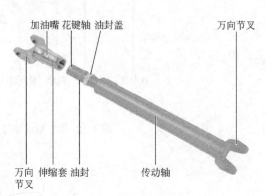

图 4-14　VL 型球笼式万向节

1—主动轴；2—星形套（内滚道）；3—保持架（球笼）；
4—筒形壳（外滚道）；5—钢球

图 4-15　传动轴

传动轴在工作进程中处于高速旋转状态，其转速和所传递的转矩都在不断地发生变化。为了避免由于离心力引起传动轴的振动，在传动轴和万向节装配后，必须进行平衡试验，以满足动平衡的要求。平衡后，在滑动花键部分还制有箭头标记，以便重装时保持两者的相对位置不变。

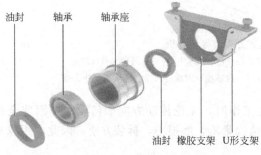

图 4-16　中间支承

由于万向传动装置中润滑脂嘴较多，为了加注方便，装配正确的万向传动装置应保证所用润滑脂嘴处于同一条母线上，且十字轴上的润滑脂嘴指向传动轴。

（2）中间支承　传动轴分段时需加中间支承。通常中间支承安装在车架横梁上，应能补偿传动轴轴向和角度方向的安装误差，以及车辆行驶过程中由于发动机窜动或车架等变形所引起的位移。

中间支承主要由轴承、轴承座、油封和橡胶支架等组成，如图 4-16 所示。

第二节　万向传动装置的拆装

一、等速万向传动轴的拆装

1. 拆卸

① 拧松传动轴螺栓,如图 4-17 所示。
② 松开车轮螺栓。
③ 升高车辆。
④ 拆卸车轮。
⑤ 拆卸隔声垫。
⑥ 如图 4-18 所示,拧下连接杆 3 右侧和左侧的六角螺母 1。

图 4-17　拧松传动轴螺栓

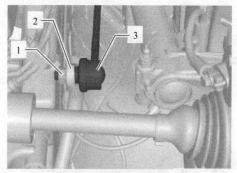

图 4-18　拧下连接杆螺母

⑦ 从稳定杆 2 上拔出连接杆 3。
⑧ 对带有车辆高度传感器的车辆：
a. 如图 4-19 所示,拧出螺母 1；
b. 将左前车辆高度传感器 G78 或右前车辆高度传感器 G289 的支架 2 从摆臂 3 中拔出。
⑨ 拧出主销上的螺母,如图 4-20 中箭头所示。

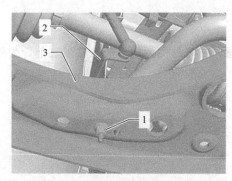

图 4-19　拆卸高度传感器支架

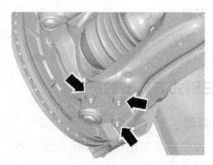

图 4-20　拧出主销上的螺母

⑩ 将摆臂从主销上松开。
⑪ 如图 4-21 所示,将传动轴从法兰轴/变速箱（箭头）上拧下。

⑫ 向左转动车轮轴承罩。

⑬ 从轮毂上拉出传动轴。注：如果无法从车轮轴承中拉出传动轴，可以用压出器 T10520 将传动轴从车轮轴承中压出，如图 4-22 所示。

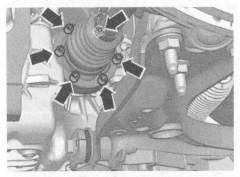

图 4-21　将传动轴从法兰轴上拧下

图 4-22　压出器

⑭ 如图 4-23 所示，将压出器 T10520（1）用 3 个车轮螺栓 2 固定在轮毂上，目的是压出传动轴 3。注：必须遵守压出器 T10520 规定的顺序。

a. 如图 4-24 所示，用手拧紧滚花螺母 1。

b. 只能用扳手转动螺栓 2，用压出器 T10520 压出传动轴。

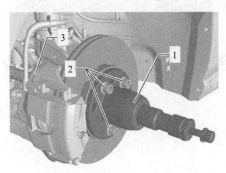

图 4-23　压出传动轴

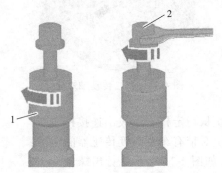

图 4-24　压出器的操作

⑮ 取出传动轴。

2. 安装

安装以相反顺序进行，安装过程中必须注意，在将外侧万向节装入轮毂之前，为外侧万向节的花键涂抹一层薄薄的装配膏。

二、三销式万向节的拆装

1. 拆卸

① 拧松传动轴螺栓，如图 4-25 所示。

② 松开车轮螺栓。

③ 升高车辆。

④ 拆卸车轮。

⑤ 如图 4-26 所示，拧下连接杆 3 右侧和左侧的六角螺母 1。

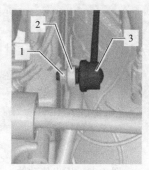

图 4-25 拧松传动轴螺栓　　　　　图 4-26 拧下连接杆螺母

⑥ 从稳定杆 2 上拔出连接杆 3。
⑦ 拧下螺母，如图 4-27 中箭头所示。
⑧ 将带转向节主销的车轮轴承罩从摆臂上拉出。
⑨ 将传动轴从轮毂中拉出并固定在车身上。如果无法从车轮轴承中拉出传动轴，可以用压出器 T10520 将传动轴从车轮轴承中压出。在使用压出器 T10520 之前，要注意放入压块，如图 4-28 所示。

图 4-27 拧下螺母　　　　　图 4-28 压出器的压块

⑩ 如图 4-29 所示，将压出器 T10520（1）用 3 个车轮螺栓 2 固定在轮毂上，目的是压出传动轴 3，必须遵守压出器 T10520 规定的顺序。
a. 如图 4-30 所示，用手拧紧滚花螺母 1。
b. 只能用扳手转动螺栓 2，用压出器 T10520 压出传动轴。
提示：在操作结束或调整时，必须重新将丝杆安装到其初始位置，以便可以使用液压功能！
⑪ 如图 4-31 所示，将楔子 T10161 装入变速箱壳体和三销式万向节之间。
⑫ 用橡胶槌敲击楔子 T10161，将内侧万向节从变速箱中敲出。
⑬ 取出传动轴。

2. 安装

安装以倒序进行。安装时应注意下列事项。
① 将新的卡环装入铰接件轴颈的槽中。
② 将铰接件和变速箱的内、外花键啮合。

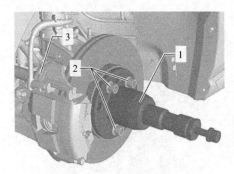 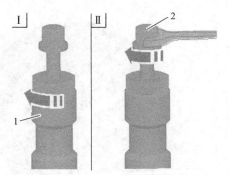

图 4-29 压出传动轴　　　　　图 4-30 压出器的操作

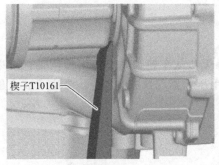

图 4-31 将楔子装入变速箱壳体和万向节之间

③ 用手抓住传动轴并将其推到铰接件中,直至止挡位。

④ 将铰接件猛推入变速箱中。注:可以利用铰接件中的推拉路径执行猛推操作。同时,不要将万向轴拉离铰接件太远。

⑤ 克服卡环的阻力,拉动铰接件,检查万向轴在变速箱中的安装是否牢固。

⑥ 将外侧万向节尽可能插入轮毂花键中。

3. 将卡箍固定在三销式万向节和外万向节上

① 用弹簧钳 VAG 1682 A 夹紧不锈钢卡箍,如图 4-32 所示。安装夹钳 VAG 1682 A。钳子的钳口必须紧贴卡箍 2 的中间位置(箭头)。提示:螺杆的螺纹必须能轻松拧入,必要时用 MoS2 润滑脂进行润滑。活动困难时,例如螺纹有污物,则在规定的拧紧力矩下无法达到卡箍所需的夹紧力。

② 用扭矩扳手旋转螺杆 1 来张紧卡箍,这时弹簧钳不能歪斜。拧紧力矩为 20N·m。

③ 如图 4-33 所示,为了能在安装万向轴时更好地将内多齿螺栓装上,必须将卡箍接口 2 置于万向节体的固定法兰 1 之间。

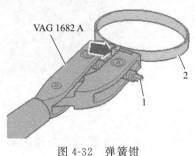

图 4-32 弹簧钳

④ 用手将卡箍挂在第一个凸缘上。

⑤ 如图 4-34 所示,用转向器夹钳 VAS 6199 夹紧卡箍。

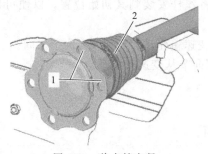 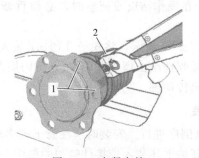

图 4-33 将卡箍夹紧　　　　　图 4-34 夹紧卡箍

1—法兰;2—转向器夹钳 VAS 6199

三、等速万向节的分解和组装

1. 分解

① 使用保护板将万向轴夹在台钳中。

② 将橡胶防尘套翻回。

③ 如图 4-35 所示，安装起拔工装 T10382，使起拔板 1 的光滑侧朝向丝杆 2。

④ 将起拔工装 T10382 完全与多用途工具 VW 771 组装在一起。

⑤ 将等速万向节用起拔工装 T10382 和多用途工具 VW 771 从万向轴上拔下。或用轻合金锤通过用力敲击把等速万向节从万向轴中敲出，如图 4-36 所示。

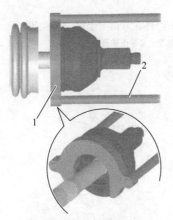

图 4-35　安装起拔工装

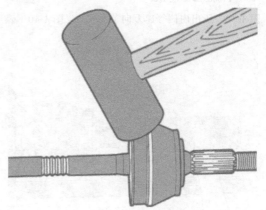

图 4-36　敲下等速万向节

⑥ 拆卸卡环，如图 4-37 所示。

⑦ 用黄铜芯轴或铜芯轴将万向节保护套的盖罩敲出，如图 4-38 所示。

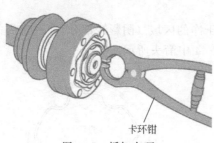

图 4-37　拆卸卡环

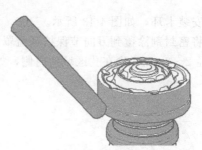

图 4-38　用芯轴敲出万向节保护套

⑧ 压出内侧等速万向节，如图 4-39 所示。

2. 组装

① 碟形弹簧和止推环在外万向节上的安装位置如图 4-40 所示。

② 在装配万向节体前，必须在花键上薄薄地涂一层供万向节使用的油。

③ 如图 4-41 所示，将旧螺栓旋入万向节体。将万向节用塑料槌敲到轴上，直到卡环卡入。

④ 压入内侧等速万向节，将万向节压紧至极限位置，如图 4-42 所示。卡紧卡环，球形毂（齿合）内径上的倒角必须指向万向轴的接触凸肩。

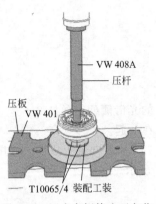

图 4-39　压出内侧等速万向节

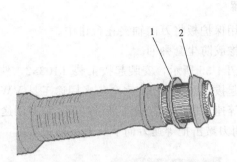

图 4-40　碟形弹簧和止推环在万向节上的安装位置
1—碟形弹簧；2—止推环

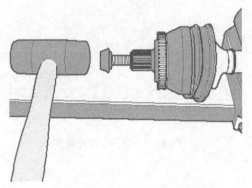

图 4-41　将万向节用塑料槌敲到轴上

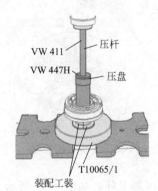

图 4-42　将万向节压紧至极限位置

⑤ 安装卡环，如图 4-43 所示。

⑥ 将密封剂涂覆到万向节保护套盖罩内侧干净的区域（阴影线部分）。密封剂条：不中断，直径 2～3mm，涂在孔区域的内侧，如图 4-44 中箭头所示。

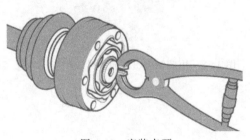

图 4-43　安装卡环

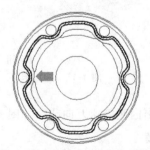

图 4-44　将密封剂涂覆到万向节保护套盖罩内侧

⑦ 把万向轴保护套套到轴上。注：万向轴、万向节保护套和盖罩的接触面上必须无油脂！

⑧ 用螺栓将万向节保护套的盖罩对准螺孔，如图 4-45 中箭头所示。

⑨ 用塑料槌把带盖罩的万向节保护套敲入。流出的密封剂应立即清除干净。

⑩ 如图 4-46 所示，安装弹簧钳 VAG 1682（A）。此时应注意，钳子的刃应紧贴卡箍的角（箭头 B）。

⑪ 用扭矩扳手旋转螺杆 A 来夹紧卡箍（同时钳子不能歪斜）。拧紧力矩为 20N·m。

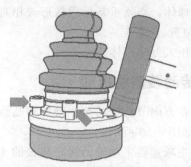

图 4-45　用螺栓将万向节保护套的盖罩对准螺孔

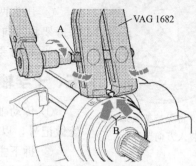

图 4-46　安装弹簧钳

四、外等速万向节的检查

在污物较多时更换油脂，或者在检查钢球摩擦面的磨损和损坏情况时，必须分解万向节。

1. 分解

① 分解前，如图 4-47 所示，用电刻笔或油石标出球形毂 2 相对于钢球保持架 3 和壳体 1 的位置。

② 转动球形毂和钢球保持架。

③ 逐个取出钢球。

④ 转动保持架，如图 4-48 所示，直至两个矩形窗口（箭头）贴在万向节体上。

⑤ 取出保持架和球形毂。

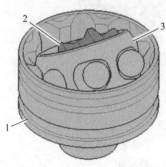

图 4-47　等速万向节结构

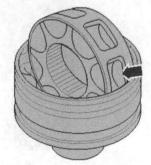

图 4-48　转动保持架

⑥ 将带较短轴颈的球形毂的扇形面转入保持架的矩形窗口中。

⑦ 将球形毂从保持架中松开。

2. 检查

每个万向节的钢球属于一个公差级别。检查轴颈、毂、保持架和钢球有无小凹痕（麻点形状）和腐蚀迹象。如果通过变荷冲击发现万向节转动间隙过大，那么应更换万向节。不能根据钢球的光亮度和摩擦痕迹来更换万向节。

3. 组装

① 将保持架及球形毂装入万向节体，如图 4-49 所示。提示：必须将保持架的两侧正确地放入。

② 压入两个相对的球体，必须重新形成球形毂相对于钢球保持架和万向节体的旧位置。

③ 将需要的油脂量压入万向节体。

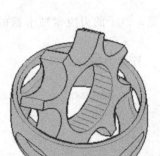

图 4-49 将保持架及球形毂装入万向节体

五、十字轴式万向传动装置的拆卸

① 传动轴的拆卸：在万向节凸缘叉与主减速器凸缘相连接处做记号，以便装配，如图 4-50 所示。

② 拆下主传动轴与主减速器主动轴凸缘相连接的 4 个紧固螺母和螺栓，使传动轴与主减速器分离。

③ 拆除前传动轴凸缘与变速器输出轴凸缘的连接螺栓和螺母，使传动轴与变速器脱开，如图 4-51 所示。在松开万向节盘 2 和三孔法兰 3 之前，必须在一个平面上将万向轴前的万向轴盘螺栓连接 1 标识出来。

图 4-50 传动轴后端拆卸

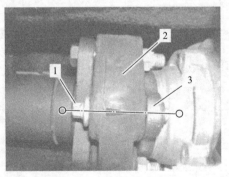

图 4-51 传动轴前端的拆卸
1—螺栓；2—万向节盘；3—三孔法兰

④ 从变速器上拉出连接轴叉，插入专用柱塞，以防变速器油从油封处渗出，如图 4-52 所示。

⑤ 在连接凸缘上做装配记号，拆下连接螺母和螺栓，将传动轴与中间轴分离，如图 4-53 所示。

⑥ 对于中间接头轴叉型，在连接轴叉和中间轴处做出装配记号。拆下万向节十字轴承，使传动轴与中间轴分离，如图 4-54 所示。

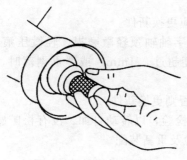

图 4-52　插入专用柱塞

图 4-53　在凸缘上做记号
1—万向节盘；2—法兰

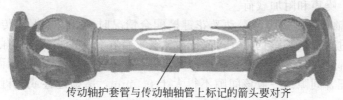

传动轴护套管与传动轴轴管上标记的箭头要对齐

图 4-54　在轴叉上做记号

⑦ 安装时更新螺栓和自锁螺母，如图 4-55 所示。

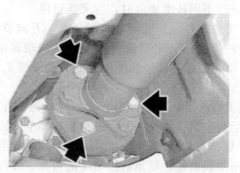

图 4-55　安装螺栓和自锁螺母

第三节　万向传动装置的故障诊断与维修

一、万向传动装置的检修

1. 万向节的检修

在进行分解万向节作业时，可用专用工具拆下滚针轴承。在没有专用工具时，可用手握住传动轴，用锤子敲击万向节叉边缘，使十字轴撞击其轴承壳，将其轴承壳震出来。敲击时应注意，万向节叉安装轴承壳的孔的边缘处不能用锤子击打，以免产生变形，使轴承壳不能脱出；也不可用锤子硬击轴承壳底部，以免打坏。

方向节分解完成后，需要用煤油或柴油清洗各零件，以便暴露出零件的损伤、磨损情况，而且应按以下要求检查和修复。

① 检查滚针轴承，如果滚针断裂、油封失效，应更换新件。

② 检查十字轴轴颈磨损、压痕剥落等情况。十字轴轴颈轻微磨损、轻微压痕或剥落，仍可继续使用，如果轴颈磨损过甚、严重压痕（深度超过 0.1mm）或严重剥落时，应予以更换。

③ 检查万向节叉不得有裂纹或其他严重损伤，否则更换新件。

④ 万向节装配完毕后，可用手扳动十字轴进行检验，以转动自如、没有松旷感觉为合适。若装配过紧或过松，应查明原因，必要时应拆检及重新装配。

2. 传动轴及中间支撑的检修

① 在解体传动轴时，首先要注意总成上装配标记是否清晰、齐全。如果标记不清晰或不齐全，应在拆检前做出标记，以便装配时按原位装复，确保总成的平衡精度，否则会因不平衡而产生振动、噪声和附加载荷。

② 检验传动轴花键轴键齿与滑动叉花键槽配合情况时，可用手握住传动轴，来回转动滑动叉，以没有过大的松旷感觉为宜。或把滑动叉夹持在台钳上，将花键轴按装配标记插入滑动叉中，并使部分花键露在外面，转动花键轴，用百分表测出某花键侧面的读数变化值，此值即滑动副的配合间隙。一般该间隙不得大于 0.5mm，磨损过甚或花键有扭曲、弯曲变形时应予以更换。

③ 传动轴弯曲变形的检查，可放在车床上或放在平板上面的两块 U 形铁上。用百分表测量轴管外圆的径向圆跳动量。传动轴中间最大弯曲度一般不得超过 1mm。超过时允许在压床上进行冷态校正。校正达不到技术要求时，应更换新件。

④ 经校正修复或更换主要零件（如花键轴、滑动叉、万向节叉）的传动轴，应进行平衡试验，试验时应带两端的万向节。中型载货汽车，其传动轴的动不平衡一般应不大于 100g·cm。超过时，可采用在轴管两端加焊平衡片的方法来校正不平衡量，但每端不得多于两片。

⑤ 经过动平衡达到技术要求后，应在万向节叉与传动轴、滑动叉与传动轴花键轴上分别打上装配标记，以便以后拆装时按记号装配，避免破坏其平衡精度。

⑥ 中间支撑拆散后，应清洗轴承等零件。中间支撑轴承如有麻点、凹痕、退火变色、磨损过甚等损坏情况，都应更换新件。轴承磨损情况的检查，可将轴承外圈夹在台钳上，轴向推动内圈，用百分表测量其轴向间隙。

⑦ 中间支撑油封如有损坏或失效、橡胶垫环开裂，均应更换新件。

3. 轿车万向传动装置的检修

检修作业，主要是检查内、外等角速万向节中各组件的磨损情况和装置游隙。一般外等角速万向节酌情单件更换；内等角速万向节，如某组件磨损严重，则应整体更换。

外等角速万向节的 6 颗钢球要求有一定的配合公差，并与星形套一起组成一组配合件。检查轴、球笼、星形套与钢球有无凹陷与磨损，若万向节游隙过大，需更换万向节。

内等角速万向节的检修要检查球笼壳、球毂、球笼及钢球有无凹陷与磨损，如磨损严重则应更换。内等角速万向节只能整体调换，不可单个更换。

检查传动轴，如有弯曲、凹陷等损坏，应更换。

防尘罩及卡箍、弹簧挡圈等损坏时，应予以更换。

二、常见故障诊断

汽车在行驶过程中，万向传动装置要承受很大的扭矩和冲击载荷，并且因车轮的高速转动使其伴随不断的振动。在长期使用之后，各部零件会发生磨损、变形等损坏，结果将影响万向传动装置的正常工作。

1. 汽车起步或行驶中车速变换时的撞击声

汽车起步时，车身发抖并伴有撞击声，当改变车速时，响声更加明显。产生此种响声的主要原因如下。

① 万向节十字轴及滚针磨损松旷或滚针破碎。
② 传动轴与滑动叉配合花键磨损过甚。
③ 各连接部分的紧固螺栓松动或中间支撑松动等。

2. 汽车行驶中有异响

汽车在起步时没有异响，但在行驶中产生严重噪声，而且车速越快，噪声越大。当脱挡滑行时，噪声仍清晰可闻。产生这种故障的主要原因如下。

① 中间支撑轴承位置不恰当或支架偏斜。
② 中间支撑橡胶垫环紧固螺栓过紧或过松，橡胶垫环损坏。
③ 中间支撑轴承磨损过大或润滑不良。
④ 万向节装配过紧。

3. 汽车在行驶中有异响并伴随车身振抖

汽车行驶过程中发生异响，并随着车速的提高响声也增大，严重时使车身振抖。产生此现象的原因主要如下。

① 传动轴弯曲变形。
② 传动轴装配时未按标记装配，或平衡片脱落，或轴管凹陷，破坏了动平衡。
③ 万向节轴承磨损过大或已损坏。
④ 传动轴花键齿面与键槽配合松旷，或传动轴各连接部分的固定螺栓松动，或中间支撑的固定螺栓松动。
⑤ 中间支撑轴承损坏。

万向传动装置如发生故障，就会影响到其他传动部分，使其他传动机件加速磨损或损坏。因此，必须经常对万向传动装置进行检查，发现损坏必须及时修理。

三、故障维修案例

1. 明锐 1.8T 自动变速器车型起步等工况异响

故障现象

主要出现在车辆急加速、制动或原地起步时。

故障原因

由于外球笼的花键与轮毂存在配合间隙，车辆急加速、制动或原地起步时，球笼花键齿与轮毂内花键齿瞬间撞击产生异响。增大外球笼花键的尺寸，减小与轮毂内花键的配合间隙，可以消除异响现象。

2. 球笼橡胶护套漏油

故障现象

护套破损漏油，或护套卡箍处漏油（护套本身无损坏）。

故障原因

护套破损导致漏油的原因有 2 种，包括异物割破护套导致漏油和护套老化龟裂导致漏油。对于异物割破护套导致漏油的情况，从护套外观可以看到清晰的裂痕，且裂痕破损处较平整光滑；对于护套老化龟裂导致漏油的情况，可以看到破损断口处有大量毛边，形状不规则，且护套周围表面有龟裂现象。对于护套卡箍处漏油的情况，表现在护套与内球笼或外球笼连接的位置处有少量油脂渗出，通常是卡箍失去紧固作用，此时更换卡箍即可。

3. 迈腾 2.0T 轿车左前传动轴异响

故障现象

一辆迈腾 B7L 轿车，平路行驶时左前轮附近时有时无地发出"咔嗒、咔嗒"的异响。

故障检测

正常路面上试车，开始并没有异响出现，但行驶了约 6km 时异响出现，在驾驶室内感觉异响是从左前轮、左前传动轴、变速器、差速器等部件附近传出的；举升车辆，检查两前轮轮胎，无异物；检查底盘，无碰撞痕迹；检查副车架、控制臂等固定螺栓的力矩，无松动；对比检查左右前轮的车轮轴承间隙和左右传动轴的间隙，均正常；将自动变速器挂入 N 挡，用手转动左前轮，在反复多次转动左前轮检查的过程中仔细倾听，发现左侧传动轴会发出异响，经过对异响进一步确认，该响声是从传动轴与变速器连接侧的内球笼发出的，传动轴与车轮连接的外球笼无异响；转动右前轮检查，没有发现异响，正常。

拆下左侧传动轴，转动和摇动内、外球笼，外侧球笼正常，内侧球笼内部有响声发出，感觉就像球笼内部没有润滑脂一样，但是检查其防尘套，密封良好，无泄漏，如图 4-56 所示。于是只能解体确认故障，拆开传动轴内球笼上盖，如图 4-57 所示，发现内球笼内部确实没有润滑脂。

图 4-56 内侧球笼无泄漏

图 4-57 传动轴内球笼中无润滑脂

故障排除

更换左传动轴总成。

4. 传动系统严重嗡鸣声响故障

故障现象

根据驾驶员自述，当车辆在行驶中，车速达到 60km/h 后，传动系统就出现严重嗡鸣声，其声响特别刺耳。更换传动轴后，声响消失，但行驶里程不长后又再次出现同样异响。

① 静态检查，传动系统各部分无松旷现象，前后传动轴凸缘均在同一平面，用百分表测试，传动轴无明显偏摆。

② 动态检查，顶起后轮启动挂挡运转时，发现其响声部位来自中间过桥轴承，解体传动轴过桥轴承检查，其过桥轴承有严重异常磨损现象。

③ 根据观察，过桥轴承润滑良好，其轴承运转正常，无加工及其他明显异常。

④ 对该车传动系统结构进行检查，发现该车传动系统是由两根传动轴及一个中间支承固定所组成，在传动轴装配时，前面传动轴是前低后高，后面传动轴是前高后低。在两根传动轴之间形成一个较大的夹角。

故障分析

如图 4-58 所示，过大的夹角会导致过桥支承（中间支承支架）轴承承受一个较大的纵向的振动力，从而导致过桥轴承出现异常磨损现象。

故障排除

对传动轴过桥支架部分进行改装，在过桥支架吊耳之间加装一块厚约 2cm 的钢板，如图 4-59 所示，用以改变前后两根传动轴的夹角，消除传动轴对过桥轴承的振动力。

图 4-58 过大的夹角

图 4-59 加装一块厚约 2cm 的钢板

5. 宇通客车车厢内产生振动，并产生噪声故障

故障现象

一辆宇通客车，行驶里程约为 6 万千米，驾驶人反映该车行驶速度为 70~90km/h 时，车厢内产生振动现象，并产生噪声。

故障诊断及排除

首先试车，发现车速达到 50km/h 时开始有振动和噪声出现，随着车速的增大噪声也逐渐加大，而且振动和噪声在车辆的中、后部乘客区要强烈一点。车速超过 90km/h 时振动和噪声减弱。

该车已进厂维修过多次，一直未能解决问题，比较困惑。根据驾驶人的描述和路试时所感受到的情况对该车的悬架系统、传动系统仔细进行检查。未发现松动、磨损、老化或润滑不到位的现象，发现前、后两段传动轴上都有新焊接的平衡块，是对传动轴做动平衡时焊接的，做完传动轴动平衡后噪声和振动稍好一点，但仍然明显。仔细分析试车时的故障现象，认为噪声和振动确实像某个运动部件失去平衡导致，认为有可能是传动轴损坏。

综合以上分析决定对该车传动轴重新进行校正，为了保证校正质量，拆下传动轴后送到生产厂家，按出厂检验标准来进行校正。将校正后的传动轴装车进行路试，发现故障依旧，此时故障维修陷入困境。路试中无法对传动轴运转情况进行直接观察，决定将车停在地沟上，用三角木塞住 2 个前轮，防止车辆在测试中移动，用举升设备将 2 个后轮顶起到离开地面，安排驾驶人模拟车辆正常行驶状态，并将车速控制在噪声和振动产生最大值的范围内。

在车底对传动轴进行观察，发现传动轴达到一定转速时开始抖动，慢慢产生了噪声和振动，说明维修思路和查找到的故障点没有问题。传动轴的本身平衡已经由厂家按出厂标准进行校正过，再次对传动轴及前后相关连接部位进行仔细检查，检查中发现后段传动轴的 2 个十字轴角度偏大，那传动轴夹角偏大会不会引起噪声和振动呢？查阅相关资料得知汽车用十字轴刚性万向节类型的传动轴夹角越小运转越平稳。

与同类型车辆进行对比发现，该车传动轴夹角过大，如图4-60所示。决定改变传动轴夹角进行试验，将传动轴中间支承的固定螺栓拆下，更换加长的螺栓，在传动轴中间支承与横梁之间加装调整垫片，让中间支承向下移动，减小后传动轴夹角。但注意，此时要考虑前段传动轴十字轴夹角，取一个较合理的位置，可以通过加减垫片后进行试车来决定调整垫片的加减量。当调整垫片加减到厚度为2cm时试车，如图4-61所示，发现传动轴不再抖动，也无噪声出现。

图4-60 传动轴

图4-61 传动轴中间支承与横梁之间加装调整垫片

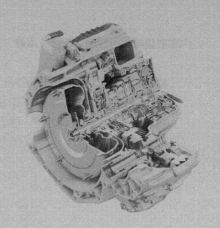

第五章
驱动桥

第一节　概述

一、驱动桥的功用与组成

驱动桥的功用是将万向传动装置传递来的发动机动力经过降低速度、增大转矩，改变动力传递方向，分配到左、右驱动轮，使汽车得以行驶，并允许左、右驱动轮以不同的转速转动，如图 5-1 所示。

驱动桥是传动系统的最后一个总成，它主要由主减速器（主动锥齿轮、从动锥齿轮）、差速器、半轴和桥壳等组成，如图 5-2 所示。发动机的动力传到驱动桥后，首先传到主减速器，在这里将转矩放大并降低转速后，经差速器分配给左右半轴，最后通过半轴外端的凸缘传到驱动车轮的轮毂。驱动桥的主要零部件都装在驱动桥的桥壳中，桥壳由主减速器壳和半轴套管等组成。

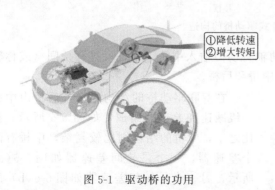

图 5-1　驱动桥的功用　　　　图 5-2　驱动桥的组成

二、驱动桥的结构

① 按悬架结构不同，驱动桥可分为非断开式驱动桥（又称整体式驱动桥）和断开式驱动桥。非断开式驱动桥通过弹性悬架与车架连接，由于半轴套管与主减速器壳是刚性连成一体的，因而两侧的半轴和驱动轮不可能在横向平面内做相对运动，如图 5-3 所示。有些轿车

和越野车为了提高行驶平顺性及通过性，车的全部或部分驱动轮采用独立悬架，将两侧的驱动轮分别用弹性悬架与车架相联系，两轮可彼此独立地相对于车架上下跳动。与此相应，主减速器壳固定在车架上，驱动桥壳应制成分段并通过铰链连接，这种驱动桥称为断开式驱动桥，如图 5-4 所示，主减速器与驱动轮之间通过摆臂铰链连接，半轴分段并用万向节连接。

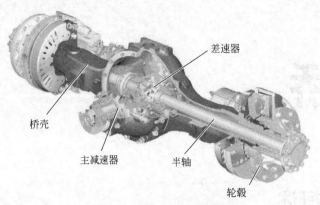

图 5-3 整体式驱动桥示意

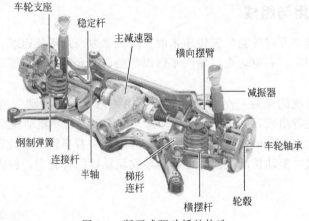

图 5-4 断开式驱动桥的构造

② 双联驱动桥由中桥和后桥组成，传动轴将动力输入中桥，中桥设置有桥间（或称轴间）差速器，桥间差速器把动力分别传递给中桥和后桥。

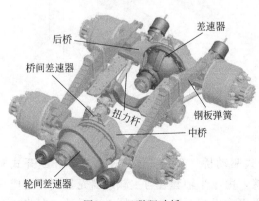

图 5-5 双联驱动桥

在双联驱动桥的结构当中，后桥由中央一级减速和差速器组成，如图 5-5 所示。相比之下，中桥的结构则比较复杂，中桥有两个差速器，一个是轮间差速器如图 5-6（a）所示，另一个是轴间差速器如图 5-6（b）所示，它使汽车在拐弯时左、右车轮自动起差速作用，减少车轮的滑动磨损。桥间差速器在中桥和后桥之间自动起差速作用。汽车在高、低不平路面上行驶时，往往需要中桥与后桥的瞬间转速不同，某一瞬间中桥车轮比后桥车轮要多转一点，而另一瞬间中桥车轮比后桥车轮又要少转一点，以适应路面对车轮转动的需要。如果中桥与后桥是一个完全刚性传动的连接，那么任何瞬间中桥车轮与后桥车轮转速都是绝对一致的，则会产生"憋劲"的现象，不仅消耗功率，而且轻则产生磨轮胎的故障，严重时会造成机件的损坏。

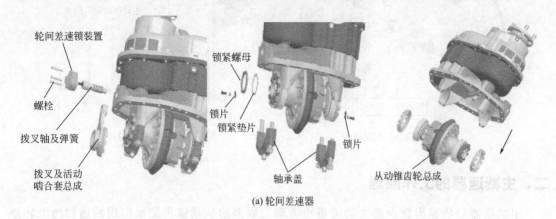

(a) 轮间差速器

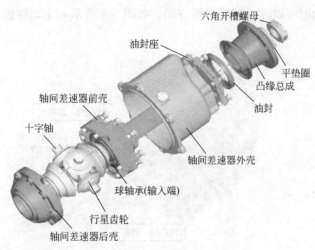

(b) 轴间差速器

图 5-6 轮间差速器和轴间差速器

第二节 主减速器

一、主减速器的功用与组成

1. 功用

主减速器的功用是将输入的转矩增大并相应降低转速，以及当发动机纵置时还具有可变转矩旋转方向的作用，如图 5-7 所示。

2. 组成

它主要由一对双曲面锥齿轮（主动锥齿轮、从动锥齿轮）及其支承调整装置（前轴承、后轴承、轴承座、凸缘等）组成，如图 5-8 所示。

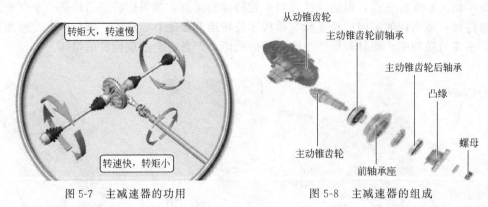

图 5-7 主减速器的功用　　　　图 5-8 主减速器的组成

二、主减速器的工作原理

主减速器是依靠齿数少的主动锥齿轮带动齿数多的从动锥齿轮来实现减速和增大转矩的,采用锥齿轮传动则可以改变转矩旋转方向。如图 5-9 所示,主动锥齿轮转 6 圈,从动锥齿轮转 1 圈。

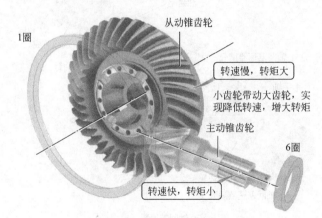

图 5-9 主减速器工作原理

三、主减速器的分类

按参加减速传动的齿轮副数目分,有单级式主减速器和双级式主减速器。在双级式主减速器中,若第二级减速器齿轮有两副,并分置于两侧车轮附近,实际上成为独立部件,则称为轮边减速器。按主减速器传动比挡数可分为单速式主减速器和双速式主减速器。单速式主减速器的转动比是固定的,而双速式主减速器则有两个传动比供驾驶人选择。按齿轮副结构形式,可分为圆柱齿轮式(又分为轴线固定式和轴线旋转式即行星轮式)、圆锥齿轮式和准双曲面齿轮式。

1. 单级式主减速器

如图 5-10 所示,单级式主减速器的减速传动机构是一对准双曲面齿轮 18 和 7。主动锥齿轮有 6 个齿,从动锥齿轮有 38 个齿,故主传动比 $i_0 = 38 : 6 = 6.33$。若要使主、从动锥齿轮啮合传动时冲击噪声小,必须使主动和从动锥齿轮间有正确的相对位置,而且轮齿沿其长度方向磨损比较均匀。故此,在结构上一方面要使主动和从动锥齿轮有足够的支承刚度,使其在传动过程中不至于发生较大变形而影响正常啮合；另一方面应有必要的啮合调整装置。

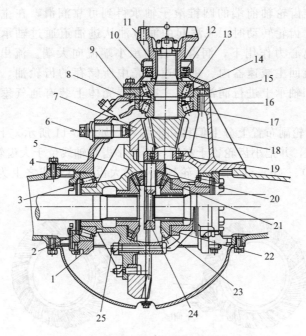

图 5-10　单级式主减速器及差速器

1—差速器轴承盖；2—轴承调整螺母；3,13,17—圆锥滚子轴承；4—主减速器壳；5—差速器壳；6—支承螺栓；
7—从动锥齿轮；8—进油口；9,14—调整垫片；10—防尘罩；11—叉形凸缘；12—油封；15—轴承座；
16—回油道；18—主动锥齿轮；19—圆柱滚子轴承；20—行星轮垫片；21—行星轮；
22—半轴齿轮推力垫片；23—半轴齿轮；24—行星轮（十字轴）；25—螺栓

为了保证主动锥齿轮有足够的支承刚度，主动锥齿轮与轴制成一体，前端支承在互相贴近而小端相向的两个圆锥滚子轴承 13 和 17 上，后端支承在圆柱滚子轴承 19 上，形成跨置式支承。在从动锥齿轮的后面，装有支承螺柱，以限制从动锥齿轮过度变形而影响齿轮的正常工作。装配时，支承螺柱与从动锥齿轮端面的间隙为 0.3～0.5mm。从动锥齿轮连接在差速器壳上，而差速器壳则用两个圆锥滚子轴承支承在主减速器壳的座孔中。

为了减小在锥齿轮传动过程中产生轴向力引起齿轮轴的轴向位移，装配主减速器时，圆锥滚子轴承应有一定的装配预紧度，即在消除轴承间隙的基础上，再给予一定的压力。但也不能过紧，否则传动效率降低，且易加速轴承磨损。

在两轴承内座圈之间的隔离套的一端装有一组厚度不同的调整垫片，其目的是为了调整圆锥滚子轴承的预紧度。若发现过紧，则增加垫片的总厚度；反之，减少垫片的总厚度。圆锥滚子轴承预紧度的调整必须在齿轮啮合调整之前进行。

啮合间隙的调整方法是拧动轴承调整螺母 2 以改变从动锥齿轮的位置。轮齿啮合间隙应在 0.15～0.40mm 范围内。若间隙大于规定值，应使从动锥齿轮靠近主动锥齿轮；反之则离开。为保持已调好的差速器圆锥滚子轴承预紧度不变，一端轴承调整螺母拧入的圈数应等于另一端轴承调整螺母拧出的圈数。

准双曲面齿轮与螺旋锥齿轮相比，不仅工作稳定性好，轮齿的弯曲强度和接触强度更高，还具有主动锥齿轮的轴线可相对从动锥齿轮轴线偏移的特点。但其工作时齿面间有较大的相时滑动，且齿面压力很大，齿面油膜易被破坏。为减少摩擦，提高效率，必须采用含防刮伤添加剂的双曲面齿轮油，绝不允许用普通齿轮油代替，否则将会使齿面迅速擦伤和磨损，大大降低使用寿命。

为了保证主动锥齿轮轴前端的圆锥滚子轴承得到可靠润滑，在主减速器壳体中铸出了进油道和回油道。齿轮转动时，飞溅起的润滑油从进油道通过轴承座的孔进入两圆锥轴承小端之间，在离心力作用下，润滑油自轴承小端流向大端。流出圆锥滚子轴承大端的润滑油经回油道流回主减速器内。主减速器壳中所储存的齿轮油，靠从动锥齿轮转动时甩溅到各齿轮轴和轴承上进行润滑。在主减速器壳体上装有通气塞，防止壳内气压过高而使润滑油渗漏。

准双曲面圆锥齿轮副布置上分上偏移和下偏移，如图5-11所示，上下偏移是这样判定的：从大齿轮锥顶看，并把小齿轮置于右侧，如果小齿轮轴线位于大齿轮中心线之下为下偏移，如图5-11中（a）、（b）；如果小齿轮轴线位于大齿轮中心线之上为上偏移，如图5-11中（c）、（d）。

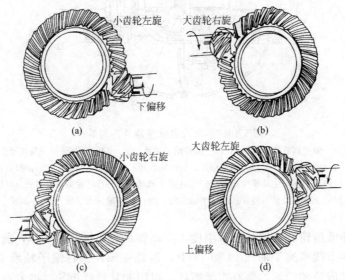

图5-11 双曲面圆锥齿轮的偏移与螺旋方向

2. 双级式主减速器

当要求主减速器需要具有较大传动比时，由一对锥齿轮构成的单级式主减速器已不能保证足够的离地间隙，这时就需要用两对齿轮降速的双级式主减速器。

双级式主减速器和差速器剖面图如图5-12所示。汽车驱动桥即为双级式主减速器，它的第一级传动比由一对螺旋锥齿轮副所决定，第二级传动比由一对斜齿圆柱齿轮副所决定。目前，该车主减速器主传动比有三种：其一主动圆锥齿轮和从动圆锥齿轮的齿数分别为13和25，第二级主、从动斜齿圆柱齿轮的齿数分别为15和45，主传动比为$i_0=25/15\times 45/15=4.99$；其二主动传动比为$i_0=25/12\times 45/15=6.25$；其三主传动比$i_0=25/11\times 47/14=7.63$。

第一级主动锥齿轮11与第一级主动锥齿轮轴9制成一体，采用悬臂式支承，即主动锥齿轮轴支承在位于齿轮同一侧的两个相距较远的圆锥滚子轴承上，而主动锥齿轮悬伸在轴承之外。这种支承形式的结构比较简单，但支承刚度不如跨置式的。一般双级主减速器中，主动锥齿轮轴多用悬臂式支承的原因有两点：一是第一级齿轮传动比较小，相应的从动锥齿轮直径较小，因而在主动齿轮外端要再加一个支承，布置上很困难；二是传动比小，主动锥齿轮及轴颈尺寸有可能做得较大，同时尽可能将两轴承的距离加大，同样可得到足够的支承刚度。

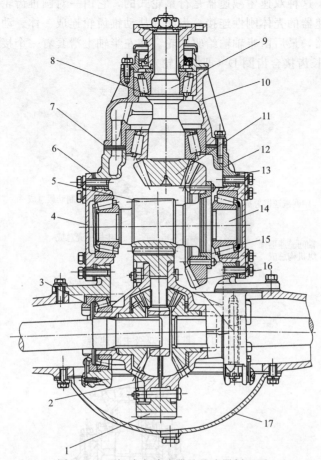

图 5-12 双级式主减速器及差速器剖面图

1—第二级从动锥齿轮;2—差速器;3—调整螺母;4,15—轴承盖;5—第二级主动锥齿轮;6,7,8,13—调整垫片;
9—第一级主动锥齿轮轴;10—轴承座;11—第一级主动锥齿轮;12—主减速器;14—中间轴;
16—第一级从动锥齿轮;17—后盖

为便于进行锥齿轮副的啮合调整,主动和从动锥齿轮的轴向位置都可以略加移动。若减少左轴承盖处的调整垫片,同时将这些卸下来的垫片都加到右轴承盖处,则从动锥齿轮右移;反之则左移。增加轴承座和主减速器壳间的调整垫片的厚度,主动锥齿轮则沿轴向离开从动锥齿轮;反之则靠近。主动锥齿轮轴轴承的预紧度,可借增减调整垫片的厚度来调整。中间轴圆锥滚子轴承预紧度则借改变两边侧向轴承盖和主减速器壳间的调整垫片的总厚度来调整。支承差速器壳的圆锥滚子轴承的预紧度是靠旋动调整螺母调整的。如果两组垫片的总厚度的减量和增量不相等,则将破坏已调整好的中间轴轴承预紧度。

3. 贯通式主减速器

如图 5-13 所示为贯通式双级主减速器,前面(或后面)两驱动桥的传动轴是串联的,传动轴从离分动器较近的驱动桥中穿过,通往另一驱动桥。传动轴必须从驱动桥中穿过的这种布置方案称为贯通式驱动桥。

4. 双速主减速器

有些汽车,为了充分提高动力性和经济性而装用具有两挡传动比的主减速器,可依据汽车行驶条件选择挡位,这种主减速器称为双速主减速器。如图 5-14 所示为一种常见的双速主减速器结构形式,这种双速主减速器是行星轮式的,它由一对圆锥齿轮和一个行星轮机构组成。行星架与差速器的壳体刚性连接。齿圈和从动锥齿轮连成一体。动力由锥齿轮副经行星轮机构传给差速器,最后由半轴输给驱动轮。在左半轴上滑套着一个接合套。接合套上有短齿接合齿圈 A 和长齿接合齿圈 D（即太阳轮）。

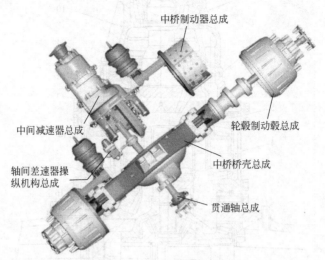

图 5-13　贯通式双级主减速器

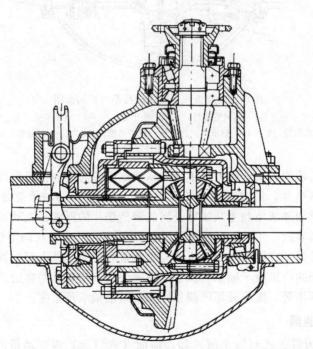

图 5-14　一种常见的双速主减速器（行星轮式）结构形式

一般行驶条件下,用高挡传动。此时拨叉将接合套保持在左方位置,见图 5-15(a)。接合套短齿接合齿圈 A 与固定在主减速器壳上的接合齿圈 B 分离,而长齿接合齿圈 D 与行星轮和行星架的内齿圈 C 同时啮合,从而使行星轮不能自传,行星轮机构不起减速作用,于是差速器壳体与从动锥齿轮以相同的转速运转。显然,高速挡主传动比就是从动锥齿轮的齿数与主动锥齿轮的齿数之比 i_{01}。

当行驶条件要求有较大的牵引力时，驾驶人可通过气压或电动操纵系统转动拨叉，将接合套推向右方，如图 5-15(b) 所示，使接合套的短齿接合齿圈 A 与接合齿圈 B 接合，接合套即与主减速器壳连成一体，其长齿接合齿圈 D 与行星架的内齿圈 C 分离，而仅与行星轮啮合，于是行星机构的太阳轮被固定。与从动锥齿轮连在一起的齿圈是主动件，与差速器壳体连在一起的行星架则是从动件，行星轮机构起减速作用。

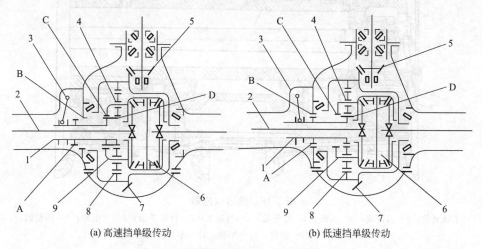

(a) 高速挡单级传动　　　　　(b) 低速挡单级传动

图 5-15　行星轮式双速主减速器结构示意

1—接合套；2—半轴；3—拨叉；4—行星轮；5—主动锥齿轮；6—差速器；7—从动锥齿轮；8—齿圈；9—行星架；A—短齿接合齿圈；B—接合齿圈；C—内齿圈；D—长齿接合齿圈

行星轮机构的传动比为

$$i_{02} = \frac{\text{太阳轮的齿数}1 + \text{太阳轮的齿数}z_1}{\text{齿圈 8 的齿数}z_2}$$

整个主减速器的主传动比为圆锥齿轮副的传动比与行星轮机构传动比的乘积，即

$$i_0 = i_{01} i_{02}$$

5. 轮边减速器

在有些重型汽车、越野车或大型客车上，如果要求有较大的离地间隙和较大的主传动比时，经常将双级主减速器中的第二级减速齿轮机构制成同样两套，分别装在两侧驱动轮的近旁，而第一级即为主减速器，称为轮边减速器。

轮边减速器又有定轴轮系和行星轮系两种结构形式。如图 5-16 所示为轮边减速器。装载 32t 的自卸车，驱动桥减速机构分为两级。第一级是一对螺旋锥齿轮，装在驱动桥中部主减速器壳中，传动比 $i_0 = 41/11 = 3.73$。被增大了的转矩由从动锥齿轮经差速器、半轴输入两侧的第二级减速机构——行星轮式轮边减速器，它由齿圈、行星轮、行星架和太阳轮等组成。齿圈与齿圈座用螺钉连接，而齿圈座用花键与半轴套管连接，并以锁紧螺母固定其轴向位罝，因而不能转动。轮边减速器太阳轮以花键与半轴连接，随半轴转动。在太阳轮和齿圈之间装有三个行星轮。行星轮通过圆锥滚子轴承和轴支承在行星架上。行星架用螺栓与轮毂相连。

差速器输出的动力即从半轴经太阳轮、行星轮、行星架等传给轮毂而使驱动轮旋转。其中太阳轮是主动件，行星架是从动件，其传动比 $i_{02} = 1 + z_3/z_7 = 5$，式中，z_3 为太阳轮齿数；z_7 为行星架齿数。

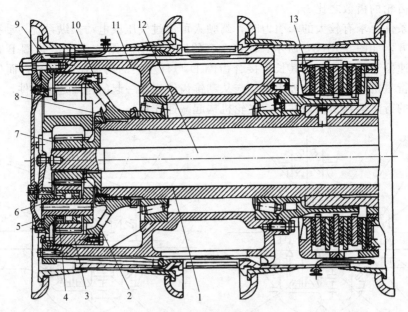

图 5-16 轮边减速器

1—半轴套管；2—齿圈座；3—齿圈；4—行星轮；5—行星架；6—行星轮轴；7—太阳轮；8—锁紧螺母；
9,10—螺钉；11—轮毂；12—半轴；13—多片盘式制动器

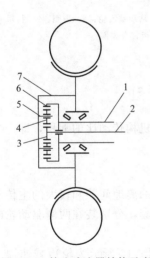

图 5-17 轮边减速器结构示意

1—半轴套管；2—半轴；3—太阳轮；
4—行星轮；5—行星轮轴；
6—齿圈；7—行星架

如图 5-17 所示为轮边减速器结构示意。可见，轮边减速带是一个行星轮机构，齿圈与半轴套管固定在一起，半轴传来的动力经太阳轮、行星轮、行星轮轴、行星架传给车轮。其传动比 $i_{02}=1+z_2/z_1$，其中 z_2 为齿圈齿数；z_1 为太阳轮齿数，则总的传动比为

$$i_0 = i_{01} i_{02} = \frac{41}{11}\left(1+\frac{z_2}{z_1}\right) = 3.727 \times 5 = 18.64$$

轮边减速器的润滑系统是独立的，在行星架的端盖上设有加油孔和螺塞。而行星架端面上有放油孔和螺塞。为了便于加油和放油，装配时应将它们调整到车轮中心线的同一侧。为固定半轴和太阳轮的轴向位置，在半轴端面中心孔位置处装有止推螺钉，并用可调的止推螺钉顶住。

综上所述，轮边减速器可使驱动桥中主减速器尺寸减小，从而保证了足够的离地间隙，并可得到较大的主传动比。因半轴在轮边减速器之前，所承受的转矩大为减少，所以半轴和差速器等零件尺寸可以减小。但是需要两套轮边减速器，结构较为复杂，制造成本也较高。

在同级越野车和大型客车上，还经常采用由一对外啮合圆柱齿轮组成的轮边减速器。主动小齿轮与半轴相连，从动大齿轮与轮毂相连。当主动锥齿轮位于上方时，可增大驱动桥离地高度，以适应提高越野车通过性的需要。当主动锥齿轮位于下方时，能降低驱动桥壳的离地高度，以利于降低客车地板的高度。但是采用这种布置时，由于轴向和径向空间的限制，轮边减速器的传动比是有限的。

第三节 差速器

一、差速器的功用与组成

1. 差速器的功用

差速器的功用是将主减速器传来的动力传给左、右两半轴,并在必要时(如车辆转弯时)允许左、右两半轴以不同转速旋转,以满足两侧驱动轮差速的需要,如图 5-18 所示。

2. 差速器的组成

差速器是由行星锥齿组成的轮式差速器,它由 4 个行星锥齿轮、1 个十字形行星齿轮轴、2 个半轴锥齿轮、差速器壳和垫片等组成,如图 5-19 所示。

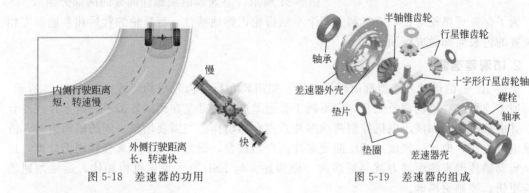

图 5-18　差速器的功用　　　　图 5-19　差速器的组成

二、差速器的工作原理

主减速器的从动锥齿轮通过螺栓固定在差速器壳上,十字形的行星齿轮轴的四个轴颈嵌在差速器壳相应的孔内,每个轴颈上浮套着一个行星齿轮,它们均与两个半轴齿轮啮合。而半轴齿轮分别支承在差速器壳相应的左右座孔中,并用花键与半轴相连。动力自主减速器从动锥齿轮依次经差速器壳、十字轴、行星齿轮、半轴齿轮、半轴输出给左右驱动轮。若两侧车轮阻力相同时,则两侧车轮以相同转速转动,此时行星齿轮绕半轴轴线转动——公转。当两侧车轮阻力不同时,则行星齿轮在做上述公转运动的同时,还绕自身轴线转动——自转,因此两半轴齿轮可带动两侧车轮以不同的转速转动,如图 5-20 所示。

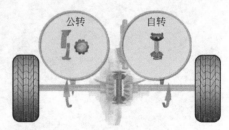

图 5-20　差速器的工作原理

三、差速器的分类

无论是轮间差速器还是轴间差速器,按其工作特性均可分为齿轮式差速器和防滑差速器两大类。防滑差速器常见的形式有强制锁止式齿轮差速器、高摩擦自锁差速器以及自由轮式差速器等。

1. 齿轮式差速器

齿轮式差速器有锥齿轮式和圆柱齿轮式两种。由于锥齿轮式差速器结构简单紧凑，工作平稳，因此目前应用最广。

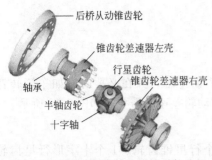

图 5-21 对称式锥齿轮差速器零件分解

按两侧的输出转矩是否相等，齿轮式差速器有对称式和不对称式两类。对称式用作轮间差速器或由平衡悬架联系的两驱动桥之间的轴间差速器。不对称式用作前、后驱动桥之间或前驱动桥与中、后驱动桥之间的轴间差速器。

由于对称式锥齿轮差速器应用广泛，以下着重以对称式锥齿轮差速器为例介绍它的结构与工作原理。

对称式锥齿轮差速器由圆锥行星齿轮、行星轮轴（十字轴）、圆锥半轴齿轮和差速器壳等组成，如图 5-21 所示。差速器由用螺栓固紧的两部分组成。

为了保证行星轮对正中心，利于两个半轴齿轮正确地啮合，行星轮的背后和差速器壳相应位置的内表面都做成球面。

2. 防滑差速器

奥迪 A7 上的运动差速器都由环形齿轮、侧齿轮和行星齿轮机构组成，如图 5-22 所示。与普通差速器核心机构相差无几，它不同于普通差速器之处是在两端各加了一组多片式离合器，并由控制单元和液压电机控制两端多片式离合器动作。当需要增加一侧的驱动力时，液压泵电机工作，向这一侧施加液压油使多片离合器接合，而另一侧多片离合器则仍分离，这样从传动轴传递来的驱动力就会更多向一侧传递。与 ESP 电子稳定机构相比，运动差速器反应更快、控制更精确。

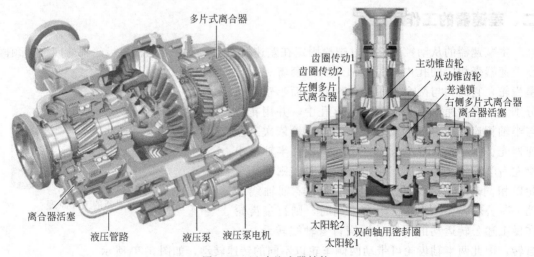

图 5-22 运动差速器结构

当一侧车轮在坏路面上滑转或转弯时，由于差速器的差速作用，使两半轴转速不相等，即一侧半轴的转速高于差速器壳的转速，另一侧低于差速器壳的转速。这样，由于轴向力和转速差的存在，主从动摩擦片间将产生摩擦力矩，且经从动摩擦片及推力压盘传给两半轴的摩擦力矩方向相反，与快转半轴的转向相反，而与慢转半轴的转向相同，因而使得慢转半轴所分配到的转矩大于快转半轴所分配到的转矩。摩擦作用越强，两半轴的转矩差越大，最大可达5～7倍。

第四节 半轴与桥壳

一、半轴

1. 半轴的作用

半轴是在差速器与驱动轮之间传递动力的实心轴，其内端与差速器的半轴齿轮连接，外端则与驱动轮的轮毂相连。半轴的功用是将差速器传来的动力传给驱动轮，如图5-23所示。

图 5-23 半轴的作用

2. 半轴的结构

半轴因传递的转矩较大，常制成实心轴，其结构因驱动桥结构形式不同而异。整体式驱动桥中的半轴为一根刚性整轴，如图5-24所示，内端制有花键与半轴齿轮连接，外端制有凸缘与轮毂连接。

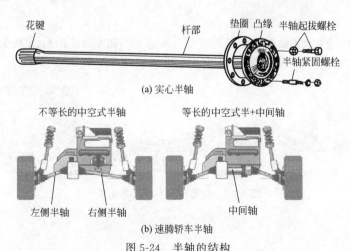

图 5-24 半轴的结构

半轴与驱动轮的轮毂在桥壳上的支承形式，决定了半轴的受力状况。全浮式半轴支承和半浮式半轴支承是现代汽车采用的两种基本形式。

（1）全浮式半轴支承 全浮式半轴支承如图5-25所示，广泛应用于各型货车上，它表明汽车半轴外端与轮毂及桥壳的连接情况。半轴外端锻出凸缘，通过螺柱和轮毂连接。轮毂通过两个相距较远的圆锥滚子轴承支承在半轴套管上。半轴套与空心梁配成一体，组成驱动桥壳。用这样的支承形式，半轴与桥壳没有直接联系。半轴的内端用花键与差速器的半轴齿轮连接。半轴齿轮的毂部支承于差速器壳两侧轴颈的孔内，而差速器又以其两侧轴颈借助轴承直接支承在桥壳上。

为防止轮毂连同半轴在侧向力作用下发生轴向窜动，轮毂内的两个圆锥滚子轴承的安装方向必须使它们能分别承受向内和向外的轴向力。轴承的紧度可借助调整螺母调整，并用垫圈和螺母锁紧。

全浮式支承的半轴易于拆装，只需拧下半轴凸缘上的螺钉，即可将半轴从半轴套管中抽出，而车轮与桥壳照样能支承住汽车。

（2）半浮式半轴支承　半浮式半轴支承如图 5-26。双龙轿车半浮式驱动桥如图 5-27 所示。半轴外端的锥形锥面上切有纵向键槽，最外端有螺纹。半轴内端的支承方法与全浮式半轴支承相同，半轴内端不受力及弯矩。轮毂上有相应的锥形孔与半轴配合，用键连接，并用螺母拧紧。一般来讲，半浮式支承中，半轴与桥壳间的轴承只用一个。为使半轴和车轮不致被向外的侧向力拉出，该轴承必须能承受向外的轴向力。另外，在差速器行星轮轴的中部浮套着止推块，半轴内端正好能顶靠在止推块的平面上，因而不致在朝内的侧向力作用下向内窜动。

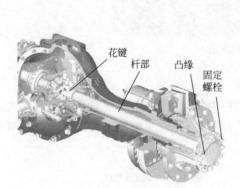

图 5-25　全浮式半轴支承

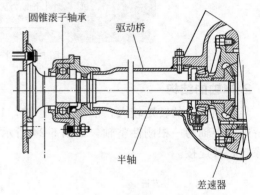

图 5-26　半浮式半轴支承

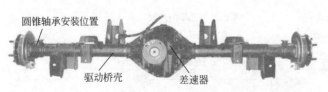

图 5-27　双龙轿车半浮式驱动桥

二、桥壳

驱动桥壳的功用是支承并保护主减速器、差速器和半轴等；使左右驱动车轮的轴向相对位置固定；与从动桥一起支承车架及其上的各总成重量；汽车行驶时，承受由车轮传来的路面反作用力和力矩，并经悬架传给车架。整体式桥壳如图 5-28 所示。

驱动桥壳可分为整体式桥壳和分段式桥壳两种类型。

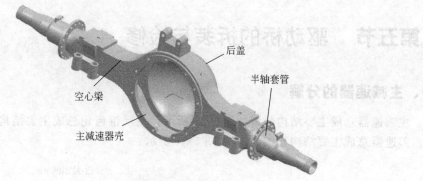

图 5-28 整体式桥壳

（1）整体式桥壳 整体式桥壳如图 5-29 所示。它由中部的空心梁、半轴套管、主减速器壳及后盖等组成。空心梁用球墨铸铁铸成，中部有一个环形大通孔，前端用来安装主减速器及差速器总成，后端的大孔用来检查驱动桥内主减速器和差速器的工作情况。后盖用螺钉装于后端面，上面装有检查油面用的螺塞。主减速器壳上另有加油孔和放油孔。空心梁上凸缘盘用以固定制动底板，两端压入钢制半轴套管，并用止动螺钉限定位置。半轴套管外端轴颈用以安装轮毂轴承。为了对轴承进行限位及调整轴承预紧度，最外端还制有螺纹。

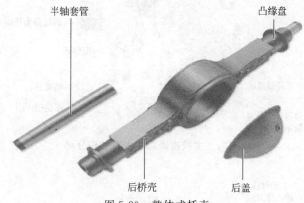

图 5-29 整体式桥壳

（2）分段式桥壳 分段式桥壳如图 5-30 所示，它一般分为两段，由螺栓将两段连成一体。它由主减速器壳、盖、两个半轴套管及凸缘盘等组成。分段式桥壳比整体式桥壳易于铸造，加工简便，但维修保养不便。当拆检主减速器时，必须把整个驱动桥从汽车上拆卸下来，目前已很少采用。

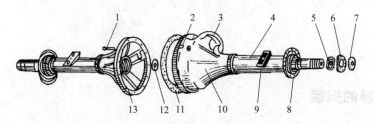

图 5-30 分段式桥壳

1—螺栓；2—注油孔；3—主减速器壳颈部；4—半轴套管；5—调整螺母；6—止动垫片；7—锁紧螺母；
8—凸缘盘；9—弹簧座；10—主减速器壳；11—垫片；12—油封；13—盖

第五节 驱动桥的拆装与检修

一、主减速器的分解

主减速器总成主要结构分解如图 5-31 所示。主动锥齿轮总成主要结构分解如图 5-32 所示。差速器总成主要结构如图 5-33 和图 5-34 所示。

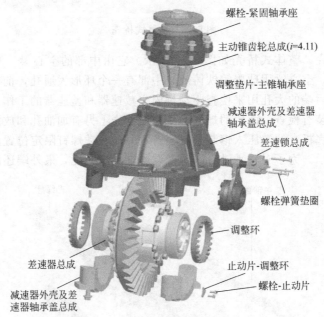

图 5-31 主减速器总成主要结构分解

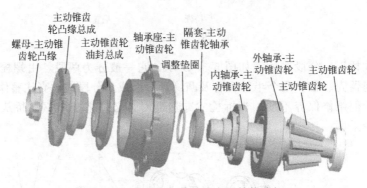

图 5-32 主动锥齿轮总成主要结构分解

二、主减速器的拆装

1. 主动锥齿轮及轴承座总成的组装

① 用专用工具把内、外轴承的外圈压进轴承座，如图 5-35 所示。

② 把内圆锥滚子轴承的内圈加热到 120~150℃，然后把它放在锥齿轮上，等冷却后，

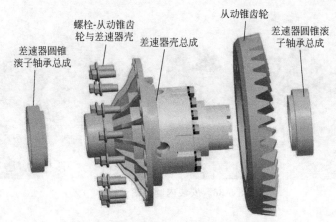

图 5-33　差速器总成主要结构分解（一）

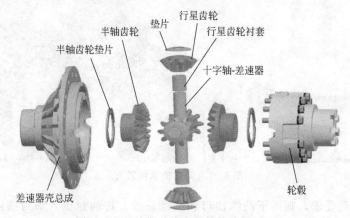

图 5-34　差速器总成主要结构分解（二）

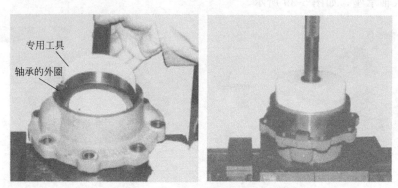

图 5-35　用专用工具压入轴承外座圈

把轴承座扣装到齿轮轴上，如图 5-36 所示。

③ 把主动锥齿轮调整垫片放入齿轮轴颈部位，一边慢慢转动轴承座，一边给外轴承座涂抹润滑油，把冷却下来的外圆锥滚子轴承内圈推进去，把凸缘和螺母安装在合适位置，调整轴承预紧力，如图 5-37 所示。注意：在装油封之前测摩擦系数。

④ 将轴承座夹紧，如图 5-38 所示。用扭矩扳手在凸缘螺母处测一下力矩，其值为 8～16N·m。

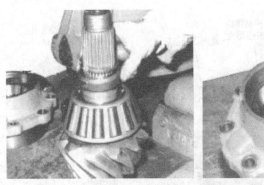

图5-36 安装内圆锥滚子轴承

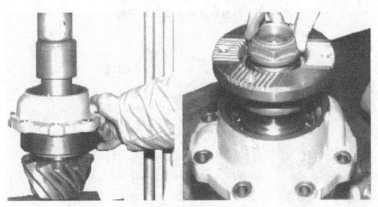

图5-37 调整轴承预紧力

⑤ 若力矩达到要求,则拆下凸缘螺母和凸缘总成。将油封压入油封座内,并在油封空腔内涂抹润滑脂,在油封环外圈上涂抹密封胶,用专用工具将其压入油封座,最后将油封座连同油封压入轴承座,如图5-39所示。

图5-38 将轴承座夹紧　　　　图5-39 压入油封

⑥ 装入凸缘总成及凸缘锁紧螺母,并锁紧,防止松动,螺纹处涂抹螺纹锁固胶,如图5-40所示。凸缘螺母锁紧力矩为(950±100)N·m。

2. 差速器总成的组装

注:组装差速器总成时将所需的各零部件清理干净,并检查是否合格,对于合格件可进行下面的操作。

① 把半轴齿轮垫片放在差速器壳体上,并将半轴齿轮放入差速器左壳中,右壳也放入

半轴齿轮垫片及半轴齿轮，如图 5-41 所示。注意：差速壳球面内腔、安装端面、垫片两面和半轴轮需涂抹润滑油。

② 将行星齿轮和十字轴及行星齿轮垫片一起装入差速器左壳中，调整齿侧间隙为 0.25～0.5mm，如图 5-42 所示。注意：球垫两面、行星轮安装面和内孔、十字轴圆柱面需涂抹润滑油。

③ 检查行星齿轮是否可以来回转动，然后将差速器右壳合上，用螺栓拧紧，拧紧力矩为 250～330N·m，将厚轴承内圈加热到 120～150℃，安装到差速锁侧，放上被动齿轮，拧紧被动齿轮连接螺栓，拧紧力矩为 (570±40)N·m，另外一边轴承装配方法一样，如图 5-43 所示。注意：锁紧时各螺栓涂抹螺纹锁固胶；需要检查两端轴承是否安装正确。

图 5-40　装入凸缘总成及凸缘锁紧螺母

图 5-41　把半轴齿轮垫片放在差速器壳体上

图 5-42　将行星齿轮和十字轴及行星齿轮垫片装入差速器左壳中

3. 差速器总成的安装

① 将轴承外圈放在圆锥滚子上，并同差速器一同放入主减速器壳体中，图 5-44 所示。

图 5-43　检查行星齿轮是否可以来回转动

图 5-44　差速器放入主减速器壳体中

② 将调整螺母放入螺纹中，对着轴承用手轻轻地转动，将轴承盖按配对标记装配，如图 5-45 所示。注意：如果轴承盖不能正确装配，调整螺母的螺纹有可能相交。

③ 放入轴承盖连接螺栓并预拧紧，但调整螺母将仍能转动自如。

4. 轴承座总成的安装

① 将垫片放在主减速器壳上，放到位，并涂抹一层密封胶（垫片依据调整间隙加减，

图 5-45　将轴承盖按配对标记装配

最终确认正确调整间隙后再涂抹密封胶），确保回油口通畅。如有必要可放入一个导向螺栓，如图 5-46 所示。注意：至少使用 3 个垫片。在两侧使用薄垫片以达到最佳密封效果。

②　将圆柱滚子轴承内圈装到主动圆锥齿轮上，外圈装到主减速器轴承孔中，如图 5-47 所示。

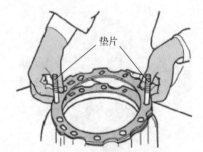 

图 5-46　将垫片放在主减速器壳上　　　图 5-47　外圈装到主减速器轴承孔中

③　将轴承座总成放入主减速器壳内，确保回油口相对应和确保圆柱滚子轴承正确对中及接合，如图 5-48 所示。

④　按规定的拧紧力矩拧紧固定螺栓。注意：在主、被动齿轮的啮合间隙调整正确后，在螺栓上涂螺纹锁固胶锁紧，锁紧力矩为（425±50）N·m。

图 5-48　将轴承座总成放入主减速器壳

5. 差速器轴承及主被动锥齿轮齿侧间隙调整

①　拧入两个调整螺母直到圆锥滚子轴承轻轻被预紧，如图 5-49 所示。注意：当拧入调整螺母时，用铜棒对着轴承盖轻敲几次，同时转动被动齿轮，这样才能确保轴承定位。

②　将百分表及支架放置在主减壳上，这样百分表的指针才能按正确的角度定位在从动锥齿轮齿廓上，如图 5-50 所示。当均匀地和交替地转动调整螺母时（向左侧和右侧），将差速器滑向主动锥齿轮，直到齿侧间隙达到 0.25～0.35mm。检查圆锥滚子轴承的预紧力，调整螺母的锁紧力矩为 20～50N·m，如果必要可重新调整百分表。测量点＝3×120°。齿侧间隙均可以读出。

③　啮合印记调整，首先在被动齿轮上用红丹粉均匀涂抹 3～5 个齿，在旋转 90°的情况下再涂抹 3～5 个齿，然后转动齿轮至少使其旋转 2 周，观察齿轮啮合的印记，从动轮凸面啮合痕迹在齿的中央附近成椭圆形或者矩形，接触印痕占齿长的 40%～60%，占齿高的

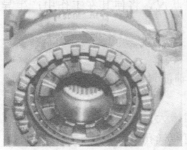

图 5-49　拧入两个调整螺母

60%～80%，凹面啮合区在齿的中部可略偏大端，如图 5-51 所示。如不符合要求，则需重新进行调整轴承座垫片和齿侧间隙。注意：齿面的接触印记不能接触到任何齿的外边缘。

图 5-50　将百分表及支架放置在主减速器壳体上　　图 5-51　啮合印记调整

④ 齿侧间隙达到要求和齿轮啮合印记符合要求后，就按规定的拧紧力矩拧紧轴承盖螺栓。拧紧力矩为 (530±50)N·m。

⑤ 在主减速器轴承盖上装配锁紧丝圈的止动锁片，在六角头螺栓上涂抹螺纹锁固胶，拧紧力矩为 22～27N·m。注意：主减速器总成转动力矩为 10～30N·m。

⑥ 主减速器装配完毕后加注齿轮油。

加油量：后桥主减速器总成加油量 14L，桥总成轮边加油量 1.1L/个。

润滑油重负荷车辆齿轮油。

黏度等级：取决于环境温度。

热带地区、常温地区：85W-140，GB 13895—2018；85W-90，GB 13895—2018。

寒冷地区：80W-90，GB 13895—2018。

高寒地区：75W，GB 13895—2018。

第六节　驱动桥的故障诊断与维修

一、常见故障诊断

驱动桥的主减速器、差速器、半轴等，不仅承受很大的径向力和轴向力，而且要承受巨大的扭力，且经常受到剧烈的冲击载荷，加剧其零部件磨损。相对位置发生变化，配合间隙变大,齿轮啮合不良,破坏了原先完好的技术状况,将使其在工作中产生异响及功能性的故障。

1. 驱动桥漏油

(1) 现象　齿轮润滑油从后桥减速器和半轴油封或其他衬垫处向外渗漏。

(2) 原因

① 壳盖各部螺孔螺纹多次拆装,螺纹间隙增大,润滑油从螺纹处渗油。

② 长期使用,尘土、油污、泥水黏附,使通气孔堵塞,空气流通不畅。

③ 油封座老化变质、磨损松旷或装配不当。

④ 衬垫损坏或紧固螺栓松动,导致接合面不严密。

⑤ 油封配合的轴颈磨损或表面有沟槽。

⑥ 润滑油加注过多,运转中壳体内压增高,润滑油渗出。

⑦ 放油螺栓松动或壳体有裂缝。

2. 驱动桥发响

(1) 现象

① 行驶时驱动桥有异响,脱挡滑行时异响减弱或消失。

② 行驶时驱动桥有异响,脱挡滑行时亦有异响。

③ 汽车直线行驶时无异响,当汽车转弯时驱动桥处有异响。

④ 汽车上坡或下坡时后桥有异响,或上、下坡时驱动桥都有异响。

⑤ 车轮有运转噪声或沉重的异响。

(2) 原因

① 圆锥和圆柱主、从动锥齿轮、行星轮、半轴齿轮啮合间隙过大;半轴齿轮花键槽与半轴的配合松旷;主、从动锥齿轮啮合不良;圆锥和圆柱主、从动锥齿轮啮合间隙不均;齿轮齿面损伤或轮齿折断。

② 主动锥齿轮轴承松旷;主动圆柱齿轮轴承松旷;差速器圆锥滚子轴承松旷;后桥中某个轴承由于预紧力过大,导致间隙过小;主、从动锥齿轮调整不当,间隙过小。

③ 差速器行星轮半轴齿轮不匹配,使其啮合不良;行星轮、半轴齿轮磨损或折断;差速器十字轴轴颈磨损;行星轮支承垫圈磨薄;行星轮与差速器十字轴卡滞或装配不当(如行星轮支承垫圈过厚),使行星轮转动困难;减速器从动锥齿轮与差速器壳的紧固铆钉松动。

④ 驱动桥某一部位的齿轮啮合间隙过小,导致汽车上坡时发响;后桥某一部位的齿轮啮合间隙过大,导致汽车下坡时发响;后桥某一部位的齿轮啮合印痕不当或齿轮轴支承轴承松旷,导致汽车上、下坡时都发响。

⑤ 车轮轮毂轴承损坏,轴承外圈松动;制动鼓内有异物;车轮轮辋破碎;车轮轮辋轮胎螺栓孔磨损过大,使轮辋固定不牢。

3. 驱动桥发热

(1) 现象　汽车行驶一定里程后,用手触摸后桥,非常烫手。

(2) 原因

① 驱动桥主、从动锥齿轮啮合间隙过小。

② 驱动桥轴承装配过紧。

③ 润滑油变质、量少或型号规格不符。

二、故障维修案例

1. 差速器异响的故障

故障现象

低速大角度转向，车辆底盘发出"咕咕"的异响。

故障诊断

① 确认故障车辆以 20km/h 的速度转弯时，其前部有异响。

② 把车辆举升后，任意一侧的驱动轮制动，异响仍然存在，排除车轮轴承和制动系统异响。

③ 更换驱动半轴，异响仍然存在，排除半轴故障可能。因只有车辆转弯时存在异响，故判断为差速器响声。

④ 分解变速器，测量差速器行星齿轮的齿轮间隙和啮合印痕，发现啮合印痕在齿根部位。判断是差速器不正常啮合，产生异响。

故障原因分析

由于差速器球形衬套的不正常磨损，造成差速器的行星齿轮啮合部位达到齿轮根部（正常应为齿轮中部啮合）。因为差速器行星齿轮只是在转弯时才发生转动，所以这种异响会在转弯时候出现，故障表现为低速转弯时候整车的噪声比较小，异响明显。故障部位如图 5-52 所示。

图 5-52 故障部位

故障处理方法

根据最新的信息通报，可以更换手动变速箱油，行使 500km 后再判断故障是否有减轻的迹象，若故障仍然存在，只能更换球形衬套，再检查啮合印痕和齿隙。对于有异响的差速器，拆下后要检查啮合印痕和齿隙。根据实际测量，新装配的差速器行星齿轮的齿隙在 0.4mm 左右，而发生异响的差速器的实际测量数据为 0.6mm 左右（以上两个数据仅供参考），并且故障差速器啮合印痕所在部位为齿轮根部，如图 5-53 所示。

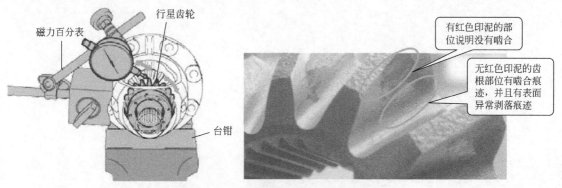

图 5-53 故障差速器啮合印痕所在部位

案例点评及建议

在判断是否为差速器异响的过程中，要求能够大角度（方向盘转角大于 180°）转弯，并且伴随不同的加减速，如果异响能够随着车速改变，一般是差速器故障的概率高。

2. 丰田汉兰达行驶中有异响

故障现象

一辆丰田汉兰达行驶里程约为 8 万千米。用户反映该车行驶中有异响。

检查分析

维修人员试车发现，该车行驶中有"嗡嗡"的声音，且车速超过 40km/h 后声音逐渐加大。将车辆举升检查，发现后差速器左半轴油封处有漏油现象。用听诊器检查，差速器左侧响声非常明显。用手转动左半轴，发现其自由行程非常大。将后差速器的放油螺栓拧下，发现差速器油已变黑，且伴有铁屑和油泥流出。将后差速器解体检查，发现行星齿轮壳直销断裂，半轴齿轮严重磨损（图 5-54）。

故障排除

更换后差速器及左后半轴，试车故障排除。

图 5-54　半轴齿轮严重磨损

第六章
车架与车桥

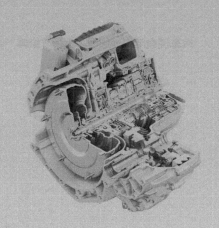

第一节 概述

一、车架

汽车上装用的车架按其结构形式不同可分为边梁式车架和无梁式车架。

1. 边梁式车架

边梁式车架一般是用铆接或焊接的方法，将两边的纵梁和若干根横梁牢固连接的桥式结构。边梁式车架便于安装支架和布置总成，有利于改装变型车和发展多种车型的需要，所以目前被广泛应用。

纵梁一般用低碳合金钢板冲压而成。纵梁的断面形状一般为槽形、Z字形、工字形或箱形断面。纵梁上还钻有多个孔，用来安装脚踏板、转向器、燃油箱、储气筒、蓄电池和车身等零部件的支架，有的用于穿过管道或电线等。边梁式车架的横梁一般也由低碳钢钢板冲压成槽形，以增强车架的抗扭强度，同时还用于支承汽车上的主要部件。如图6-1所示为边梁式车架。

汽车车架主要由两根纵梁和八根横梁铆接而成。纵梁为槽形不等高断面梁。由于纵梁中部受到的弯矩最大，为使应力分布比较均匀，同时又减轻重量，故中部断面高度最大，由此向两端高度逐渐减小。车架前端装有起缓冲作用的横梁式保险杠1，其上装有挂钩2以便于车辆牵引。前横梁3上安装冷却水散热器，横梁4是发动机的前悬支座。为尽可能降低发动机位置，横梁4和5做成下凹形。在横梁7的上面安装驾驶室后悬置，下面安装传动轴的中间轴承支架。由于传动轴安装位置的限制，横梁7做成上拱形，其余横梁做成简单的直槽形。后横梁12中部装有拖带挂车用的拖钩13。由于拖钩上的作用力很大，故后横梁用角撑加强。

2. 中梁式车架

中梁式车架又称脊骨式车架，只有一根纵梁位于中央而贯穿汽车全长，如图6-2所示。中梁的断面形状做成管形、槽形或箱形。中梁的前端做成外伸支架，用来固定发动机，而主减速器壳通常固定在中梁的尾端，形成断开式后驱动桥。中梁上的悬伸托架用来支承汽车车身和安装其他机件。如果中梁是管形的，传动轴可在管内穿过。

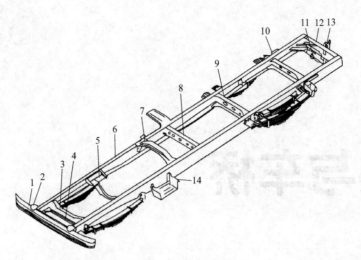

图 6-1 边梁式车架

1—横梁式保险杠；2—挂钩；3—前横梁；4—发动机前悬置横梁；5—发动机后悬支架及横梁；6—纵梁；7—驾驶室后悬置梁；8—第四横梁；9—后钢板弹簧前支架横梁；10—后钢板弹簧后支架横梁；11—角撑横梁组件；12—后横梁；13—拖钩；14—蓄电池托架

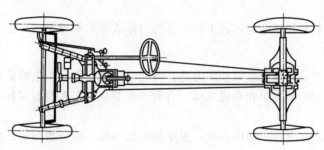

图 6-2 中梁式车架

中梁式车架有较好的抗扭转刚度和较大的前轮转向角，结构上允许车轮有较大的跳动空间，适于装配独立悬架的越野汽车。与同等载重量的汽车相比，中梁式车架轻且重心比较低，故行驶稳定性好；车架的强度和刚度较大；脊梁还能起封闭传动轴的防尘罩作用。中梁式车架制造工艺复杂，精度要求高，总成安装困难，维护修理也不方便，故目前应用不多。

3. 综合式车架

综合式车架前部是边梁式，而后部是中梁式，这种车架也称复合式车架，它同时具有中梁式和边梁式车架的特点，如图 6-3 所示。这种车架的前段或后段类似于边梁式结构，正好适合于安装发动机、后驱动桥和悬架装置。车架中部采用中梁式结构，传动轴从中梁管内通过。由于安装车门槛的位置附近没有边梁的影响，故可以使地板的外侧高度有所降低。缺点

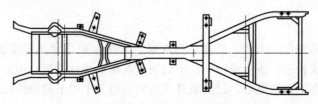

图 6-3 综合式车架

是中间梁的断面尺寸大，会造成地板中部凸起。另外，不规则的结构构件增加了车架制造难度。

4. 无梁式车架

无梁式车架是用车身兼做车架，所有的零部件都安装在车身上，全部作用力由车身承受，故这种车身又称为承载式车身。这种结构的车身底板用纵梁和横梁进行加固，车身刚度较好，重量较轻，但制造要求较高，目前多用于轿车和部分客车，如图 6-4 所示。有的高级轿车为了提高乘坐舒适性，减轻发动机的振动，缓和汽车行驶时从路面通过悬架系统传来的冲击，常常采用独立的车架和非承载式车身。

图 6-4　无梁式车架

二、车桥

1. 车桥的作用及分类

车桥是用来安装和支承车轮的部件，并通过悬架与车架（或承载式车身）连接。车架所受的载荷通过悬架和车桥传给车轮，而车轮上的滚动阻力、驱动力、制动力和侧向力及其弯矩、扭矩又通过车桥传递给悬架和车架。车桥的作用是传递车架与车轮之间各方向的作用力及其所产生的弯矩和扭矩。

根据悬架结构的不同，车桥分为整体式和断开式两种。整体式车桥是刚性的实心或空心梁，它与非独立悬架配用。断开式车桥为活动关节式结构，它与独立悬架配用。

根据车桥的功用不同，又可分为转向桥、驱动桥、转向驱动桥和支持桥四种，其中转向桥和支持桥都属于从动桥。一般汽车多以前桥为转向桥，后桥为驱动桥；越野汽车和部分轿车的前桥为转向驱动桥；挂车上的车桥都是支持桥。驱动桥已在传动系统中叙述，支持桥除不能转向外，其他功能和结构与转向桥基本相同，如图 6-5 所示。

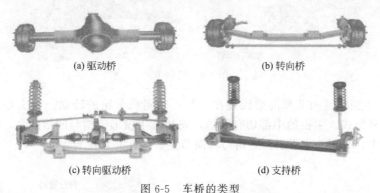

图 6-5　车桥的类型

2. 转向桥

（1）货车转向桥的结构　汽车的转向桥能使安装在两端的车轮偏转一定的角度，以达到汽车转向的目的；同时也承受车架与车轮之间的作用力及其所产生的弯矩和扭矩。

各种类型汽车的转向桥结构基本相同，主要由前轴、转向节、主销和轮毂四部分组成，如图 6-6 所示。

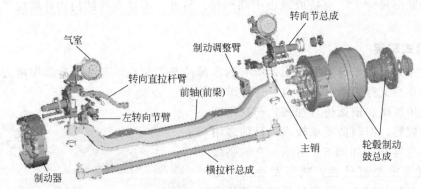

图 6-6 转向桥结构

① 前轴。前梁（前轴），主要起承载作用，由锻造成形，如图 6-7 所示。中间断面为工字形（因此常称为工字梁），这样可保证其质量最小而在垂向平面内的刚度大、强度高；两头略呈方形，可提高抗扭强度。中部向下弯曲，可降低发动机位置，从而降低汽车重心，同时还可减小变速箱输出轴与传动轴之间的夹角。其主要设计参数有板簧中心距、主销中心距、落差及板簧座截面尺寸和主销倾角。

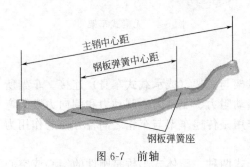

图 6-7 前轴

② 转向节。俗称羊角，为锻件，其颈部需经淬火。它绕主销相对前梁转动，实现转向。轴径处安装轴承，轮毂绕其转动，实现前进/后退，如图 6-8 所示。

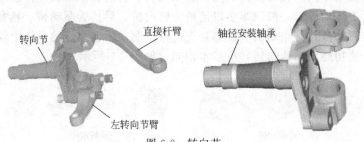

图 6-8 转向节

③ 主销。主销将转向节和前梁铰接在一起，以实现车轮的转动。有实心、空心、圆柱形和阶梯形几种形式。主销的中部切有凹槽，安装时用楔形锁销与凹槽配合，将主销固定在前梁的拳形孔中，如图 6-9 所示。主销与转向节上的销孔是动配合。

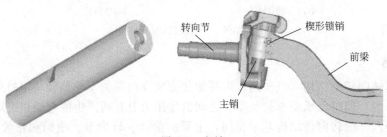

图 6-9 主销

④ 轮毂。通过轮毂轴承支撑在转向节上，并在其上转动。十个螺栓孔同时连接车轮和制动鼓，如图6-10所示。

图6-10 轮毂

（2）轿转向驱动桥的结构　同时实现车轮转向和驱动功能的车桥叫作转向驱动桥，其组成如图6-11和图6-12所示。转向驱动桥广泛应用于全轴驱动的越野汽车上和部分轿车上。转向驱动桥有一般驱动桥所具有的主减速器、差速器；也有一般转向桥所具有的转向节壳体、主销和轮毂等。

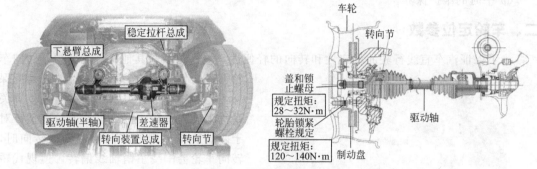

图6-11 转向驱动桥总成

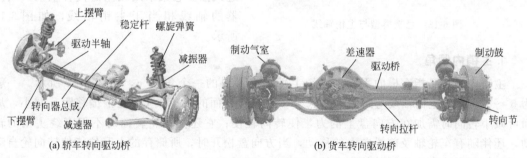

(a) 轿车转向驱动桥　　(b) 货车转向驱动桥

图6-12 转向驱动桥示意

第二节　转向轮定位及四轮定位

一、车轮定位的作用

车轮定位的作用是要保证汽车在行驶时既有自动保持直线行驶的性能，还具有车轮转向后有自动回正的能力。车轮定位角度是存在于悬架系统和各活动机件间的相对角度，保持正确的四轮定位角度，可确保车辆的直线行驶稳定性及操控性，改善车辆的转向性并确保转向系统回正，避免轴承不当受力而受损，更可确保轮胎与地面紧密接合，减少轮胎不正常磨损，确保转向时的稳定性。

当车辆出现以下情况则要进行车轮定位。
① 不均匀的轮胎磨损。
② 行驶时感觉车辆摇摆不定或有飘浮感。

③ 更换磨损的悬架或转向系统组件后。
④ 碰撞后修理。
⑤ 新车行驶里程达 3000km 时。
⑥ 每半年或车辆行驶达 10000km 时。
⑦ 直行时方向盘不正。
⑧ 直行时需紧握方向盘。
⑨ 直行时车辆拉向单边。
⑩ 车辆转向时，方向盘太重或无法自动回正。
⑪ 平时的维护保养。

二、车轮定位参数

为了保证汽车直线行驶的稳定性和转向的轻便性，减少轮胎和其他机件的磨损，转向车轮、转向节和前轴三者与车架的安装应保持一定的相对位置关系，这种安装位置关系称为转向车轮定位，也称前轮定位。对于两端装有主销的转向桥，汽车转向时，转向车轮会围绕主销轴线偏转。但现代轿车采用的断开式转向桥没有主销，如麦弗逊式独立悬架采用减振器代替主销，减振器的轴线相当于主销轴线，如图 6-13 所示。

图 6-13 悬架类型与主销轴线

1. 主销内倾角

主销内倾角是指在横向平面内主销上部向内倾斜的一个角度 y，如图 6-14 所示。一般为 $5°\sim8°$，它使主销轴线与路面的交点至车轮中心平面的距离 e（即主销偏移距）减小，从而可减小转向时需加在方向盘上的力，使转向轻便；它还使车轮转向时不仅有绕主销的转动，还伴随有车轮轴及前梁向上的移动，当方向盘松开时，所储存的上升位能使转向轮自动回正，保证了汽车直线行驶的稳定性。

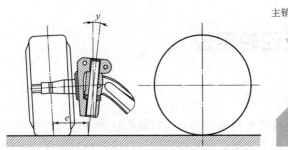

图 6-14 主销内倾

2. 车轮外倾角

车轮外倾角是指车轮在安装时，其轮胎中心不是垂直于水平面，而是向外倾斜一个角度 $α$，如图 6-15 所示。通常为 $0.5°\sim1.5°$，它可避免汽车重载时车轮产生内倾，同时和拱形路面相适应。

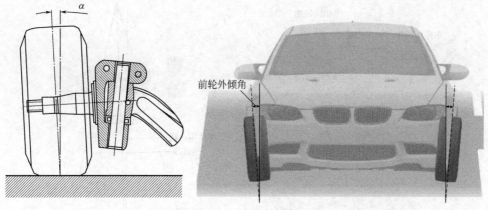

图 6-15　车轮外倾角

3. 主销后倾角

主销后倾角是指在纵向平面内主销上部向后倾斜一个角度 β。通常在 3°以内，它使主销轴线与路面的交点位于轮胎接地中心之前，该距离 K 称为后倾拖距。这时，汽车转向引起的离心力是转向轮回正的力矩，保证了汽车有较好的直线行驶稳定性，如图 6-16 所示。

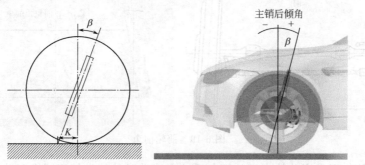

图 6-16　主销后倾角

4. 包容角

从汽车正前看，主销轴线和车轮中心线之间的夹角称为包容角。它在数值上等于主销内倾角和前轮外倾角之和，如图 6-17 所示。如果外倾角为正值，需要加上外倾角；如果外倾角为负值，需要减去外倾角。包容角是一个非常重要的车轮定位诊断参数，可用来诊断悬架系统结构定位失准或悬架组件变形。

5. 推进线与推进角

前轴中心与后轴中心的连线称为车体中心线（也称车辆几何中心线）。四轮定位仪在测量后轮单侧前束时，是参考车体中心线来测量的。然后通过后轮单侧前束平分点作一条直线与后轮中心相交，确定推进线，即汽车后轮总前束角的平分线，为汽车的推进线；推进线与车体中心线之间的夹角叫作推进角，如图 6-18 所示。

6. 前轮前束

汽车两前轮的旋转平面不平行，前端略向内收，这种现象叫作前轮前束。两前轮前段距离 B，后段距离 A，其差值即为前束值，如图 6-19 所示。当后段大于前段时为正值；反之为负值。

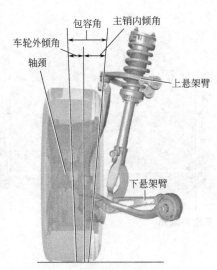

图 6-17 包容角

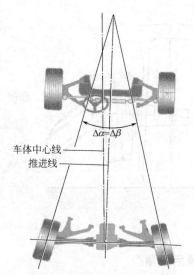

图 6-18 车体中心线与推进线

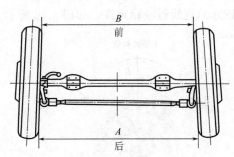

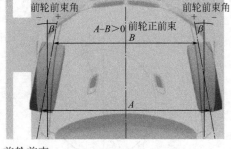

图 6-19 前轮前束

汽车前束的作用是当前轮有了外倾角后,在滚动时,就类似于圆锥滚动,从而导致两侧车轮向外滚开,由于转向横拉杆和车桥的约束使车轮不可能向外滚开,车轮将在地面上出现边滚边向内滑移的现象,从而增加了轮胎的磨损,为了抵消前轮外倾后带来的不良后果,前轮设计前束值。

一般车型前束值为 0~12mm,也有的车型为与负前轮外倾角相配合,其前束也取负值。

7. 后轮定位参数

随着道路条件的改善,轿车的行驶速度越来越快,汽车后轮具有一定程度的外倾角和前束可使后轮获得合适的侧偏角,有利于提高高速行驶的操纵稳定性。

(1) 后轮外倾 在汽车横向平面内后轮略向外倾斜,称为后轮外倾。在汽车横向平面内地面垂线与后轮中心线形成的夹角,称为后轮外倾角,如图 6-20 所示。当车轮顶部向车外侧倾斜时为正值;反之为负值。

后轮外倾角对轮胎磨损和操纵性有影响。理想状态是 4 个车轮的外倾角为零,这样轮胎与路面接

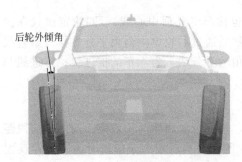

图 6-20 后轮外倾角

触良好,从而得到最佳的牵引性能和操纵性能,但实际轿车为了对载荷进行补偿,一般采用一个较小的正后轮外倾角。

(2) 后轮前束 汽车两后轮的旋转平面不平行,前段略向内收,这种现象叫作后轮前束。两后轮前段距离 B,后段距离 A,其差值即为后轮前束值,如图 6-21 所示。当后段大于前段时为正值;反之为负值。

后轮前束的作用是如果后轮没有前束,当汽车行驶时,在驱动力 F 作用下,后轴将产生一定弯曲使后轮出现前张现象,造成轮胎异常磨损,如图 6-22 所示,为了抵消这种前张现象,后轮预先设置前束角。

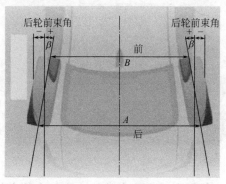

图 6-21 后轮前束

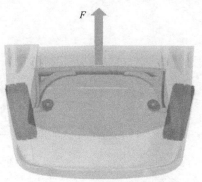

图 6-22 后轮前张现象

三、车辆四轮定位

1. 设备组成

元征 X-631+汽车四轮定位仪由主机、探杆、轮夹、轮夹挂架、转角盘、方向盘固定架以及制动踏板固定架等组成,如图 6-23 所示。

(1) 主机 元征 X-631+汽车四轮定位仪主机是用户的一个操作控制平台,由机柜、计算机、接口电路和电源等部分构成。

(2) 探杆 元征 X-631+汽车四轮定位仪配有 4 个探杆,如图 6-24 所示,分别为左前探杆 FL、左后探杆 RL、右前探杆 FR 和右后探杆 RR。前后探杆可以交叉互换,也可更换探杆。如果需要更换任意一个探杆,则只需标定该探杆,而其他 3 个探杆无须重新标定。

每个探杆的端部和中部各装一个 CCD 传感器,中部装有一个射频发射接收器。CCD 传感器把获取的光点坐标无线传输给计算机系统,由计算机系统进行处理。每个探杆的中部都有一个操作面板,如图 6-25 所示,它分为 LCD 显示区域和按键操作区域。

图 6-23 元征 X-631+汽车四轮定位仪

(3) 轮夹 元征 X-631+汽车四轮定位仪配有 4 个轮夹。使用时,首先需通过调节旋钮将轮爪的间距调整合适,再与汽车轮辋相连,如图 6-26 所示。通过调节旋钮使轮夹与汽车轮辋紧密相连,为了安全起见,必须采用轮夹绑带把轮夹与轮辋连接起来。

图 6-24 探杆

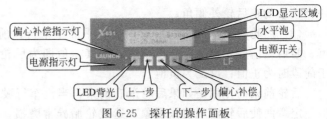
图 6-25 探杆的操作面板

图 6-26 安装轮夹

(4) 轮夹挂架 元征 X-631＋汽车四轮定位仪配有 4 个轮夹挂架，这 4 个轮夹挂架安装在机柜的左右两侧面板上，如图 6-27 所示。

(5) 转角盘 元征 X-631＋汽车四轮定位仪配有 2 个机械转角盘，如图 6-28 所示。转角盘放置于举升机的汽车前轮位置处。在测试中，要尽量使车辆前轮处于转角盘中心位置。

图 6-27 轮夹挂架

图 6-28 转角盘

(6) 方向盘固定架 元征 X-631＋汽车四轮定位仪配有一个方向盘固定架，如图 6-29 所示。在测试中，需根据提示放置方向盘固定架，以保证测试过程中车轮方向不会发生变化。

(7) 制动踏板固定架 元征 X-631＋汽车四轮定位仪配有一个制动踏板固定架，用于固定制动踏板，使车辆在测试中不会发生前后移动，如图 6-30 所示。

图 6-29 方向盘固定架　　　　图 6-30 制动踏板固定架

(8) 标定架与标定架转接套（选配） 用于元征 X-631＋汽车四轮定位仪探杆系统的标

定，标定架如图 6-31 所示。

图 6-31　标定架

2. 设备测试

（1）测试前准备工作

① 将车辆行驶到举升机上，使前轮正好位于转角盘中心。车辆停稳后，拉紧驻车制动以确保车辆不移动。车辆驶入前，用锁紧销将转角盘锁紧，防止其转动；车辆驶入后，松开锁紧销。

② 了解有关被测车辆行驶方面的问题和出现的现象，过去四轮定位的检测情况（实际工作中通过询问车主获得信息），并了解车辆的产地、生产厂家、车型及出厂年代等有关信息。

③ 检查底盘各零部件，包括胶套、轴承、摆臂、三脚架球头、减振器、拉杆球头和方向盘是否有松动及磨损，检查轮胎气压和轮胎规格以及两前轮花纹是否相同，两后轮花纹深浅是否一致。

④ 将轮夹安装在 4 个车轮上，并旋转手柄以锁紧轮夹。根据实际情况将卡爪固定在轮辋外圈或内圈，卡爪深浅应一致，并尽量避免卡在变形比较大的区域。

⑤ 将探杆安装在轮夹的轴套内，如图 6-32 所示。

⑥ 调节探杆，使水平仪气泡处于中间位置，以保证传感器探杆处于水平状态。

⑦ 将四轮定位仪的电源插头插入标准的三相电源插座中，并打开机柜电源，启动计算机。

⑧ 将方向盘固定架放在驾驶员侧座椅上，压下手柄使之顶住方向盘以将其锁定。将制动踏板固定架下端顶在制动踏板上，上端卡在座椅上撑紧，以使车辆固定，如图 6-33 所示。

图 6-32　探杆

图 6-33　锁定转角盘和制动踏板

（2）程序操作流程

① 启动计算机后，直接进入测量程序主界面。主界面显示 8 项功能：常规检测、快速检测、附加检测、系统管理、报表打印、3D 界面或 2D 界面、帮助系统、退出系统，如图 6-34 所示。

| 3D界面 | 2D界面 |

图 6-34　测量程序主界面

② 常规检测包括车型选择、特殊测量、偏心补偿、推车补偿、主销测量、后轴测量、前轴测量和报表打印几个步骤。一般情况下，常规检测的过程按照系统的默认顺序（即车型选择→偏心补偿→主销测量→后轴测量→前轴测量→报表打印）进行操作，而通过"导航栏"按键，可不按照系统的默认顺序进行操作，直接进入要测试的项目。

（3）车型选择　在"常用数据列表"内选择与被测车型相符的车型条目，然后点击"下一步"开始按默认顺序进行操作。如果标准数据库中没有需要测试的车型，可在"系统管理"中"标准数据管理"界面内手工添加车型数据，如图 6-35 所示。

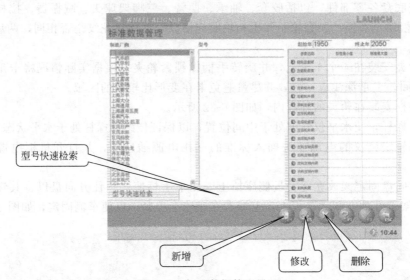

图 6-35　标准数据管理界面

（4）特殊测量　根据选择车型数据的不同，可能会出现一些特殊的测量方法及操作步骤，如下所示。

① 本系统针对部分奔驰车型的检测，提供使用坡度计来测量标准数据的操作。当选择数据为某些奔驰车型时，系统会弹出对话框，如图 6-36 所示。

② 出现车辆水平测量的界面，如图 6-37 所示。

③ 使用选配的专用测量仪器"坡度计"，获取四轮水平值，显示在编辑框中。也可以参考编辑框上方所示范围，手工测量，输入对应的编辑框。

④ 调车帮助：提供了奔驰当前型号的坡度计使用方法，操作员可参考帮助界面内的操作方法进行汽车调测，如图 6-38 所示。

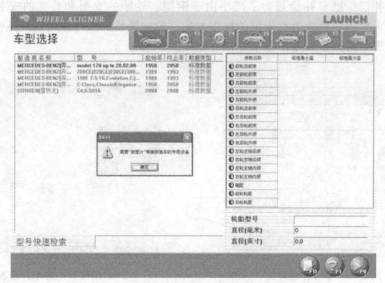

图 6-36　选奔驰车型时的对话框

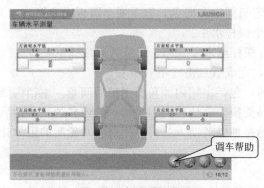

图 6-37　水平测量界面

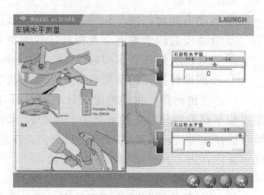

图 6-38　调车帮助界面

（5）偏心补偿　偏心补偿是为了减小由于钢圈、轮胎的变形和轮夹的安装而引起的误差。建议每次测量时都选择该操作步骤，以提高测量精度，其界面显示如图 6-39 所示。探杆水平状态图标：表示当前探杆的水平状态，绿色代表水平，红色代表不水平。[上一步]：返回上一步操作。

操作步骤如下。

① 转动方向盘，使车轮平直，用方向盘固定架固定方向盘，取下刹车板固定架，然后用举升机举起车身，使车轮悬空并可以自由旋转。

② 分别安装四个轮夹以及探杆，并调整各个探杆水平。

③ 根据屏幕提示，开始左前轮的偏心补偿操作，调整左前探杆水平，完成后点击[下一步]。

④ 根据屏幕提示，将左前车轮旋转 180°，调整左前探杆水平，完成后点击[下一步]。

⑤ 根据屏幕提示，将左前车轮旋转 360°，调整左前探杆水平，完成后点击[下一步]。

⑥ 根据屏幕提示，分别完成右前、右后、左后车轮的偏心补偿。

⑦ 放下车身，使四轮着地，晃动车身，使车轮紧贴地面，偏心补偿操作完毕（界面显示偏心补偿数值）。

（6）推车补偿 推车补偿是为了减小由于钢圈、轮胎的变形和轮夹的安装而引起的误差，直接采用车轮运动轴线进行定位的操作方式。轮夹安装欠佳时建议选择该操作方式，以克服装夹方面带来的测量误差。推车补偿界面如图 6-40 所示。

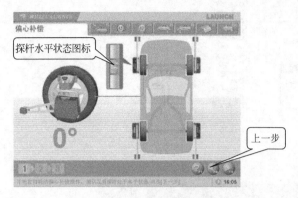

图 6-39 偏心补偿界面

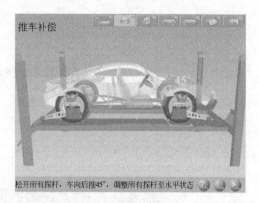

图 6-40 推车补偿界面

操作步骤如下。

① 转动方向盘，使车轮平直，用方向盘固定架固定方向盘，取下刹车踏板固定架。
② 分别安装四个轮夹以及探杆，并调整各个探杆水平。
③ 松开所有探杆，车向后推 45°，调整所有探杆至水平状态，完成后点击［下一步］。
④ 推回原位置，调整所有探杆至水平状态，完成后点击［下一步］。

（7）主销测量 主销测量是针对前轮而言的，包括主销内倾角及主销后倾角。主销内倾角可使车重平均分布在轴承之上，保护轴承不易受损，并使转向力平均，转向轻盈。主销后倾角的存在可使转向轴线与路面的交会点在轮胎接地点的前方，可利用路面对轮胎的阻力让汽车保持直进，其界面如图 6-41 所示。

操作步骤如下。

① 方向盘调整至正前打直状态，即两前轮分前束相等的时候，操作界面上的圆形小球会移动到中间位置并且由红色变成绿色，此时调整所有探杆水平。
② 选择向左或向右偏转方向盘，到达指定位置后，小球由红色变成绿色，表示此侧已完成采样。
③ 回正方向盘，并向反方向转动方向盘，到达指定位置后，红色小球再次变成绿色，采样工作完毕。
④ 检测完毕，回正方向盘，系统自动弹出测量结果，其界面如图 6-42 所示。
⑤ 最大转向角测量。按照屏幕提示在转角盘上读取左前轮最大转向角及右前轮最大转向角数据，并分别输入对应数据框中，然后点击［返回］，其界面如图 6-43 所示。
⑥ 调车帮助。部分车型提供，点击此按钮，可以弹出调车帮助界面，调车帮助界面内罗列了各种车型的主销调节方法，操作员可参考调车帮助界面内的操作方法进行汽车主销调整。汽车主销调整界面如图 6-44 所示。
⑦ 详细数据。此界面提供整个检测操作的结果输出，包括前后轮各个参数的测量值，如图 6-45 所示。
⑧ 图形格式。系统新增了图形格式的数据显示方式，点击［文字格式］，可以把数据显示在传统的文字格式和新增的图形格式之间切换，如图 6-46 所示。

图 6-41 主销测量界面

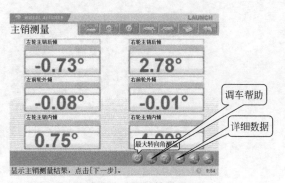

图 6-42 测量结果界面

图 6-43 最大转向角测量

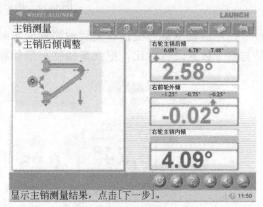

图 6-44 汽车主销调整界面

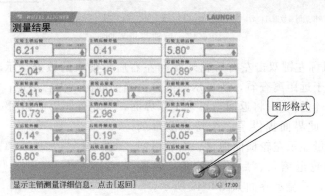

图 6-45 参数测量值

注意事项如下。

① 做主销测量前，请先安装刹车踏板固定架，拉手刹，以确保车轮不会发生滚动，并去掉方向盘固定架。

② 在各测量界面，测量值用不同种类的颜色来表示。

a. 绿色：测量值在标准范围之内。

b. 红色：测量值在标准范围之外。

c. 蓝色：该测量参数没有标准范围。

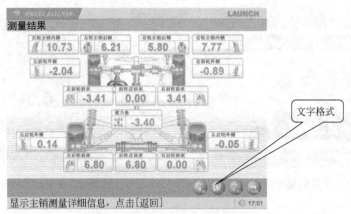

图 6-46　图形格式的数据显示

（8）后轴测量　提供有关后轴测量的实时结果，操作员可一边进行调整，一边将测量结果与参考数据进行对比，把汽车调整至最佳状态，如图 6-47 所示。

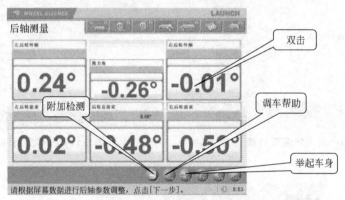

图 6-47　后轴测量界面

① 双击。用鼠标左键双击左右后轮外倾和左右后轮前束的数据显示表格，相应的数据项将放大显示，便于远距离查看，所显示的内容由当前的测试内容决定；用鼠标左键双击数据显示表格，或按［返回］，将返回至正常工作界面，后轮外倾界面如图 6-48 所示。

② 附加检测。此界面提供了一个特殊测量的操作平台，能够测量显示左轮横向偏移、右轮横向偏移、轴偏移、前轮退缩角、后轮退缩角、轮距差、轴距差等角度，其显示界面如图 6-49 所示。

③ 点击按钮"　"可以选择标准车型参数，如果标准数据里含有轴距、前后轮距的参数值，则屏幕显示的各角度值会自动转换成以毫米（mm）为单位的长度值，显示界面如图 6-50 所示。

注意：系统只是提供了对这些特殊值的动态测量及显示，但测量结果不会保存到数据库里。

④ 调车帮助。点击此按钮，可以弹出调车帮助界面，调车帮助界面内罗列了各种车型的前束及外倾调节方法，操作员可参考调车帮助界

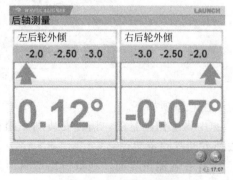

图 6-48　后轮外倾界面

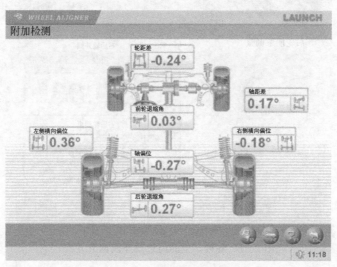

图 6-49　附加检测界面

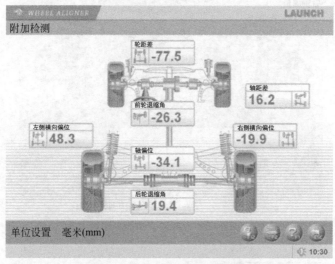

图 6-50　轴距、前后轮距的参数

面内的操作方法进行汽车前束及外倾调整,如图 6-51 所示。

⑤ 举起车身。有时可能需要将车辆抬起悬空,然后才能方便对前后外倾角进行调整,在抬起车轮时,传感器会移动,测量角度值也会改变,这时请使用举升调整功能,点击 [举起车身] 并按照屏幕提示举起车身,软件会自动补偿传感器的偏移,以实现准确调整,如图 6-52 所示。

注意:调整完后,请记得点击 [放下车身],并按照屏幕提示放下车身。后轴举升测量时如果不降举升机,选择除 [前轴测量] 的其他界面时会有限制。调整完后点击放下车身界面,如图 6-53 所示。

操作实例一:大众奥迪车型调整后轴的车轮外倾角

① 如图 6-54 所示,拧下副车架/后部下横摆臂螺栓连接的螺母 1,将新螺母拧紧到贴紧位置。

② 通过转动调节螺栓 2 调整车轮外倾角。

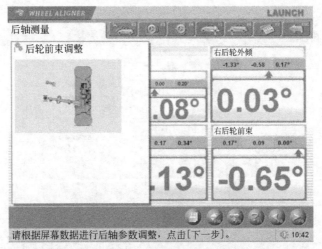

图 6-51　各种车型的前束及外倾调节方法

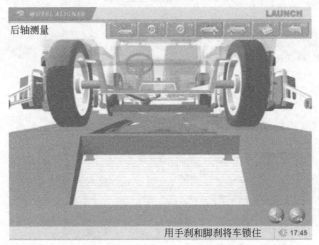

图 6-52　举升调整功能界面

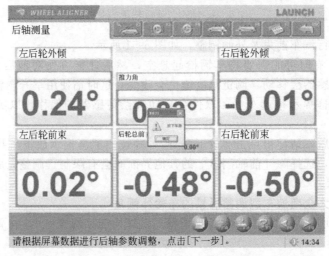

图 6-53　调整完后点击放下车身界面

③ 也可以通过"螺栓头"上的六角头转动调节螺栓。

④ 从中间位置开始向左或向右最大的调整范围是 135°。当达到调节螺栓的极限位置 2 时,不可继续转动,否则会损坏部件。为了显示得更清楚,未将后车轮画出。

⑤ 拧紧螺母,然后再次检查车轮外倾值。

操作实例二:大众奥迪车型调整后轴的前束

① 如图 6-55 所示,拧出转向横拉杆/副车架螺栓连接的螺母 1,将新螺母拧到贴紧为止。

② 通过扭转偏心螺栓 2 来调整前束。

③ 也可以通过"螺栓头"上的六角头转动偏心螺栓。

提示:从中间位置开始向左或向右最大的调整范围是 90°。前束值变化时,行驶车轴的几何形状也会自动改变。

④ 拧紧螺母,然后再次检查轮距值。

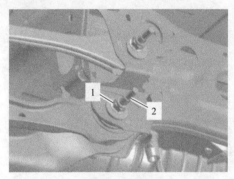
图 6-54 大众奥迪车型调整后轴的车轮
外倾角调整螺栓

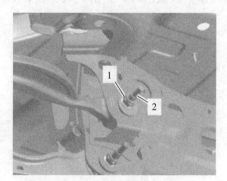
图 6-55 大众奥迪调整后轴的前
束调整螺栓

(9)前轴测量 提供有关前轴测量的实时结果,操作员可一边进行调整,一边将测量结果与参考数据进行对比,把车辆调整至最佳状态,如图 6-56 所示。

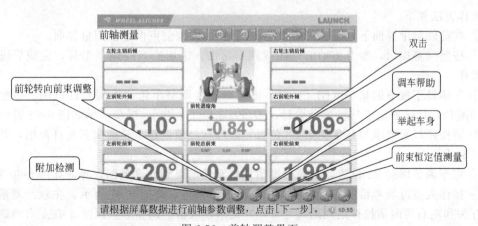

图 6-56 前轴调整界面

① 双击。用鼠标左键双击左右前轮外倾和左右前轮前束的数据显示表格,相应的数据项将放大显示。

② 附加检测。此界面提供了一个特殊测量的操作平台,能够测量显示左轮横向偏移、

右轮横向偏移、轴偏移、前轮退缩角、后轮退缩角、轮距差、轴距差等角度。

③ 前轮转向前束调整：点击"⊙"可以进行前轮转向前束调整，点击"⊙"回正方向盘（注：当使用两个探杆测量时，只显示总前束，不显示分前束）。

④ 调车帮助。点击此按钮，可以弹出调车帮助界面，调车帮助界面内罗列了各种车型的不同调节方法，操作员可参考帮助界面内的操作方法进行汽车调整。

⑤ 举起车身。有时可能需要将车辆抬起悬空，然后才能方便对前后外倾角和后倾角进行调整，在抬起车轮时，传感器会移动，测量角度值也会改变，这时应使用举升调整功能，软件会自动补偿传感器的偏移，以实现准确调整。

注意：调整完后，点击[放下车身]，并按照屏幕提示放下车身。

⑥ 前束恒定值测量。提供了有关帕萨特、奥迪等车型的特殊测量方法，操作员必须先将此类车辆的前束恒定值调到标准范围内，然后才能正常地进行车辆的前轴测量。在[前束恒定值测量]被激活时，点击进入界面，如图 6-57 所示。

图 6-57　整车轮前束允许范围界面

操作方法如下。

① 在前轴测量界面下点击[前束恒定值测量]，进入前束恒定值测量界面。

② 按照屏幕提示，参考前轴前束曲线调车帮助，选用恰当的调车工具，完成后进行下一步操作。

③ 车辆处于放下的状态（B1 位置），请参照标准调整车轮前束到允许范围。按照屏幕提示用配套的特殊测量工具将车身举起，然后点击[下一步]，屏幕显示如图 6-58 所示。

④ 请按照厂家要求举升车辆到 B2 位置，参照标准值调整车轮前束到允许范围，其界面如图 6-59 所示。

⑤ 把车辆落回到 B1 位置，参照标准值调整车轮前束到允许范围，界面如图 6-60 所示。

⑥ 操作人员可参考帮助界面内的操作方法进行调整，如图 6-61 所示。注意：测量转向横拉杆头和左右转向横拉杆之间的尺寸 a，并记录该数值。调整后，尺寸 a 在左右两侧应相同，如图 6-62 所示。

⑦ 放下车身，点击[下一步]，返回[前轴测量]界面。

注意：调整完后，请记得点击[放下车身]，并按照屏幕提示放下车身。前轴举升测量时如果不降举升机，选择除[后轴测量]的其他界面时会有限制。调整完后界面如图 6-63 所示。

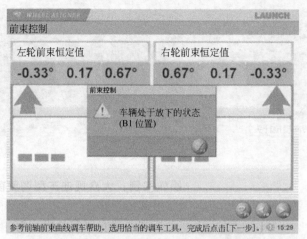

图 6-58 调整车轮前束允许范围界面

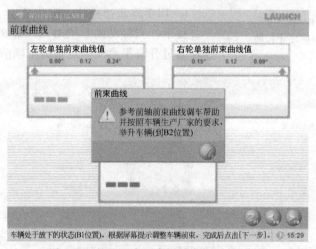

图 6-59 按照厂家要求举升车辆到 B2 位置

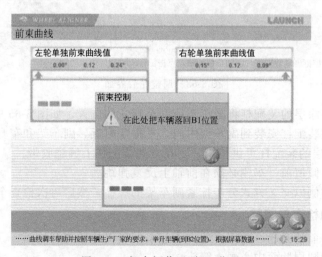

图 6-60 把车辆落回到 B1 位置

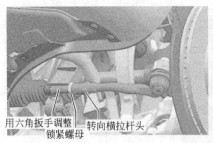 

图 6-61　前束调整

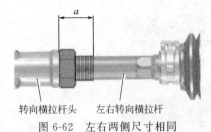

图 6-62　左右两侧尺寸相同

操作实例：大众奥迪车型调整前轴的车轮外倾

① 拆卸隔声垫。

② 拆卸左、右侧车轮扰流板。

③ 如图 6-64 所示，在左侧和右侧依次拧出并更换副车架的螺栓及箭头。

④ 用手将新螺栓拧入至贴紧。

提示：当移动副车架时（车轮外倾），必须利用举升轴通过升降平台支撑点抬高车辆前部。

图 6-63　调整完后界面

⑤ 用带有塑料涂层的装配杠将副车架移动至相应的位置，如图 6-65 中箭头所示。

⑥ 为此，需将装配杠安装到副车架中间，支撑臂附近，副车架和车身纵梁之间。提示：如果没有带塑料涂层的装配杠可供使用，则在常规装配杠上缠绕胶带。

⑦ 检查车轮外倾值前，车辆必须在前轴上反复弹跳。

⑧ 在左侧和右侧以交叉方式分步拧紧副车架的螺栓，然后再次检查车轮外倾值。

3. 货车前束的检查与调整

① 用千斤顶将前桥升起，并用支架支承起来，确保轮胎离开地面。

② 沿每个轮胎圆周胎面中心画上箭头。

③ 使两前轮处于直线行驶位置。

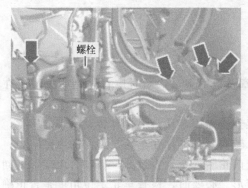

图 6-64 拧出并更换副车架的螺栓

图 6-65 将副车架移动至相应的位置

④ 在前轮的前方,将前束量具与前桥平行放置(分别指向左右前轮)。

⑤ 将前束量具的指针顶放在与转向节轴头轴线相同的高度位置,如图 6-66 所示。

⑥ 分别把指针对准左右每个车轮轮胎的中心线,记下量具的读数"A"(A 指向前方)。

⑦ 转动车轮 180°,将量具移至前轴后方,使指针对准轮胎中心线前一次测量点,记下量具的读数"B",用"B"减去"A"得到前束值,如图 6-67 所示。注:前束值为 1~5mm。

若测出的前束值不符合要求,则拧松横拉杆接头,夹紧螺栓后再转动横拉杆,直到前束值符合要求,拧紧夹紧螺栓。

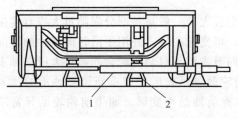

图 6-66 测量前束值
1—前束工具;2—支承架

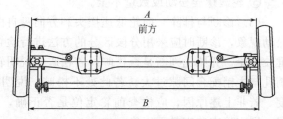

图 6-67 前束值

第三节 车架与车桥的故障诊断与维修

一、常见故障诊断

转向桥和转向驱动桥的故障现象往往和转向系统联系在一起,常见的故障有转向沉重、低速摆头、高速摆振、行驶跑偏、高速摆振、轮胎不正常磨损等。

1. 转向沉重

(1) 现象

① 汽车转弯时,转动方向盘感到沉重费力。

② 无回正感。

(2) 原因 除了转向器等故障外,转向桥部分的故障原因如下。

① 转向节臂变形。

② 转向节推力轴承缺油或损坏。

③ 转向节主销与衬套间隙过小或缺油。

④ 前轴或车架变形引起前轮定位失准。

⑤ 轮胎气压不足。

（3）诊断与排除　由于导致转向沉重的故障因素很多，诊断时应首先判明故障所在部位，然后进一步确定在哪一个部件。

诊断时先支起前桥，用手转动方向盘，若感到转向很容易，不再有转动困难的感觉，这说明故障部位在前桥与车轮。因为支起前桥后，转向时已不存在车轮与路面的摩擦阻力，只是取决于转向器等的工作状况。此时应仔细检查前轮胎气压是否过低，前轴有无变形；同时也要考虑检查前钢板弹簧是否良好，车架有无变形。必要时，检查车轮定位角度是否正确。

2. 低速摆头

（1）现象　汽车低速直线行驶时前轮摇摆，感到方向不稳。转弯时大幅度转动方向盘，才能控制汽车的行驶方向。

（2）原因　除转向系统故障外，还有以下原因。

① 转向节臂装置松动。

② 转向节主销与衬套磨损松旷，配合间隙增大。

③ 轮毂轴承间隙过大。

④ 前束过大。

⑤ 轮毂螺栓松动或数量不全。

（3）诊断与排除　前轮低速摆头和方向盘自由空程大，一般是各部分间隙过大或有连接松动现象，诊断时应采用分段区分的方法进行检查。可支起前桥，并用手沿转向节轴的轴向推拉前轮，凭感觉判断是否松旷。若松旷，说明转向节主销与衬套的配合间隙过大或前轴主销孔与主销配合间隙过大。若此处不松旷，说明前轮毂轴承松旷，应重新调整轴承的预紧度。若非上述原因，应检查前轮定位是否正确，检查前轴是否变形。如果前轮轮胎异常磨损，则应检查前束是否正确。

3. 高速摆振

（1）现象　高速摆振有两种情况：一种是随着车速的提高，摆振逐渐增大；另一种是在某一较高车速范围内出现摆振，出现行驶不稳，甚至还会造成方向盘抖动。

（2）原因　高速摆振可能由以下原因引起。

① 轮毂轴承松旷，使车轮歪斜，在运行时摇摆。

② 轮盘不正或制动鼓磨损过度失圆，歪斜失正。

③ 使用翻新轮胎。

④ 转向节主销或推力轴承磨损松旷。

⑤ 横、直拉杆弯曲。

⑥ 前轮定位值调整不当。前束失调，两前轮主销后倾角或内倾角不一致等，汽车向前行驶时，前轮摇摆晃动。

⑦ 轮胎钢圈偏摇，前轮胎螺栓数量不等引起车轮动不平衡。

⑧ 转向节弯曲。

⑨ 前钢板弹簧刚度不一致。

（3）诊断与排除

① 在进行高速摆振故障的诊断时，应先检查前桥、转向器以及转向传动机构连接是否

松动，悬架弹簧是否固定可靠。

② 支起驱动桥，用楔块固定非驱动轮，启动发动机并逐步换入高速挡，使驱动轮达到产生摆振的转速。若这时方向盘出现抖动，说明是传动轴动不平衡引起的，应拆下传动轴进行检查；若此时不出现明显抖动，则说明摆振原因在汽车转向桥部分。

③ 怀疑摆振的原因在前桥部分时，应架起前桥试转车轮，检查车轮是否晃动，车轮静平衡是否良好，以及车轮钢圈是否偏摆过大。

④ 检查车架是否变形，铆钉有无松动以及前轴是否变形。另外还需检查前钢板弹簧的刚度。

⑤ 检查前轮定位是否正确。

⑥ 检查高速摆振的故障，有时还需借助一定的测试仪器。当缺少必要的测试仪器时，也可以采用替换法。例如怀疑某车轮有动不平衡时，可以另换一个车轮试验，或者将可能引起的高速摆振的车轮拆装到不发生摆振的车辆上进行对比试验。

4. 行驶跑偏

（1）现象　汽车在直线行驶时，驾驶员必须紧握方向盘，方能保持直线行驶。若稍放松方向盘，汽车就会自动偏向一边行驶。

（2）原因

① 前轮定位值不正确，前束调整不当，过大或过小。

② 左、右前轮主销后倾角或车轮外倾角不相等。

③ 制动鼓与制动蹄摩擦片间隙调整不均匀，一边过紧，一边过松。

④ 钢板弹簧一边折断，造成两边弹力不等。

⑤ 转向节或转向节臂弯曲变形。

⑥ 前轴或车架弯曲或扭转。

⑦ 左、右两边轮胎气压不相等，一边偏高，一边偏低。

⑧ 车架变形或左、右轴距不相等。

⑨ 前轮毂轴承调整不当，左、右轮毂轴承松紧度不一致。

（3）诊断与排除

① 检查左、右前轮胎气压是否一致。如果是在换上新轮胎后出现跑偏现象，则应检查左、右轮胎规格以及轮胎花纹是否一致。

② 用手触摸一下跑偏一侧的制动鼓和轮毂轴承部位是否发热。若发热，说明制动拖滞或是车轮轮毂轴承调整过紧，造成一边紧、一边松的现象。

③ 测量左、右轴距是否相等。

④ 检查前钢板弹簧有无折断，前轴是否变形。

⑤ 若以上均属正常，应对前轮定位进行检查调整。

5. 轮胎不正常磨损

（1）轮胎磨损特征　轮胎在使用中出现磨损速度加快，胎面形状异常磨损，如图6-68所示。

① 胎肩处磨损如图6-68(a)所示，主要是由于气压不足、载重过大使两侧胎肩的抓地压力变高及高速急转弯。

② 胎面中央磨损如图6-68(b)所示，主要是由于气压过高，胎面中部的抓地压力变高。

③ 胎面单侧磨损如图6-68(c)所示，主要是由于定位错误（主要是外倾角不当）和轮胎的位置交换不合理。

④ 胎面呈羽状磨损斜面如图 6-68(d) 所示，主要是由于前束过大。

⑤ 环状槽形磨损通常如图 6-68(e) 所示，发生于横沟型及块状型花纹的轮胎，胎面的一侧磨损较快。横沟型轮胎呈现锯齿状，主要是由于气压不足及载重过大、轮胎的位置交换不合理。

⑥ 轮胎撕裂（沟部的开裂）如图 6-68(f) 所示，主要是由于气压不足、载重过大及过度的高速行驶，在路沿石上行驶等造成负荷极端集中，使车轮扭曲过大，嵌入大石子及其他损伤。

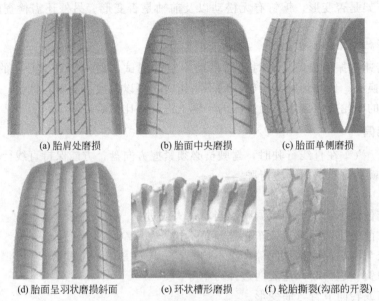

(a) 胎肩处磨损　　(b) 胎面中央磨损　　(c) 胎面单侧磨损

(d) 胎面呈羽状磨损斜面　　(e) 环状槽形磨损　　(f) 轮胎撕裂(沟部的开裂)

图 6-68　轮胎胎面展异常磨损

（2）原因　轮胎不正常磨损与转向桥部分有关的故障原因如下。

① 前轮定位调整不正确，或其他零件有故障所造成的影响。

② 前轮轮毂轴承调整不当，过松或过紧。

③ 转向节主销与前轴主销孔磨损，推力轴承磨损，推力轴承座孔不平整。

④ 车轮盘的损伤或制动鼓磨损不匀。

⑤ 制动鼓与制动蹄摩擦片调整不当，结合不紧密。

⑥ 转向节臂弯曲变形。

⑦ 转向节弯曲变形。

⑧ 轮胎气压不足，或左、右两胎气压不相等。

由以上可知，影响汽车操纵和行驶性能的故障因素很多与车桥有关，分析判断故障时，必须明确汽车操纵的稳定性主要取决于前轮定位的准确程度。前轮定位调整不准确，前桥各配合部位松旷，非独立悬架的前轴的变形，独立悬架支撑架、摆臂、稳定杆与支撑架的变形，以及车架的变形，都会破坏前轮定位的准确性，产生一系列故障，影响汽车操纵的稳定性和轻便性。

二、故障维修案例

1. 途观跑偏故障

故障现象

一辆上海大众途观车，行驶里程约为 5 万千米，因行驶时方向向右跑偏而进厂检修。

故障诊断

试车验证故障,确实存在向右跑偏的故障现象。本着由简到繁的故障诊断原则,首先对车辆进行常规检查。检查各车轮的轮胎压力,正常;检查各轮胎的花纹及磨损情况,未见异常;对车辆进行四轮定位,发现前后轮的前束值均存在一定偏差,调整前束后试车,故障依旧。

连接故障检测仪,对转向角度传感器进行基本设定后试车,发现当车辆保持直线行驶时,方向盘始终向右侧偏转一定角度。于是将车辆开回修理厂,将方向盘向左转动约6°后,再次对转向角度传感器进行基本设定,试图纠正车辆向右跑偏的情况。设定完成后试车,发现车辆仍然向右跑偏。正常情况下,如果将方向盘向左侧转动一定角度再对转向角度传感器进行基本设定,车辆行驶时应该向左跑偏,但该车不但没有向左跑偏,就连向右跑偏的情况都没有任何改善。用举升机将车辆举升,检查悬架及胶套,未见明显异常,只是感觉右前侧三角臂胶套有松旷现象,应该也不至于造成车辆跑偏。谨慎起见,还是将其更换后试车,故障依旧。至此故障排除陷入僵局。最后怀疑是电子转向机构损坏,记录了错误的转向修正角度。

故障排除

更换电子转向机构总成,调整四轮定位,并设置好转向角度传感器后,对车辆进行路试,故障排除。

2. 车辆轻微向右跑偏故障

故障现象

客户抱怨车辆跑偏,而且一会向左跑偏,一会向右跑偏,行驶 3245km,已经维修 7 次,更换过前轮的左右悬架和转向器,故障没有任何好转。在试车过程中发现,车辆轻微向右跑偏,但并不严重。匀速行驶 100m,车辆一般不会行驶出车道,但是驾驶过程中方向盘手感不好,向左打方向轻,向右打方向重。

客户提到加速时车辆很容易跑偏,这一点不应该定义为故障,因为加速瞬间车辆会与地面产生很大的摩擦力,如果此时地面不平,就会产生跑偏。用迈腾、速腾等不同的车辆试车,加速时都会产生跑偏,所以加速跑偏属正常现象。

故障诊断

① 检查发动机,无故障码,动力良好,底盘无磕碰现象
② 检查轮胎型号,四轮轮胎为同一米其林型号。
③ 检查胎压,同轴胎压基本一致。
④ 在一段平路上来回试车,观察跑偏方向是否随行驶方向变化而变化
⑤ 在试乘试驾车上拆下四个轮胎换上后在平路上行驶,看跑偏是否有好转。
⑥ 给 G85 做设定,试车、观察跑偏程度是否减轻。
⑦ 检查轮胎磨损。
⑧ 检查转向器是否有间隙,转向横拉杆球头是否旷动。
⑨ 检查副车架和转向节胶套是否磨损、旷动。

注意:检查跑偏时请注意重点检查以下项目。
① 轮胎是否有异常磨损。
② 后轴数据(后轴的前束值是决定跑偏的最重要因素之一)。

检查发现左后轮轮胎存在异常磨损情况,具体状况如图 6-69 所示。

轮胎的左右磨损面位置不一致,整个轮胎的磨损面严重向右偏移,且磨损程度严重,这说明车辆的定位有问题。

咨询服务站车辆的定位情况，服务站反映也怀疑过定位有问题，所以在本站做过四轮定位，在上海大众站做过四轮定位，在外面专业的四轮定位店中也做过，并有打印结果数据。三次四轮定位数据差距极大，其中在外面专业四轮定位店里做的那份数据连标准数据都是错的，所以这三次四轮定位都不具备可信度。在给四轮固定（百斯巴特四轮定位仪）及举升机标定后，按照标准操作给车辆进行四轮定位，定位过程中发现后轮前束值和外倾角均有较大偏差。定位结束后检查了"附加检测值"，查看车身是否有变形，如图6-70所示，结果附加检测值反映车身良好，无变形。出去试车，故障消除。

图6-69 左后轮轮胎磨损异常

图6-70 用百斯巴特定位仪进行附加检测

注意：上述附加检测值不能作为标准数值，请以正常车辆数据作为标准值参考。在察看附加检测值时，请注意把车辆方向打正。车主不接受，说定位数据每一次都不一样，不能保证定位的准确性，要求路试几十千米后重做定位并检查数据。为了让客户信服，在试车30km后，重做定位，在没有调整的情况下和上次数据基本一致，误差极小。最后客户接受维修结果。

故障原因及处理方法

服务站技术人员不能准确判断故障原因，定位设备不准、操作不规范，胡乱换件（该车之前换过前轮的整套悬架系统、转向器及多次定位）造成客户抱怨。可采用四轮定位仪对车辆进行调整。

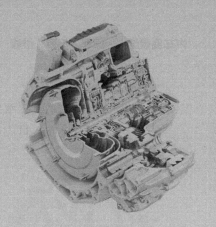

第七章 车轮与轮胎

第一节 概述

一、车轮的结构与作用

1. 车轮的结构

车轮总成（图7-1）一般由轮毂、轮盘和轮辋三部分组成。轮毂通过圆锥滚柱轴承套装在车桥或转向节轴颈上。轮辋用于安装轮胎。轮盘和轮辋为一个整体，通过螺栓连接将轮盘安装在轮毂上，一起随轮毂转动。轿车轮盘外侧装有车轮装饰罩。车轮与轮胎是汽车行驶系统中的重要部件，汽车通过轮胎与地面接触实现行驶或停车。

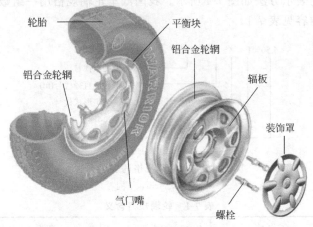

图 7-1 车轮总成

2. 车轮和轮胎的作用

① 支承汽车总重量。
② 保证轮胎与路面有良好的附着性能，以提高汽车的驱动力和制动力。
③ 缓和吸收汽车行驶时所受到的冲击和振动。
④ 产生平衡汽车转弯行驶时的侧向力，并通过轮胎产生自动回正力矩。

3. 车轮的类型

按轮盘的结构形式，车轮可分为辐板式和辐条式两种。

（1）辐板式车轮　目前，普通轿车和轻、中型载货汽车广泛采用辐板式车轮，如图 7-1 所示。

图 7-2　辐条车轮

（2）辐条式车轮　辐条式车轮是用辐条把轮辋与轮毂连接成一体的。辐条包括铸造辐条和钢丝辐条。铸造辐条多用于重型载货汽车；钢丝辐条仅用于赛车和一些高级轿车，如图 7-2 所示。

4. 轮辋

轮辋介于轮胎和车桥之间，其作用是安装轮胎，并传递和承受轮胎、车桥之间的各种力及力矩。根据所用的材料不同，可分为钢板型和铝合金型；根据结构不同，可分为深槽轮辋、平底轮辋和对开式轮辋三种，如图 7-3 所示。

(a) 深槽轮辋　　　　(b) 平底轮辋　　　　(c) 对开式轮辋

图 7-3　轮辋的形式

国产轮辋规格的表示方法如图 7-4 所示。我国汽车轮辋规格用一组数字、符号和字母表示，其含义及具体内容见表 7-1。

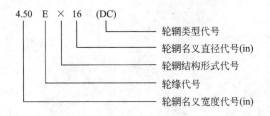

图 7-4　国产轮辋规格的表示方法

1in＝2.54cm，下同

表 7-1　轮辋规格含义

数值	字母	×或一	数值	字母
轮辋名义宽度代号	轮缘高度代号	轮辋结构形式代号	轮辋名义直径代号	轮辋轮廓类型代号

① 轮辋名义宽度和轮辋名义直径代号。它们的单位为英寸，一般取两位小数（当用毫米表示时，轮胎与轮辋应一致）。

② 轮缘高度代号。用一个或几个拉丁字母表示，如 C、D、E、F、JJ、JK、L、V 等。

③ 轮辋结构形式代号。表示轮辋主要由几个零件组成，符号"×"表示一件式轮辋，符号"—"表示多件式轮辋。

④ 轮辋轮廓类型代号。用字母表示轮廓类型，DC 表示深槽、WDC 表示槽宽、SDC 表示半深槽、FB 表示平底、WFB 表示平底宽、TB 表示全斜底、DT 表示对开式。

二、轮胎的作用与分类

1. 轮胎的作用

轮胎安装在轮辋上，直接与路面接触，它的作用如下。

① 和汽车悬架共同来缓和汽车行驶中所受到的冲击，并衰减由此而产生的振动，以保证汽车有良好的乘坐舒适性和行驶平顺性。

② 保证车轮和路面有良好的附着性，以提高汽车的牵引性、制动性和通过性。

③ 支承汽车的重量、承受路面的其他反作用力。

因此，轮胎内部通常充有气体，从而具备承受载荷的能力并拥有适宜的弹性；轮胎的外部有较复杂的花纹，以提高与路面的附着性。

2. 轮胎的类型

① 按轮胎内空气压力的大小可分为高压轮胎（0.5～0.7MPa）、低压轮胎（0.15～0.45MPa）和超低压轮胎（0.15MPa 以下），如图 7-5 所示。低压轮胎弹性好、断面宽、接地面积大、胎壁薄，散热好，从而提高了汽车行驶的平顺性、稳定性和轮胎的使用寿命，所以轿车上几乎全部都使用低压轮胎；载货汽车上普遍采用高压轮胎。

② 按轮胎内保持空气方法的不同，充气轮胎可分为有内胎轮胎和无内胎轮胎两种，如图 7-6 和图 7-7 所示。有内胎轮胎应用在载货汽车上较多；无内胎轮胎也称真空胎，由于散热性能好和扎钉后不会快速漏气等优点，在轿车上普遍应用。

(a) 高压轮胎　　(b) 低压轮胎　　(c) 超低压轮胎

图 7-5　轮胎按气压大小分类　　　　图 7-6　有内胎轮胎

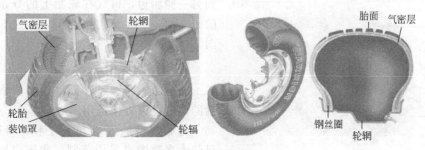

图 7-7　无内胎轮胎

③ 按轮胎胎体帘布层的结构不同，可分为斜交轮胎和子午线轮胎，如图 7-8 所示。子午线轮胎由于轮胎重量轻、轮胎弹性大、减振性能好，具有良好的附着性能，且具有滚动阻力小、承载能力大、行驶中胎温低、胎面耐穿刺、轮胎寿命长等优点，所以在汽车上应用得越来越多。

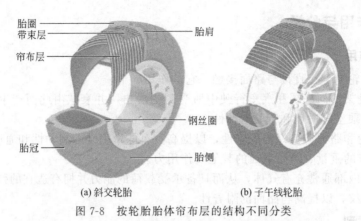

(a) 斜交轮胎　　　　　　(b) 子午线轮胎

图 7-8　按轮胎胎体帘布层的结构不同分类

④ 按轮胎花纹结构的不同，可分为普通花纹轮胎、越野花纹轮胎和混合花纹轮胎三种，如图 7-9 所示。

(a) 普通花纹轮胎　　(b) 越野花纹轮胎　　(c) 混合花纹轮胎

图 7-9　轮胎按花纹结构的不同分类

三、轮胎的结构与规格

1. 轮胎的结构

子午线轮胎在汽车上应用越来越多，它是用钢丝或植物纤维制作帘布层，其帘线与胎面中心的夹角接近 90°，并从一侧胎边穿过胎面到另一侧胎边，帘线在轮胎上的分布好像地球的子午线，所以称为子午线轮胎，其结构如图 7-10 所示。

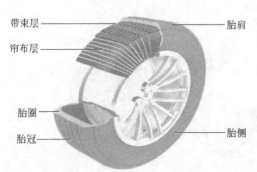

图 7-10　子午线轮胎的结构

2. 轮胎的规格

制造轮胎时，通常都将轮胎规格标注在轮胎的侧壁上以方便选用。

轮胎规格的表示方法有米制和英制两种。目前大多数国家采用英制，我国也用英制，但均逐渐向米制过渡。轮胎规格的表示方法如图 7-11 所示。

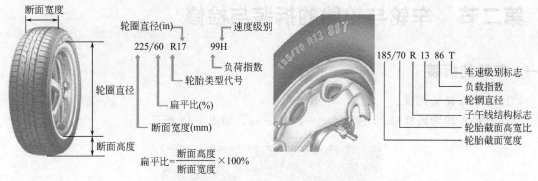

图 7-11 轮胎规格的表示方法

高压胎一般用 $D \times B$ 表示。D 为轮胎名义直径（in），B 为轮胎断面宽度（in），$\times$ 表示高压胎。

低压胎用 $B—d$ 表示。B 为轮胎断面宽度（in），d 为轮辋直径（in），—表示低压胎。超低压胎的表示方法与低压胎相同。

我国国家标准规定：在外胎两侧标有轮胎规格、制造商标、层级、最大负荷及相应气压、生产编号和平衡标志（○、□、△）等。胎侧还标有汉语拼音字母，以便于识别胎体帘线材料，如 M 表示棉帘线，R 表示人造丝帘线，N 表示尼龙帘线，G 表示钢丝帘线等，这些字母一般定在规格尺寸的后面。有的胎侧还标有适用的轮辋规格。

子午线轮胎标注有 Z 字母，也有用英文字母 R 表示的。子午线轮胎上标有最高速度级别，没有速度标志的轮胎不宜用于在高速公路上行驶。轿车子午线轮胎速度级别分为 S、T、H 三个等级，最高限速分别为 180km/h、190km/h、210km/h。国产载货车子午线轮胎速度级别一般分为 L、M、N 三个等级，最高限速分别为 120km/h、130km/h、210km/h。

目前，轮胎的发展方向是子午线化、无内胎化和扁平化趋于一体，以适应现代汽车安全、舒适、高速和节能的需要。

胎壁标识：轮胎生产商将每一款轮胎的信息都写在了胎壁上，如图 7-12 所示。

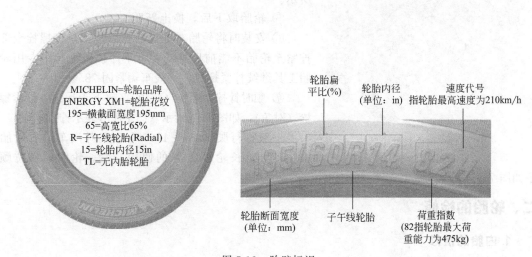

图 7-12 胎壁标识

第二节 车轮与轮胎的拆装与检修

一、车轮的拆装

① 取下车轮装饰罩。

② 旋松车轮紧固螺母,力矩为 80~110N·m,如图 7-13 所示。

图 7-13 旋松车轮紧固螺母

③ 用千斤顶举起汽车,如图 7-14 所示。注意支撑点的位置。

机械千斤顶

图 7-14 用千斤顶举起汽车

④ 使用千斤顶时注意一定要按标记找到受力点,保证可靠稳固。待轮胎离地后,松掉所有螺栓,向内轻推上沿,方便轮胎取下,如图 7-15 所示。

⑤ 轮胎取下后,换上新胎。

⑥ 安装时将轮胎对准螺栓孔后装上,将螺栓全部拧紧至轮胎不能前后晃动,将千斤顶放下,用专用轮胎工具继续拧紧螺栓,一般车辆紧固 78.4~107.8N。

⑦ 顺时针拧上螺栓(对角),放下千斤顶,拧紧螺栓(对角),如图 7-16 所示(图中序号表示拧紧顺序)。

一般每行驶 8000~10000km 应对汽车进行轮胎换位,可延长轮胎 20% 的使用寿命。轮胎的换位顺序如图 7-17 所示。

图 7-15 向内轻推轮胎

二、轮胎的检修

1. 内胎的检修

(1) 内胎的常见损伤 包括穿孔、破裂、气门嘴损坏、漏气等,其表现均为泄漏。

  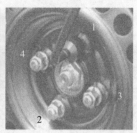

图 7-16 安装轮胎

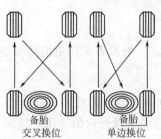 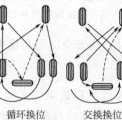 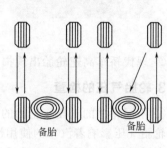

(a) 四轮两轴汽车轮胎换位(斜交胎)　　(b) 六轮两轴汽车轮胎换位　　(c) 四轮两轴汽车轮胎换位(子午胎)

图 7-17 轮胎的换位顺序

(2) 内胎漏气的检查　把具有一定气压的内胎放到水中，观察气泡的出处，以确定损伤部位。

(3) 内胎的修补方法　一般分为火补法、冷补法和生胶修补法（适合于外胎有较大破损情况）三种。

火补法是将内胎钉眼处磨出均匀的粗糙面，除去屑末，揭下火补胶表面的一层漆布，将火补胶正对损伤孔中心，装上补胎夹的活动爪对正火补胶，并拧紧压紧螺杆。点燃火补胶上的加热剂，待 10～15min 冷却后，松开补胎夹，取下火补胶壳，再冷却 5～10min，待黏结严密即可。

冷补法是将内胎损伤处周围 20～30mm 范围内锉粗糙，除去屑末，然后将胶水均匀地涂在粗糙面上，待胶水快干时用预先经过硫化且符合标准的修补胶片粘贴在一起，并用滚子向一个方向滚动压紧。

生胶修补法（适合于外胎有较大的破损情况）是将破损处锉粗糙，剪一块与破损处相适应的内胎面，同样锉粗糙后填上，在锉粗糙处涂上生胶水，用一块面积比破损处略大的生胶，用汽油将表面拭净后黏附在已风干的破损处，生胶不宜过厚，以 2～3mm 为宜，对生胶加热使其硫化，将温度控制在 140℃，保温时间 10～20min。

2. 外胎的检修

① 轿车轮胎通常在胎冠主纹槽内设置磨损指示条标记，同时在胎侧设有若干个"TWI"或"△"标记，用以表明磨损指示条位置。

② 在主纹槽内设有高 1.60mm、宽 12mm 的磨损标记，用于识别胎面主纹槽。测定轮胎花纹的深度时必须在轮胎胎面主纹槽内进行测量。在胎侧设有六个"TWI"标记，用以标明磨损标记所在的位置。测量轮胎磨损时，不应将磨损标记包括在内，应从花纹最深处进行测量，轮胎花纹深度磨至 2mm 时，即为轮胎的花纹深度的使用极限值，超过此值会影响轮胎的附着能力，如图 7-18 所示。

 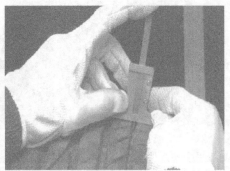

图 7-18 花纹深度磨损部位

③ 现代轿车高速轮胎出现损伤时,从安全行车角度考虑,一般推荐采用更换的方法。

3. 轮胎气压的检查

① 不同轮胎的气压、轮胎的承载情况和效率(实际上也是指轮胎的使用寿命)各不相同,轮胎气压影响着汽车的使用性能和轮胎的寿命。因此,应经常检查轮胎气压,轮胎气压应符合规定要求,必要时应进行补气和调整。

② 轮胎气压通常标注在轮胎的侧壁上。一般注有国际单位压强 kPa(千帕),或注有工程大气压 kgf/cm^2(千克力/厘米^2)及英制压强 lbf/in^2(磅力/英寸^2)。各种单位的互换关系为

$$1kgf/cm^2 = 98kPa \quad 1bf/in^2 = 6.89kPa$$

③ 检查完轮胎气压后,用唾液涂在气嘴上,查看是否漏气。

④ 目前,货车、轿车几乎都采用低压胎。例如桑塔纳,前轮胎空载气压为 180kPa,满载气压为 190kPa;后轮胎空载气压为 180kPa,满载气压为 240kPa;备胎气压为 250kPa。检查轮胎应在常温下进行,冬季轮胎气压应增高 20kPa,如图 7-19 所示。

图 7-19 胎压测量

三、轮胎的拆装

1. 设备组成

轮胎拆装机主要由箱体、工作台、中间立柱、拆装头(鸟头)、压胎铲、辅助臂和操作踏板组成,如图 7-20 和图 7-21 所示。

(1)工作台 工作台通过卡爪(图 7-22)将轮胎固定,并带动轮胎旋转,配合完成轮胎的拆装。MS63 采用大尺寸工作台,卡爪的伸缩范围也更大,使得设备所支持的轮胎尺寸也更宽泛。

(2)中间立柱及拆装头 中间立柱可通过踏板控制在竖直和后仰的位置间切换,从而方便将轮胎从工作台上装卸。拆装头(图 7-23)的内侧设置有防划滑轮,以避免在拆装轮胎过程中划伤轮辋。

(3)压胎铲 压胎铲(图 7-24)用于将轮胎的胎唇与轮辋分离。采用高强度可调整式压胎铲,能满足不同扁平比轮胎的压胎需求,借助设备的强劲动力,快速进行压胎操。

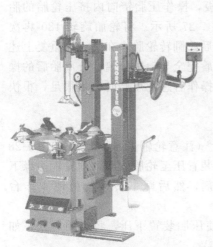

图 7-20 轮胎拆装机结构

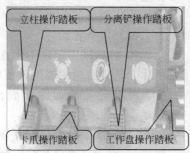

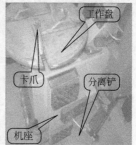

图 7-21 博世轮胎拆装机

图 7-22 卡爪

图 7-23 拆装头

图 7-24 压胎铲

（4）辅助臂 辅助臂（图 7-25）用于协助操作者拆装轮胎。根据不同的轮胎类型及尺寸，辅助臂上有相应的压胎装置与之匹配。辅助臂上有一个控制手柄，用于在不同方向上调整压胎装置的位置，以适合不同轮胎的需求。

（5）控制踏板 控制踏板（图 7-26）分为立柱位置调整踏板、轮辋加紧/释放踏板、压胎踏板和旋转踏板，分别控制轮胎拆装中相应的各项操作。

2. 设备应用

（1）分离胎唇 首先放尽轮胎内的气体，然后将车轮靠在轮胎拆装机压胎铲一侧箱体的橡胶垫上。接着调整好压胎铲的位置，将压胎铲的顶端边缘顶在轮胎的胎唇上（距离轮辋表面10mm以上）。踩下压胎踏板，操作压胎铲向内挤压轮胎的胎唇，使胎唇与轮辋脱离，如图7-27所示。将轮胎旋转180°再次重复压胎操作。一侧压胎完成后，翻转轮胎，在另一侧重复上述操作，直至整个轮胎两侧的胎唇完全与轮辋分离。分离胎唇的操作过程中，压胎铲定位准确，操作者感觉压胎时力量很足，很快便可完成胎唇的分离。

（2）拆下轮胎

① 将轮辋固定在工作盘上（注意轮辋正面朝上），如图7-28所示。选择合适的辅助臂压胎装置压至轮胎表面，即轮辋边缘下方，并在轮胎表面涂上润滑剂，然后踩下转动踏板使工作台转动。

② 操纵压胎臂控制手柄使压胎装置下压，将轮胎压松，如图7-29所示，然后升起压胎装置。

图7-25 辅助臂

③ 将拆装头调整至靠近轮辋外边缘处，保持与轮辋外表面2~3mm的间隙，然后固定拆装头。

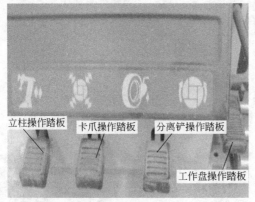

图7-26 控制踏板

图7-27 分离胎唇

④ 把撬杆插进拆装头与轮胎边缘之间，将轮胎上部胎唇撬至拆装头外侧，如图7-30所示，然后操纵踏板转动工作台，使拆装头将轮胎上层胎唇从轮辋上拆下。

图7-28 将轮辋固定在工作盘上

图7-29 压松轮胎

⑤ 用上述同样的操作方法将轮胎下层胎唇从轮辋上拆下，从而拆下整个轮胎，如图7-31所示。

图 7-30　将轮胎上部胎唇撬至拆装头外侧　　　　图 7-31　拆下整个轮胎

（3）安装轮胎

① 在轮胎与轮辋边缘处的表面涂上润滑剂，以免装胎时摩擦伤胎。将轮胎下缘一部分套装在轮辋上，踩下立柱操作踏板后按下升降杆，使升降杆靠近轮辋边缘，用手按住轮胎，踩下工作盘旋转踏板，转动轮胎，使轮胎下缘安装在轮辋上，如图 7-32 所示。

② 调整拆装头高度，使轮胎下层胎唇处在拆装头尾部上方和拆装头头部下方，并转动工作台，装好轮胎下层胎唇。

③ 用辅助臂的压胎装置配合拆装头将轮胎边缘压到拆装头下方位置，转动工作台，装好轮胎上层胎唇，如图 7-33 所示。

④ 使用设备的充气装置给轮胎充入规定的气压，完成整个轮胎的安装操作。

图 7-32　将轮胎下缘一部分套装在轮辋上　　　　图 7-33　配合辅助臂安装轮胎上层胎唇

四、车轮动平衡检测

1. 动平衡机使用前的检查

① 机器应水平稳固安装。

② 确认附件是否齐全：锥体、快速螺母、卡尺。

③ 确认显示面板是否正常，不出现"Error"或其他字符。

2. 对轮胎的清洁

① 清除轮胎上的杂物，检查胎压。

② 旧的平衡块需要拆开，如图 7-34 所示。

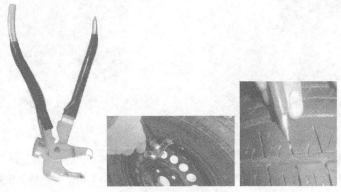

图 7-34 旧的平衡块需要拆开

3. 轮胎数值读取与输入

① 开机，旋转开关，机器面板显示数字，表示开机成功，如图 7-35 所示。

图 7-35 开机

② 装上车轮，选择适合的锥体，注意锥体的方向，如图 7-36 所示。

③ 装上快速螺母并旋紧，注意力度不能过大，如图 7-37 所示。

④ 从机上拖出尺，测量轮辋边缘至机箱的距离 a，如图 7-38 所示。

⑤ 向机器面板输入相应数值，如图所 7-39 所示。

⑥ 用卡尺卡住轮辋两侧并读取数值 b，如图 7-40 所示。

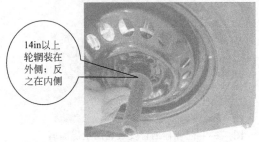

14in以上轮辋装在外侧；反之在内侧

图 7-36 选择适合的锥体

图 7-37 装上快速螺母

⑦ 向机器面板输入轮辋宽度的相应数值 b，如图 7-41 所示。

⑧ 在轮胎边缘找出轮胎规格读数 195/65R15，字母 R 后面是轮辋直径 d(15)，如图 7-42 所示。

⑨ 向机器面板输入轮辋宽度的相应数值 d，如图 7-43 所示。注：功能转换组合键进行功能转换后，关机仍保持该功能。[STOP]+[a↑]+[a↓]为克-盎司转换键、[STOP]+[C]按键能在保护罩盖下启动。

4. 开始动平衡测验

① 先推动车轮后再按 START 键，如图 7-44 所示。

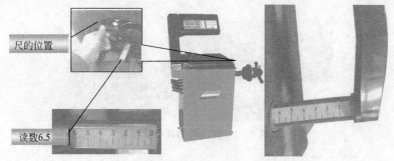

图 7-38 测量轮辋边缘至机箱的距离

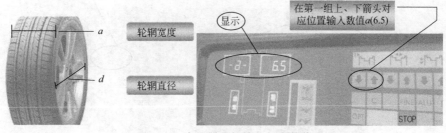

图 7-39 向机器面板输入相应数值

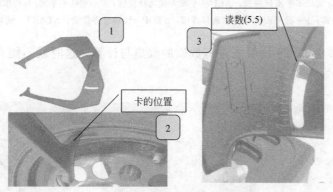

图 7-40 用卡尺卡住轮辋测量数值
1—卡尺;2—卡尺测量位置;3—读数

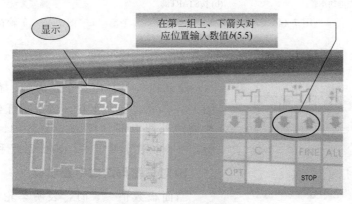

图 7-41 输入轮辋宽度

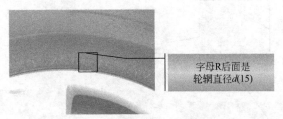

图 7-42 找出轮胎规格读数

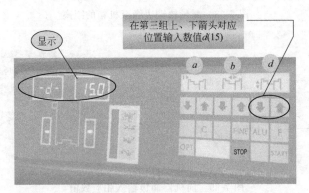

图 7-43 输入轮辋宽度

FINE—显示小于 5g 实际不平衡值按键；ALU—平衡方式选择按键；C—重算不平衡/自校准按键；OPT—不平衡最佳化按键；F—静平衡或动平衡选择按键；STOP—转轴急停按键；START—转轴启动按键

② 车轮在旋转中，动平衡机能进行数值的收集与计算，这时候不能有外力加在平衡机上，如图 7-45 所示。

(a) 先推动车轮

(b) 按START键

图 7-44 开始动平衡

图 7-45 车轮在旋转中

5. 打平衡块

显示面板上左边是车轮内侧，右边为外侧，如图 7-46 所示。转动车轮，当指示灯全亮时停止，在轮辋的外侧上部（12 点位置）内、外侧要分别进行，平衡块装卡要牢固，如图 7-47 和图 7-48 所示。

6. 对车轮再次做平衡试验

当面板数值≤5 时，表明车轮已经处于平衡，如显示结果≥5，需再加平衡块直到数值合格为止，

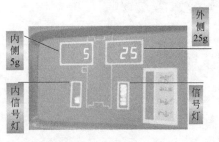

图 7-46 显示面板显示信号

如图 7-49 所示。

图 7-47　外侧打平衡块

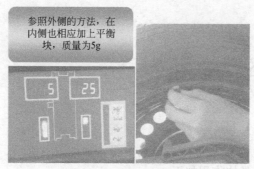

图 7-48　内侧打平衡块

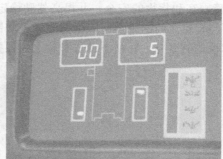

图 7-49　结果显示

第八章

悬架

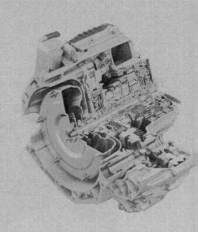

第一节 概述

一、悬架的作用

悬架的作用是弹性地连接车桥与车架或车身，如图 8-1 所示，可以用传力、缓冲、减振、导向几个字来概括，具体作用如下。

① 对不平整路面所造成的汽车行驶中的各种摇摆和振动等，与轮胎一起，予以吸收和减缓，从而保障乘客和货物的安全，并提高驾驶稳定性。

② 将路面与车轮之间的摩擦所产生的驱动力和制动力，传输至车架或车身。

③ 支承车桥上的车身，并使车身与车轮之间保持适当的几何关系。

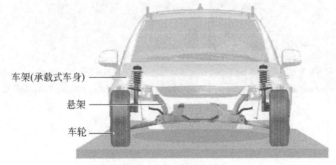

图 8-1 悬架的作用

二、悬架的基本组成

现代汽车的悬架虽有不同的结构形式，但一般都由弹性组件、减振器和导向装置三部分组成，如图 8-2 所示。

前悬架由前上横臂总成、下承载臂总成、导向臂总成、横向稳定杆、减振器带螺旋弹簧总成及转向节等组成。前悬架通过转向横拉杆推动左右车轮进行向左或向右的转动，如图 8-3 所示。

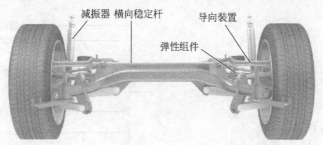

图 8-2 悬架组成

后悬架由后上横臂总成、后下横臂总成、后拉杆总成、横向稳定杆、后纵臂总成、减振器带螺旋弹簧总成及转向节等组成,如图 8-4 所示。后悬架限制了后轮不能像前轮那样转向,但后悬架在车辆高速转向时具有"随动转向"功能。

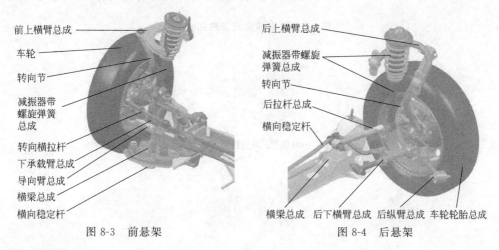

图 8-3 前悬架　　　　　　图 8-4 后悬架

三、悬架的分类

汽车悬架根据导向机构的不同可分为非独立悬架和独立悬架。

1. 非独立悬架

非独立悬架的结构特点是两侧车轮安装在一根整体式车桥上,车轮和车桥一起通过弹性元件悬挂在车架(或车身)下面。当一侧车轮因路面不平等原因相对于车架(或车身)的位置发生变化时,另一侧车轮的位置也随之发生变化。如图 8-5 所示为螺旋弹簧式非独立悬架,一般应用于经济型轿车的后轮,它主要由整体式后桥、减振器和螺旋弹簧等组成。

2. 独立悬架

独立悬架则是两侧车轮各自独立地通过弹性元件悬挂在车架(或车身)下面,其配用的车桥都是断开式车桥。这样,当一侧车轮相对于车架(或车身)位置发生变化时,另一侧车轮几乎不受影响。目前轿车上应用独立悬架的类型有很多,主要有横臂式、纵臂式、单斜臂式、麦弗逊式、烛式和多连杆式等,如图 8-6 所示。

(1) 不等臂式独立悬架　不等臂式独立悬架主要由螺旋弹簧、上摆臂、下摆臂和减振器等组成,其结构如图 8-7 所示。

(2) 单横臂式独立悬架　单横臂式独立悬架主要由减振器、螺旋弹簧、横臂等组成,其结构如图 8-8 所示。

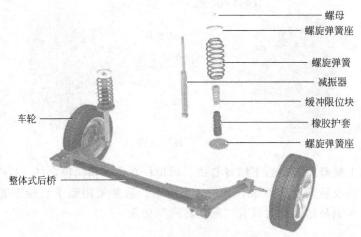

图 8-5　螺旋弹簧式非独立悬架

图 8-6　独立悬架类型

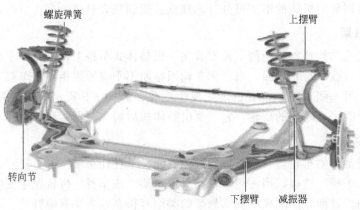

图 8-7　不等臂式独立悬架

（3）麦弗逊式独立悬架　目前经济型轿车上前轮采用麦弗逊式独立悬架较多，如图 8-9 所示。它主要由车桥、下摆臂、减振器和螺旋弹簧等组成。

（4）多连杆式独立悬架　这里所说的多连杆式独悬架就是比一般悬架的连杆要多，如图 8-10～图 8-13 所示。

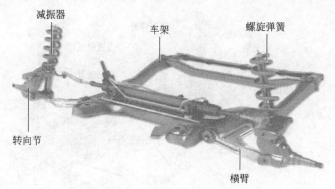

图 8-8 单横臂式独立悬架

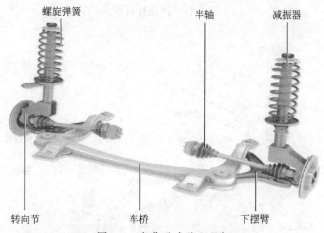

图 8-9 麦弗逊式独立悬架

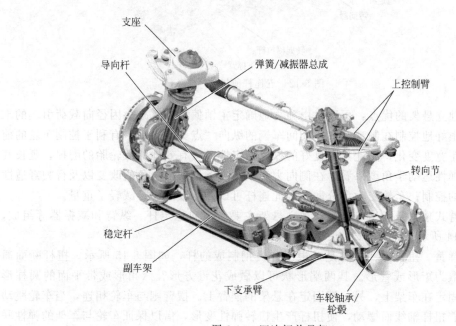

图 8-10 四连杆前悬架

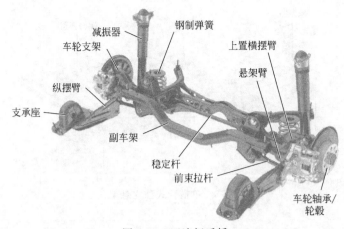

图 8-11 四连杆后桥

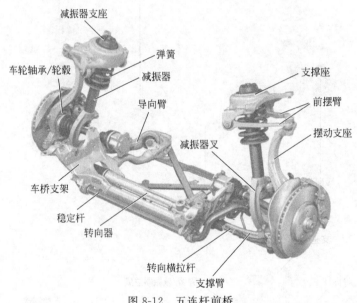

图 8-12 五连杆前桥

多连杆式独立悬架的优点：可以自由独立地确定主销偏移距，减小因径向载荷引起的干扰力和力矩；很好地控制在制动和加速期间车辆的纵向"点头"运动；有利于控制车轮的前束、外倾和轮距宽度变化，因此具有良好的操纵稳定性；可有效地降低轮胎的磨损，延长其使用寿命；从弹性运动学角度来看，在侧向力和纵向力条件下前束角的改变以及行驶舒适性都能得到精确的控制；车轮受力点分散，因此连杆可以做得较细小，减轻了重量。

（5）单纵臂式独立悬架　单纵臂式独立悬架主要由横向稳定杆、纵臂和减振器等组成，其结构如图 8-14 所示。

（6）扭杆弹簧　扭杆弹簧本身是一根由弹簧钢制成的杆，如图 8-15 所示。扭杆断面通常为圆形，少数为矩形或管形。其两端形状可以做成花键方形、六角形或带平面的圆柱形等，以便一端固定在车架上，另一端固定在悬架的摆臂上。摆臂则与车轮相连，当车轮跳动时，摆臂便绕着扭杆轴线而摆动，使扭杆产生扭转弹性变形，借以保证车轮与车架的弹性联系。有的扭杆由一些矩形断面的薄条（扭片）组合而成，这样，弹簧更为柔软。

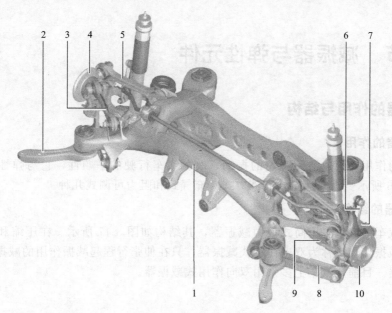

图 8-13 五连杆后桥

1—后桥托架；2—推力杆；3—导向臂；4—轮毂；5—横摆臂；6—稳定杆连杆；7—前束控制臂；8—纵摆臂；9—外倾控制臂；10—车轮托架

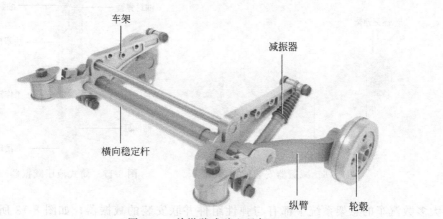

图 8-14 单纵臂式独立悬架

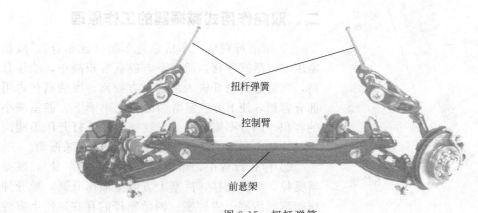

图 8-15 扭杆弹簧

第二节　减振器与弹性元件

一、减振器的作用与结构

1. 减振器的作用

减振器的作用是快速消除弹簧的振动，改善汽车行驶的平顺性，它与弹性元件并联安装，如图 8-16 所示。汽车减振器有液力式、充气式和阻力可调式几种。

2. 减振器的结构

目前，汽车上广泛采用筒式液力减振器，其结构如图 8-17 所示。在压缩和伸张两个行程内均能起减振作用，称为双向作用式减振器，只在伸张行程起减振作用的减振器称为单向作用式减振器。目前，汽车上多采用双向作用式减振器。

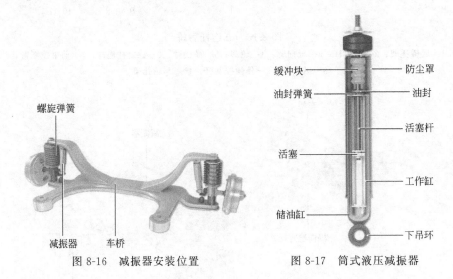

图 8-16　减振器安装位置

图 8-17　筒式液压减振器

大多数汽车的悬架系统中都有与弹性组件并联安装的减振器，如图 8-18 所示。减振器的总成如图 8-19 所示。

二、双向作用式减振器的工作原理

① 压缩行程中，车桥靠近车架（或车身），减振器压缩，活塞下移，活塞下方腔室容积减小，油压升高，将流通阀顶开进入活塞上方腔室。因活塞杆占用部分容积，使上方腔室增加的容积小于下方腔室减小的容积，部分不能进入上方腔室的油液打开压缩阀流回储油缸。利用油液与孔之间的摩擦来衰减振动。

② 伸张行程中，车桥远离车架（或车身），减振器受拉，活塞上移，活塞上方腔室油压升高，推开伸张阀流回活塞下方腔室。因活塞杆的存在，使上方腔室减小的容积小于下方腔室增加的容积，储油缸中的

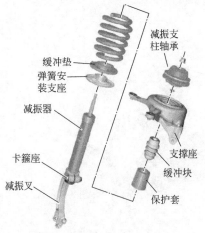

图 8-18　减振器和弹性组件

第八章 悬架

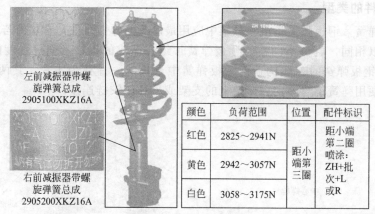

图 8-19 减振器的总成

油液在真空度的作用下流经补偿阀进入下方腔室来补偿。由于伸张阀的弹簧刚度和预紧力大于压缩阀，且伸张行程的通道截面比压缩行程的通道截面小，所以伸张行程产生的阻尼力大于压缩行程产生的阻尼力，从而达到迅速减振的目的，如图 8-20 所示。

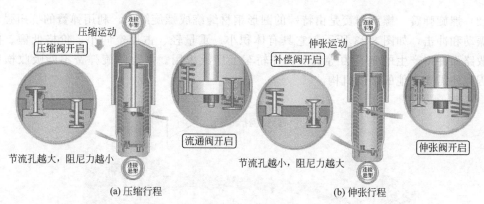

图 8-20 双向作用式减振器的工作原理

三、弹性元件

1. 弹性元件的作用

弹性元件的作用是承受并传递垂直载荷，缓和不平路面引起的冲击，使车架（或承载式车身）与车桥（或车轮）之间保持弹性连接，改善乘坐的舒适性能。常见的弹性元件主要有螺旋弹簧、钢板弹簧和扭杆弹簧等，如图 8-21 所示。

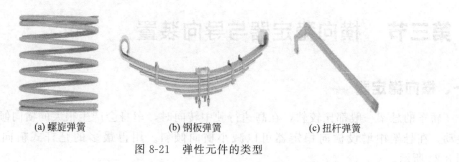

图 8-21 弹性元件的类型

2. 弹性元件的类型

（1）钢板弹簧　钢板弹簧是汽车悬架中应用最广泛的弹性组件，它是由若干片不等长但等宽（厚度可以相同，也可不同）的合金弹簧片组合而成的一根近似等强度的弹性梁。如图 8-22 所示为钢板弹簧的一般构造。钢板弹簧中最长的一片称为主片，其两端弯成卷耳，内装衬套，以便用弹簧销与固定在车架上的支架或吊耳作铰链连接。

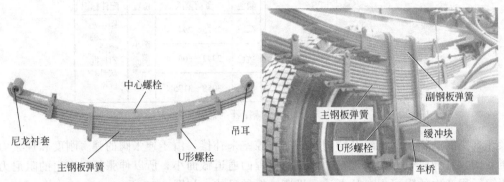

图 8-22　钢板弹簧的一般构造

（2）螺旋弹簧　螺旋弹簧是由特殊的圆形钢材缠绕成螺旋结构，利用弹簧的抗扭强度来吸收振动和冲击，如图 8-23 所示。它具有体积小、重量轻、占用空间小、价格低廉、能高效吸收路面冲击产生的垂直力等优点，在轿车上广泛采用。但是螺旋弹簧不能吸收横向能量，因此还需要其他的辅助机构。

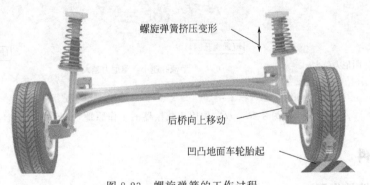

图 8-23　螺旋弹簧的工作过程

（3）扭杆弹簧　扭杆弹簧是由高弹性的弹簧钢加工成的一条钢杆，利用扭杆产生扭转弹性变形，在车轮与车架之间起弹性连接的作用，用在越野车型的前悬架较多。

第三节　横向稳定器与导向装置

一、横向稳定器

轿车的悬架一般都比较软，在高速行驶中转向时，车身会产生很大的横向倾斜和横向角振动。在悬架中增设横向稳定器可以减小横向倾斜。用得最多的是杆式横向稳定器，如图 8-24 所示。

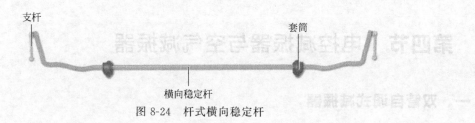

图 8-24　杆式横向稳定杆

如图 8-25 所示,速腾、迈腾轿车的横向稳定器为管状,稳定杆直径为 23mm,通过两个轴套支座与副车架相连。防侧倾的横向稳定杆上端通过两个连杆同前减振器连接,下端通过两个轴承与副车架相连,形成 1∶1 传递,提高稳定性。

如图 8-26 所示为速腾轿车的稳定杆,橡胶-金属轴承不能单独更换;稳定杆在橡胶轴承内不能旋转,该运动被轴承吸收;橡胶-金属轴承与稳定杆直接相连,防止相对运动。

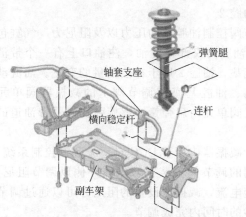

图 8-25　迈腾、速腾轿车的横向稳定器

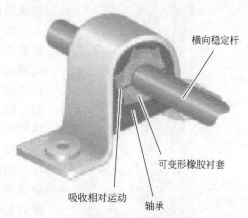

图 8-26　速腾轿车的稳定杆

二、导向装置

导向装置(包括横向导杆和纵向推力杆)如图 8-27 所示,它用来传递除垂直力以外的各种力和力矩,并确定车轮相对于车架(或车身)的运动关系。

图 8-27　导向装置

第四节 电控减振器与空气减振器

一、双管自调式减振器

双管自调式减振器应用于 DCC 自适应底盘控制系统的可调式减振器,采用双管结构,如图 8-28 所示。活塞在油腔 1 内工作。在油腔 2 内有一个附加气垫。在伸张与压缩行程中,可以看到活塞和底板的调节阀促使油按指定方向流动。

在伸张行程与压缩行程中,油通过环形管道供给调节阀,并以相同方向流动(单向流动)。油从调节阀流回油腔 2。

调节阀控制油腔 2 的压力以及阻尼力。气缸包含油腔 2。油腔内仅部分注油,注油口上有一个带消泡线圈的气垫,油腔 2 用于补偿油量的变化。油流动由位于活塞、油腔基座和调节阀上的减振器阀单元控制。阻尼阀单元由扁弹簧、螺旋弹簧以及带油道的阀体构成。

双管减振器应用于 DCC 自适应底盘控制系统中。电子控制的调节阀安装在减振器外侧以调节阻尼力。通过改变电流,减振器设置的阻尼力可以通过调节阀在数毫秒的时间内完成调节。

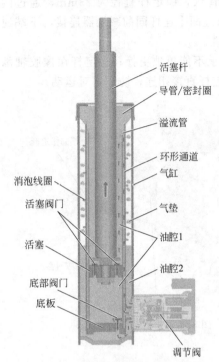

图 8-28 双管自调式减振器结构

1. 调节阀

调节阀安装于减振器侧面,以便油液从减振器环形通道流向调节阀,如图 8-29 所示。调节阀供给的油液输送到减振器油腔 2。该阀是通过供给到线圈的电流来调节的(0.24A 至最大 2.0A),并以此改变调节阀的内部油液流量。根据调节阀的控制盘位置,自减振器中流出的油液将主活塞推到相应的水平位置,使得一定量的油液可通过回油通道流回减振器中。主活塞的位置是通过设置内部控制容积的油压差来实现的(与来自减振器中流出油液的压力相比较)。而油压差是通过预紧压头与控制盘之间的通道横截面设置的。如果预紧力过大,油液流过主活塞的中心孔,随后经过环形通道和控制通道的油量减少。内部控制容积的压力增大,从而使主活塞只能向右略微移动。此类变化使减振特性趋"硬"。如果预紧力过小,则系统以相反情况运行,使减振特性趋"软"。

(1)在"普通"模式下的调节阀 在"普通"模式中,供给线圈的电流处于 0.24A 和 2.0A 的中间区域。电动转子与推杆和压头一起移动,压头被略微预紧。从减振器中流出的油液将主活塞压至水平中心位置,使中等数量的油液可通过回油通道再次流回到减振器中,这是通过压头与控制盘之间设置一个中度预紧力来完成的。油压差则根据内部控制容积设置,主活塞位置也设置在水平中心位置上。因此,减振特性介于"软"与"硬"模式之间,如图 8-30 所示。

(2)在"硬"模式下的调节阀 在"硬"模式下,供给到线圈的电流最大可达 2.0A。

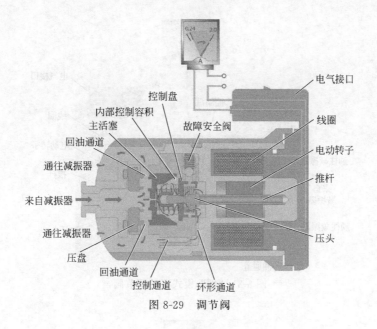

图 8-29 调节阀

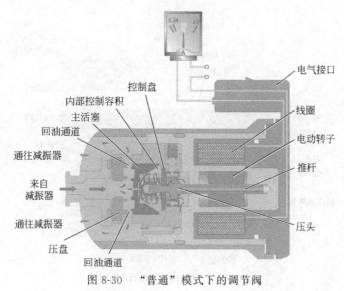

图 8-30 "普通"模式下的调节阀

电动转子连同推杆和压头被推向左边,并产生最大的预紧力。因此,与"普通"模式相比,在控制盘和压头之间存在较小的通道横截面。由于内部控制容积油压差的增大,主活塞位于水平位置,使通过回油通道回流到减振器的油量低于"普通"模式下的回油量。由此,减振特性趋向"硬"模式。这是调节阀在明显动态调节时的典型状态,如图 8-31 所示。

(3) 在"软"模式下的调节阀 在"软"模式下,例如磁铁的电流为 0.24A,推杆和压头具有更小的预紧力。而压头则以相同的力将控制活塞向左推移,从而使环形通道横截面仅稍微缩小了一点。油液经过此通道,随后经控制通道回到减振器。控制盘和压头之间的通道横截面会随着压头预紧力的降低而增大。内部控制容积内的油压差由此降低。所以,主活塞会置于水平位置,从而使油液通过回油管路流回的量大于"硬"模式。这样,减振特性趋向"软"模式。这是调节阀在明显动态调节时的典型状态,如图 8-32 所示。

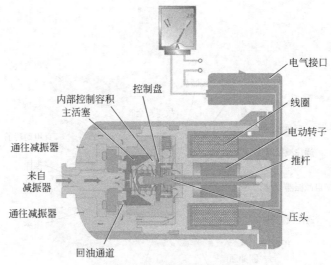

图 8-31 "硬"模式下的调节阀

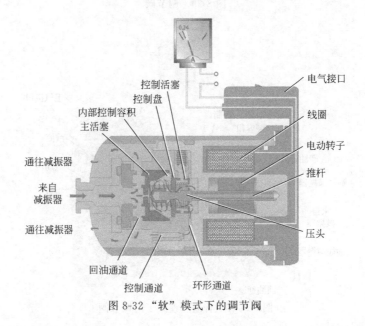

图 8-32 "软"模式下的调节阀

（4）在"故障安全"模式下的调节阀　如果一个减振器，至少有两个传感器或者电控减振控制单元 J250 发生故障，"故障安全"模式就会被激活。在"故障安全"模式中，供给到减振器的电流会被切断，从而使车辆的运行状态如同装备了传统减振器。而电动转子连同推杆及压头一起向右移动，直至顶靠着阀门壳体。控制活塞也会移动，并将至环形通道的直接入口关闭。此时油液将故障安全阀打开，并经由控制通道流回减振器，如图 8-33 所示。

2. 伸张行程与压缩行程的功能

在伸张与压缩行程，如图 8-34 所示，可以看到活塞和底板的调节阀促使油液按指定方向流动。在伸张与压缩行程中，油液通过环形管道供给调节阀，并以相同方向流动（单向流动）。油液从调节阀流回油腔 2。调节阀控制油腔 2 的压力以及阻尼力。

气缸包含油腔 2，油腔内仅部分注油，注油口上有一个带消泡线圈的气垫，油腔 2 用于

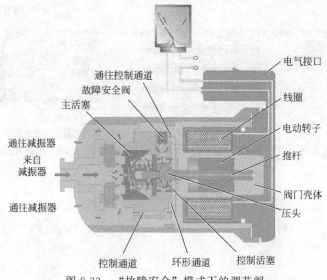

图 8-33 "故障安全"模式下的调节阀

补偿油量的变化。油液流动由位于活塞、油腔基座和调节阀上的减振阀单元控制。减振阀单元由弹簧垫片、螺旋弹簧以及带油道的阀体构成。

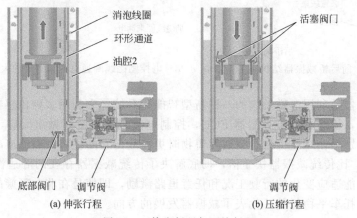

(a) 伸张行程　　　　　　　(b) 压缩行程

图 8-34　伸张行程与压缩行程

二、磁流液减振器

磁流液减振器是在减振器中填充一种叫作"磁流变"的液体，是可磁化的软铁颗粒悬浮在烃类化合物溶液中的悬浮液体，如图 8-35 所示。磁流液减振器结构如图 8-36 和图 8-37 所示，其内部液体由合成烃类化合物以及 $3\sim10\mu m$ 大小的磁性颗粒组成。当励磁线圈未通电时，减振器油液的磁离子无规则排列。在活塞上下运动时，单个离子被强制通过活塞孔。含有微粒的油液对于活塞运动具有较低的阻值。结果，阻尼力较低。当励磁线圈通电时，磁离子沿磁力线排列，如图 8-38 所示。因此，在活塞周边形成长的离子链。在油液进入活塞孔前，这些离子链横向排列。在活塞上下运动时，单个离子从离子链脱离，并被迫随油液通过活塞孔。为打破这些离子链，必须施加外力。活塞必须克服比未通电时要大的阻力，阻力依赖于电流和磁场的强度，从而实现更大的阻尼力。

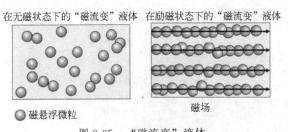
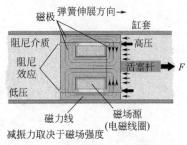

图 8-35 "磁流变"液体　　　　图 8-36 磁流液减振器内部结构

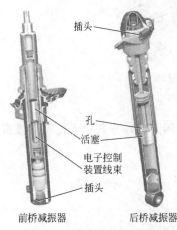
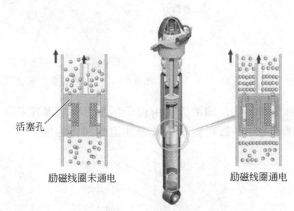

图 8-37 前后桥减振器结构　　　图 8-38 电控励磁线圈通电及未通电的大磁流变化

　　磁流液减振器是利用电磁反应的一种新型智能化系统。它利用多种传感器检测路面状况和各种行驶工况，传输给电子控制器 ECU，控制电磁减振器瞬间做出反应，抑制振动，保持车身稳定，特别是在车速很快、突遇障碍物时更能显出它的优势。磁流液减振器的反应频率高达 1000Hz，比传统减振器快 5 倍，彻底解决了传统减振器存在的舒适性和稳定性不能兼顾的问题，并能适应变化的行驶工况和任意道路激励，即使是在非常颠簸的路面，电磁减振器也能保证摩托车平稳行驶，代表了减振器发展的方向。

三、奥迪轿车四级空气悬架

1. 结构

　　奥迪轿车四级空气悬架主要由空气弹簧、空气供给装置、气动装置、电磁阀、温度传感器（G290）、压力传感器（G291）、水平传感器（G76、G77、G78、G289）、指示灯（K134）和操纵单元（E281）等组成，其元件安装位置如图 8-39 所示。四级空气悬架是一种全支撑式水平调节机构，它在前桥使用了传统的减振器，而在后桥使用了与载荷有关的减振器。共有四个水平传感器，它们分别用于获知每个车桥上车身的水平状况。每个空气弹簧悬架都配有一个所谓的空气弹簧阀（横向截止阀），这样每个车桥就可以单独进行调节。该系统共有四个水平高度等级，最小离地间隙在这四个水平高度等级中可变化 66mm，可手动或自动来调节。其中，第一级［低（TN）］最小离地间隙为 142mm；第二级［正常（NN）］最小离地间隙为 167mm；第三级［高 1(HN1)］最小离地间隙为 192mm；第四级［高 2(HN2)］最小离地间隙为 208mm，如图 8-40 所示。

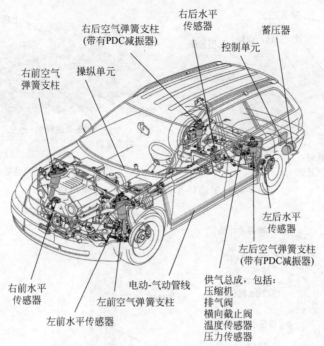

图 8-39 奥迪轿车四级空气悬架安装位置

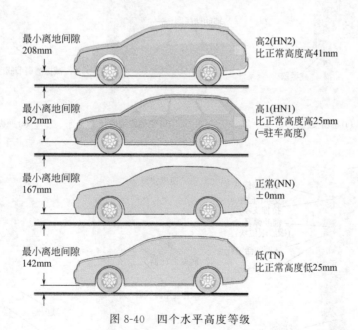

图 8-40 四个水平高度等级

第一级＝低（TN）；第二级＝正常（NN）；第三级＝高 1（HN1）；第四级＝高 2（HN2）；驻车级（PN）＝高 1。

奥迪轿车四级前后空气悬架结构、空气弹簧结构如图 8-41 和图 8-42 所示。

2. 工作原理

压缩机供气通过消声器/滤清器吸入、清洁并排出。集成式温度传感器用于防止压缩机过热。供气组件包括压缩机单元、干燥压缩机（压缩机）、空气干燥器、电磁排气阀、消声

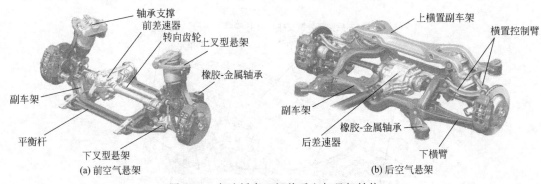

图 8-41 奥迪轿车四级前后空气悬架结构

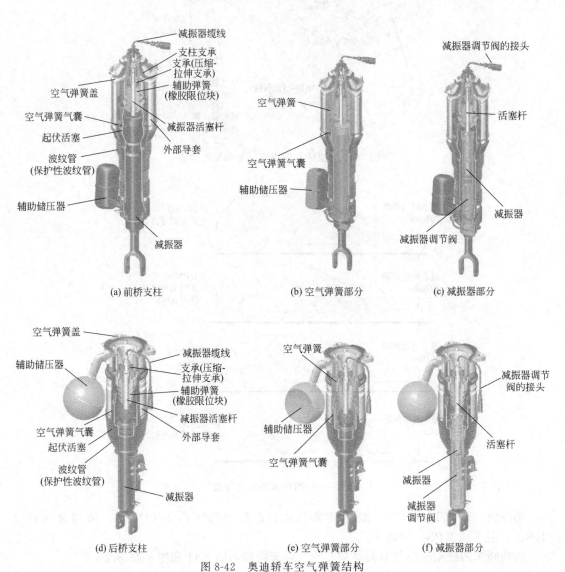

图 8-42 奥迪轿车空气弹簧结构

器及空气滤清器、集成式压缩机温度传感器（过热保护温度传感器）、具有压力保持功能和最大压力限制功能的气动排气阀、轮胎充气接口和电磁阀体、带有用于各空气弹簧减振器和蓄压器的调节阀以及一个用于监控的集成式压力传感器,供气组件如图 8-43 所示。

系统气动原理如图 8-44 所示。建立系统压力时,阀 9a、9b 和 9c、9d 是成对进行控制的(前桥和后桥),如图 8-45 所示。空气由压缩机经空气滤清器和辅助消声器吸入。压缩空气经空气干燥器、单向阀 3a 和阀 9 进入空气弹簧。如果空气弹簧由蓄压器充气,那么阀 10 和相应车桥上的阀 9 就会打开。蓄压器由压缩机经打开的阀 10 来充气,在车辆发生侧滑时,阀 9a~9d 也可单独来调节。

系统泄压时相应的阀 9a、9b 和 9c、9d 以及电控排气阀 5 打开,气流流经电控排气阀 5 并打开气动排气阀 6。气流经气动排气阀 6、辅助消声器 7 和空气滤清器 8 离开系统。当气流流经空气干燥器 2 时,干燥剂就被还原,系统卸压状态气动控制如图 8-46 所示。

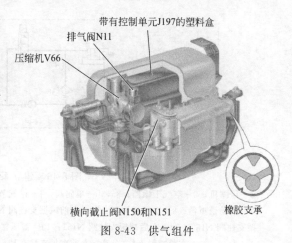

图 8-43 供气组件

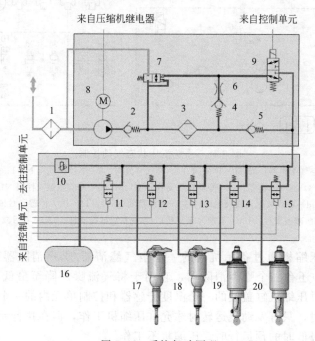

图 8-44 系统气动原理

1—辅助噪声消除器;2—单向阀 1;3—空气干燥器;4—单向阀 3;5—单向阀 2;6—排气节流阀;7—气动排气阀;8—压缩机 V66;9—电动排气阀 N111;10—压力传感器 G291;11—蓄压器阀 N311;12—左前减振支柱阀 N148;13—右前减振支柱阀 N149;14—左后减振支柱阀 N150;15—右后减振支柱阀 N151;16—蓄压器;17—左前空气弹簧;18—右前空气弹簧;19—左后空气弹簧;20—右后空气弹簧

3. 空气压缩机安装位置、结构及工作原理

(1) 压缩机安装位置 四级空气悬架压缩机安装在车外,且无隔声板(在备胎坑前部),如图 8-47 所示。因压力存储系统的原因,压缩机工作压力升至 160MPa,由于压缩机转速

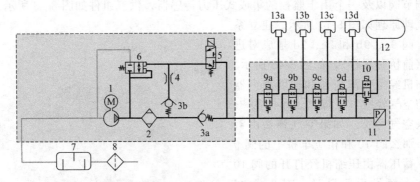

图 8-45 建立系统压力

1—压缩机;2—空气干燥器;3a,3b—单向阀;4—排气节流阀;5—电控排气阀 N111;6—气动排气阀;7—辅助消声器;8—空气滤清器;9a—左前减振支柱阀 N148;9b—右前减振支柱阀 N149;9c—左后减振支柱阀 N150;9d—右后减振支柱阀 N151;10—蓄压器阀 N311;11—压力传感器 G291;12—蓄压器;13a—左前减振支柱;13b—右前减振支柱;13c—左后减振支柱;13d—右后减振支柱

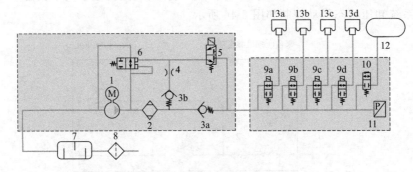

图 8-46 系统泄压状态气动控制

1—压缩机;2—空气干燥器;3a,3b—单向阀;4—排气节流阀;5—电控排气阀 N111;6—气动排气阀;7—辅助消声器;8—空气滤清器;9a—左前减振支柱阀 N148;9b—右前减振支柱阀 N149;9c—左后减振支柱阀 N150;9d—右后减振支柱阀 N151;10—蓄压器阀 N311;11—压力传感器 G291;12—蓄压器;13a—左前减振支柱;13b—右前减振支柱;13c—左后减振支柱;13d—右后减振支柱

低,因而噪声小。压缩机通过备胎坑内的一个空气滤清器/噪声消除器来吸气和排气(车内),吸气-排气管中还有一个噪声消除器,它用于将气流噪声降至最低(尤其是排气时)。压缩机的温度是通过压缩机缸盖上的一个温度传感器和控制单元内的一个计算公式进行监控的。正常工作状态时,只有发动机运转时才允许压缩机工作,但在执行元件诊断、系统基本设定、识别出底盘极低时的预运行时,压缩机不工作。

(2)压缩机的结构 压缩空气是由一个单级往复活塞式压缩机(集成有空气干燥器)产生的。为了避免机油污染膜片式折叠气囊和干燥器管壳,采用的是无润滑式(干式)压缩机。由于轴承一直处在润滑过程中,且活塞环采用 PTFE(聚四氟乙烯)制成,这就保证了压缩机的使用寿命很长,压缩机的结构如图 8-48 所示。

(3)吸气和压缩过程 当需要升高车辆车身时,则需要压缩机工作;当压缩机活塞向上运动时,空气经烧结过滤器被吸入曲轴箱,活塞上部的空气被压缩,经单向阀 1 进入空气干燥器。压缩并干燥后的空气经单向阀 2 流向压力接口,这个接口通往横向截止阀,控制单元必须同时启动压缩机继电器和横向截止阀。压缩机的吸气和压缩过程如图 8-49 所示。

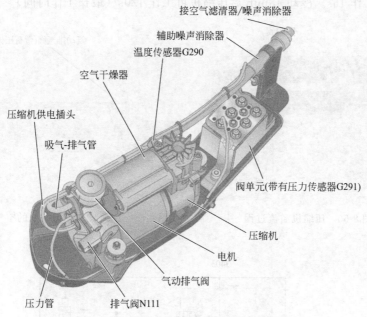

图 8-47 四级空气悬架压缩机安装位置

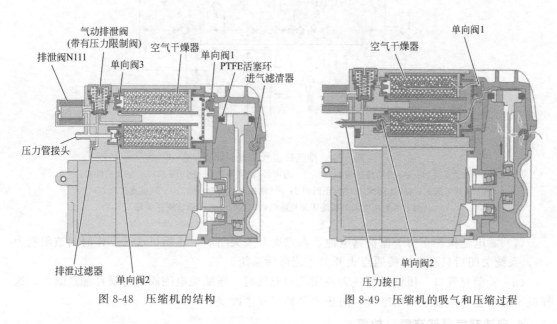

图 8-48 压缩机的结构　　　　　图 8-49 压缩机的吸气和压缩过程

（4）溢流　当活塞向下运动时，已经吸入曲轴的空气经隔膜阀进入气缸，如图 8-50 所示。

（5）排气下降过程　在排气过程中，空气弹簧阀 N150 和 N151 以及排气阀 N111 都打开。空气弹簧压力传至气动排气阀，在此处经空气干燥器和压力限制阀进入大气，此时压缩机和干燥器内的空气流向如图 8-51 所示，排气过程气动控制原理如图 8-52 所示。

（6）压缩机冷却　为了防止压缩机过热，在温度过高时应关闭压缩机。控制单元内集成有温度模块用于监控温度，可计算出压缩机的温度。根据压缩机的工作时间和冷却时间来计算出温度，工作时间最长限制为 120s（超过的话在控制单元内会有故障记录）。每冷却 6min

可允许压缩机工作 15s。冷却 48min 后压缩机可工作 120s（最长工作时间）。

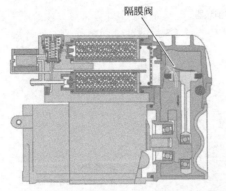
图 8-50 压缩机溢流过程

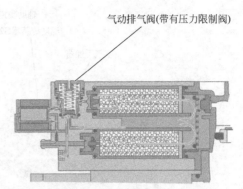
图 8-51 压缩机和干燥器内的空气流向

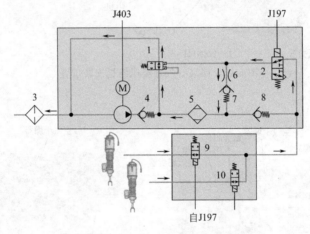

图 8-52 排气过程气动控制原理

1—气动排放阀；2—电动排放阀 N111；3—消声器/滤清器；4—止回阀 1；5—空气干燥器；
6—排放节流阀；7—止回阀 3；8—止回阀 2；9—减振支柱阀 N148；10—减振支柱阀 N149；
J403—水平高度调节系统压缩机继电器；J197—水平调节控制单元

（7）蓄电池保护　为了保护蓄电池，在点火开关关闭后，压缩机最长工作时间被限制为 60s，系统关闭后只有再次接通点火开关才能激活系统。

（8）轮胎充气口　压缩机抽气为备用轮胎充气时，压缩机电磁阀通过簧片触点断开，这样就不会从整个系统中抽出空气，防止水平高度发生改变。

4. 奥迪空气悬架充气、放气

在拆卸/更换电磁阀和蓄压器时，必须预先给系统排气，随后再充气。具体的操作步骤如下。

① 连接故障诊断仪器 VAS6051，打开点火开关。
② 选择"故障导航"的"功能/部件选择"。
③ 选择"功能检测"的"底盘"。
④ 选择"01 有自诊断功能的系统"，进入"J197 水平调节控制单元"。
⑤ 选择"J197 系统排气或充气"，然后按下列通道排气和充气。
a. 基本设定 20：给蓄压器排气。

b. 基本设定 21：给前桥排气。
c. 基本设定 22：给后桥排气。
d. 基本设定 23：给蓄压器充气。
e. 基本设定 24：给前桥充气。
f. 基本设定 25：给后桥充气。

5. 奥迪 A8 轿车空气悬架特殊维修模式设定方法、初始化

（1）设定方法　在利用千斤顶对装备了自适应空气悬架的奥迪 A8 轿车进行维修作业的过程中，如果不熟悉该系统的工作特点，会经常容易发生空气悬架异常动作的情况，并且有可能导致该系统损坏。该车空气悬架特殊维修模式设定可以通过 VAS6150 等专用设备进行，也可以通过 MMI 进行设置，因为空气悬架的模式设置操作已经全部移植到中央信息显示系统中。下面介绍通过 MMI 进行空气悬架特殊维修模式设定的步骤。

① 接通点火开关，按住 MMI 的功能按钮"CAR"。

② 保持按住该按钮，MMI 屏幕出现主菜单"ADAPTIVE AIR SUSPENSION"（自适应空气悬架）。

③ 继续按 MMI 的功能按钮"SETUP"，MMI 屏幕出现功能菜单"ADAPTIVE AIR SUSPENSION"。

④ 通过旋转/按压操作按钮将菜单调整到所需要的操作模式，即"CAR JACK MODE"（汽车千斤顶模式）。

⑤ 设置完成，而后即可利用千斤顶对车辆进行举升操作。

（2）初始化　对于配置了自适应空气悬架系统的奥迪 A8 轿车，对该系统初始化也就是校准车身高度传感器。更换任何一个车身高度传感器或自适应空气悬架系统控制单元时，都必须进行系统初始化。具体步骤如下。

① 使用 VAS6150 完成系统的初始化（地址码为 34-自适应空气悬架）。

② 测量每个车轮从车轮中心到轮罩下边缘的高度值。

③ 在 VAS505x 上选择功能 10-自适应。

④ 将测得的数值逐个输入控制单元内。由于规定值已经存储在控制单元内，因此对比测量值和规定值便可以确定出校正系数。

第五节　悬架拆装

一、后减振器的拆装

后减振器分解如图 8-53 所示。

1. 拆卸

① 松开车轮螺栓。

② 升高车辆。

③ 拆卸车轮。

④ 如图 8-54 所示，对于带有车辆高度传感器的车辆拧出螺栓 1，取下左后车辆高度传感器 2 支架。

⑤ 如图 8-55 所示，对于带有自适应底盘调节系统 DCC 的车辆，将插头连接 1 从减振器

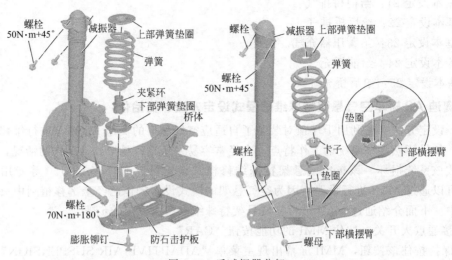

图 8-53 后减振器分解

2 上脱开。将导线 3 从减振器 2 上拔下，如图 8-55 中箭头所示为破碎机。

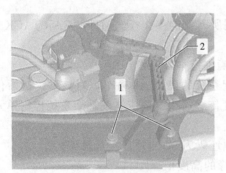

图 8-54 拧出螺栓

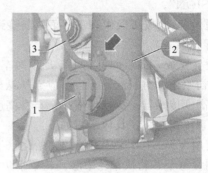

图 8-55 拔下插头

⑥ 如图 8-56 所示，将弹簧支架 VAG 1752/3A-1 和适配接头 VAG 1752/9-2 放在最上面的弹簧丝 3 上。

⑦ 如图 8-57 所示，将弹簧张紧装置 3 放到适配接头 VAG 1752/9-2 上。

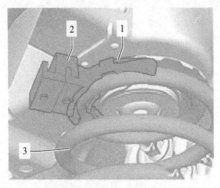

图 8-56 将弹簧支架放在最上面的弹簧丝上

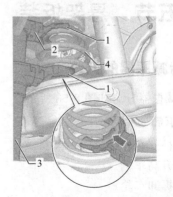

图 8-57 将弹簧张紧装置放到适配接头上

1—弹簧支架 VAG 1752/3A；2—适配接头 VAG 1752/9；
3—弹簧张紧装置 VAG 1752/1；4—弹簧

⑧ 同时将弹簧支架 VAG 1752/3A 装入弹簧 4 中。

⑨ 将弹簧张紧装置 3 和适配接头 VAG 1752/9-2 拧紧。

⑩ 张紧螺旋弹簧，直至减振器松开。

⑪ 如图 8-58 所示，拆下减振器 2 的螺栓 1。

⑫ 如图 8-59 所示，对于带有防石击护板的车辆拆卸膨胀铆钉 1。拧出防石击护板 3 的螺栓 2。将防石击护板 3 从下部横摆臂 4 上取下。

⑬ 如图 8-60 所示，拧下螺母 1 并取下螺栓 2。

⑭ 取出减振器。

2. 安装

安装以倒序进行。安装时应注意，在带有车辆高度传感器的车辆上，为车轮减振电子装置进行基本设置。

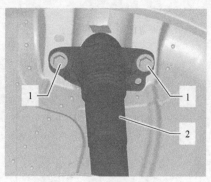

图 8-58 拆下减振器的螺栓

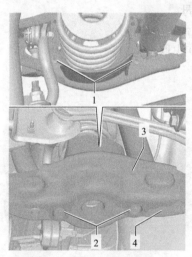

图 8-59 将防石击护板拆下

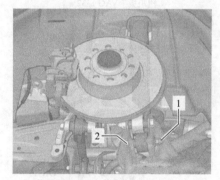

图 8-60 拧下螺母

二、减振器的分解

减振器的分解如图 8-61 所示。

1. 拆下弹簧

① 将减振支柱的托架 VAG 1752/20-4 用虎钳夹紧，同时夹紧托架中的减振支柱。

② 如图 8-62 所示，用弹簧张紧装置 VAG 1752/1 将螺旋弹簧预紧，直至露出推力球轴承上方。注意：首先预紧弹簧，直至上部弹簧座没有负载为止！

③ 如图 8-63 所示，注意螺旋弹簧在弹簧支架 VAG 1752/4（箭头）中的正确位置。

2. 安装弹簧

① 如图 8-64 所示，将弹簧垫圈 1 装入减振器 2 中。

② 用弹簧张紧装置 VAG 1752/1 将螺旋弹簧 3 装到下部弹簧垫圈上。弹簧丝的端部必须贴紧挡块箭头。注：允许间隙最大为 2mm。

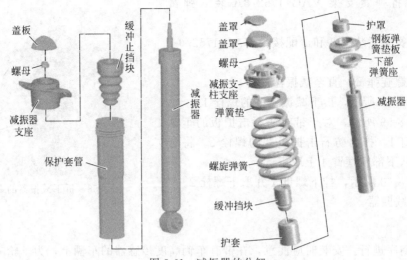

图 8-61 减振器的分解

③ 组装其他全部部件并拧紧连接杆上的新螺母。

④ 松开弹簧张紧装置 VAG 1752/1 并从螺旋弹簧中取出。

⑤ 将减振支柱从减振支柱托架 VAG 1752/20 中取出。

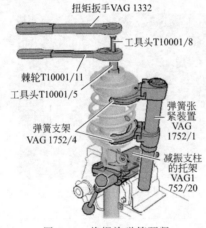

图 8-62 将螺旋弹簧预紧

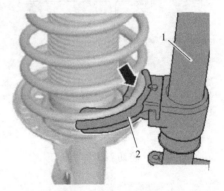

图 8-63 螺旋弹簧在弹簧支架上的正确位置
1—弹簧张紧器；2—弹簧保持架

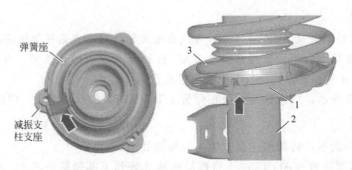

图 8-64 将螺旋弹簧装到下部弹簧垫圈上

三、前减振支柱的拆装

1. 拆卸

① 拆下前车轮，拆卸连接杆。
② 如图 8-65 所示，脱开减振器叉形件的螺栓连接 1、2。
③ 如图 8-66 所示，将扩展器 3424 插入减振器叉形件的槽口箭头内。

图 8-65　脱开减振器叉形件的螺栓

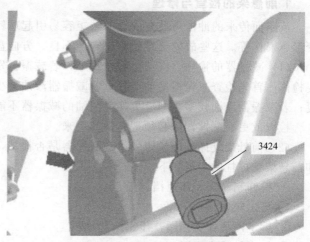

图 8-66　将扩展器插入减振器叉形件槽口

④ 将减振器叉形件向下从减振器管上拔下并取出，同时要小心地将车轮轴承壳体向下压。

⑤ 如图 8-67 所示，拧出螺栓（箭头），取下减振支柱，这时不得损坏转向系统和万向轴上的万向节保护套以及橡胶防尘套。

2. 安装

安装以倒序进行，同时要注意，减振支柱支座的定位销 1 必须卡入减振支柱罩的孔 2 中，如图 8-68 所示。

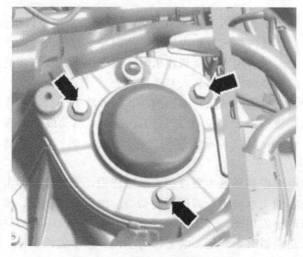

图 8-67　减振支柱支座的定位销

图 8-68　拧出螺栓

第六节　悬架的故障诊断与维修

一、常见故障诊断

1. 前悬架的检查与修理

从路面传来的冲击力及方向盘的转矩容易引起球铰接头及各连接处的磨损，杆类零件的变形、损伤等。这些故障会导致车轮定位不良、方向盘操纵性能变差、轮胎异常磨损等。

（1）减振器的检修　汽车行驶过程中，若减振器发出异常响声，说明减振器已损坏，需要检修。首先检查减振器渗油情况，若减振器渗油较少，则不必更换，查找渗油部位进行修复；若减振器渗油较多，则应更换。漏油的减振器不能继续使用。

检查或更换减振器时必须把它拆卸下来。

（2）前悬架支撑柱的检修　检查减振器是否损坏，若确认无问题，可不拆卸减振器。拆卸前悬架支撑柱的步骤如下。

① 拆卸制动盘，卸掉挡泥板。
② 压出轮毂。
③ 拆下两边弹簧挡圈，压出车轮轴承。
④ 拉出轴承内座圈。

零件拆卸下来后，进行全面清洗、测量、检查，若发现下列情况，必须更换新件。

① 挡泥板严重变形、扭曲。
② 制动盘工作面严重磨损或工作面出现裂纹（包括小裂纹）。
③ 轮毂花键严重磨损或有较大裂纹。
④ 弹簧挡圈变形、失效。
⑤ 轴承损坏（轴承只能成套调换）。
⑥ 前悬架支撑焊接件的任何一条焊缝及其他各处出现裂纹或严重变形（焊接件在修理时不可进行焊接或校正）。

2. 后悬架的检修

（1）检查后轮轴承　检查后轮轴承磨损情况，若有损坏或球转动不灵活，则予以更换。更换轴承时，必须使用专用工具。取出制动鼓内的密封和内轴承，用铜冲头敲出内外轴承外圈，清洗并检查其损坏或磨损情况。若原轴承可用或更换新轴承时，用专用工具压入新的内外轴承外圈，然后在内轴承上涂上适量的锂基润滑脂，装入制动鼓内。

但千万不能使制动鼓表面沾上油脂，一旦沾上油脂，必须擦净。随即放上油封，用橡胶槌将油封均匀地敲入，并测量油封凸出高度（凸出高度为 1.1~1.6mm）。制动鼓制动表面若磨损严重（180 型制动鼓直径超过 181mm 时或端面圆跳动超过 0.2mm 时），应更换制动鼓。

（2）检修后轮支承短轴　后轮支承短轴根部易发生裂纹，若继续使用，遇到较大冲击载荷时，可能折断，造成严重事故。检查后轴支承短轴，需拆下制动器。测量短轴轴径，圆周方向至少测量三次，将读数的最大值与最小值相减，若该值超过 0.25mm，则说明不均匀磨损严重，应更换支承短轴。安装短轴和制动器时，一定要装上压力垫圈。四个紧固螺栓，拧紧时应分批按一定次序拧紧，拧紧力矩为 60N·m。

(3) 减振器的检修　人工检查后减振器，观察支承处有无裂纹，筒体外有无渗漏油迹，若存在上述现象，必须更换新件。使用减振器测试仪检查减振器的功能，可根据需要测量其衰减性能。也可人工估测：拆下后减振器用手压动活塞杆判定其性能是否良好。检查压缩和复原时的阻尼，与有关标准对照，判定其好坏。同时还应检查橡胶件、弹簧件等，看其有无损伤、龟裂、老化、衰损等，不同情况分别对待。

拆卸后减振器时应使车辆停稳，停在硬实地面上或用千斤顶支撑住后桥。弯起车厢内减振器上方配有一条断边的三角域底搁板，从车上拆下弹簧支柱，慢慢从车轮与轮罩之间拆卸并移出支架。拆卸时要小心，以免碰坏车身及油漆，且不应同时拆卸两边的弹簧支柱，否则会使轴体上的轴衬受压过大。

通常，损坏的减振器在行驶过程中会发出异响。减振器损坏多出现漏油现象。漏油的减振器必须整体更换。安装弹簧支架时，弹簧支架自锁螺母的拧紧力矩为 35N·m。后桥减振器支承上螺母的拧紧力矩为 60～70N·m，安装完毕后，可将后搁板两边用粘带封住。

3. 悬架异响

(1) 现象　行驶中，前、后悬架发出异常噪声或敲击声。

(2) 原因

① 减振器损坏。

② 横向稳定杆或减振器固定不良，轮毂轴承松动。

③ 减振弹簧断裂。

(3) 排除

① 更换减振器。

② 重新紧固松动部分。

③ 更换减振器弹簧。

4. 减振性能下降

(1) 现象　行驶中，车辆颠簸严重。

(2) 原因

① 减振器失效。

② 减振器弹簧断裂。

(3) 排除

① 更换减振器。

② 更换减振器弹簧。

5. 空气悬架系统漏气

(1) 现象　故障表现为车辆停放一段时间后，出现车身倾斜或是前空气悬架或是后空气悬架落到最低状态；如果空气悬架突然间漏气过大，则会导致空气悬架无法调节（由于空气压缩机温度过高而关闭）。

(2) 原因

① 空气管路漏气，尤其是空气管路在分配阀体和空气悬架的接口处容易漏气。

② 空气弹簧漏气，主要是橡胶开卷活塞开裂或是与减振器密封不良。

③ 分配阀体自身漏气，主要是气管接口或是阀体内部密封不严。

(3) 空气悬架漏气特点

① 在温度较低时停放时间较长，一般是空气弹簧自身受热胀冷缩原因导致密封不良漏气。

② 如果是空气悬架管路漏气，一般车身是前端两侧或后端两侧降到相同高度；如两侧都降到低位，但一侧相对更低一些，则表明该侧空气弹簧漏气。因为每个空气弹簧上都有一个机械式剩余压力保持阀，可以保证空气悬架内至少有 350kPa 的压力（部分车型是 300kPa）；在这种情况下空气悬架是不会完全降到最低的。

③ 分配阀漏气，可以通过使用肥皂水进行检查；如果漏气轻微，可以采用各件替换法来排除（分配阀在空气悬架系统里成本较低）。也可以使用压缩空气向浸在水中的空气弹簧总成进行打压测试，一般车间压缩空气的压力超不过 800kPa，不会对空气弹簧本身造成损伤。

二、故障维修案例

1. 奥迪轿车前部悬架无法升起故障解决

故障现象

前部空气悬架无法升起。

故障诊断

用诊断仪检查，在自适应空气悬架控气单元 J197 中存储故障码 40320 C10C800。前部空气弹簧减振器不起作用，后部正常。检查空气压缩机，可以正常工作，判断为前部空气悬架系统漏气，当压缩机工作时能听到漏气声。拆下左、右前部空气弹簧减振器，用气枪打气测漏，发现左前空气弹簧减振器漏气，如图 8-69 所示。

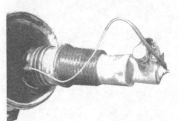

图 8-69　左前空气弹簧减振器漏气

故障排除

① 更换左前空气悬架总成，清除系统故障码。空气悬架可以正常升降，反复验证，确认故障排除。

② 由于空气悬架漏气严重，导致空气压缩机由于过热而关闭。

2. 奥迪 A6L 空气悬架黄灯报警故障排除

故障现象

空气悬架黄灯报警，关闭发动机再着车，黄灯熄灭。更换了分配阀和控制器，但是维修后黄灯多次报警，最后建议更换继电器。

故障诊断

用 VAS 6150 检查，水平调节控制单元里有关于水平高度传感器机械故障的故障码，导致这个故障码产生的可能原因如下。

① 某一个水平高度传感器失效。

② 水平高度传感器调节不当。

③ 控制单元内部判断错误。

故障排除

检查传感器连接杆和支架，没有发现明显变形和损坏。最后读取数据流，4 个高度传感器，后面 2 个相差不到 2mm，而前面 2 个相差 14mm，说明右前高度传感器输入控制单元的值误差太大，按要求最大不能超 15mm。分析有可能是速度快的时候，车身往下降的过程中，出现较大误差，试探性把右前高度传感器支架调整到左右高度一样的位置，读取数据流，左右不差 2mm，试车，故障消失。

右前水平高度传感器由于拆装后安装位置不合理导致本障产生，修车时一定要充分试车，尽量发现一些潜在故障。

3. 一汽大众轿车后部偶尔发出"咯吱"异响

故障现象

车辆满载在颠簸路面行驶或过减速带时，车辆后部偶尔发出"咯吱"异响，声音频率随车身起伏变化而变化。

故障诊断

后减振弹簧上部弹簧垫圈损坏变形或弹簧与胶垫错位，如图 8-70 所示，导致车辆颠簸较大时，弹簧底座与弹簧之间发生摩擦，从而产生异响。

故障排除

拆下后减振弹簧，检查上部弹簧垫圈，如果垫圈变形严重或损坏，则更换上部弹簧垫圈；如垫圈完好，未变形，重新安装到位即可。注意：安装时，弹簧末端与上部弹簧垫圈止点必须对齐，且将弹簧与上部弹簧垫圈一起安装到车辆位置上；安装好之后，需再次检查弹簧与上部弹簧垫圈位置是否正确。如按以上方法维修后试车，异响仍然存在，继续检查后减振器缓冲块、后桥轴承支架橡胶-金属支座等。

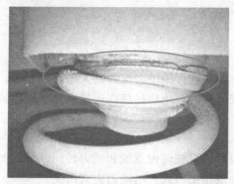

图 8-70 后减振弹簧与胶垫错位

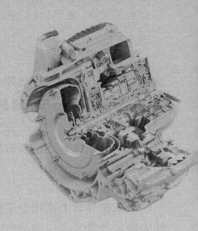

第九章 转向系统

第一节 概述

一、转向系统的作用

转向系统的作用是保证汽车在行驶中能按驾驶人的操纵要求，适时地改变行驶方向，且能在受到路面干扰偏离行驶方向时，还能保持汽车稳定地直线行驶，如图 9-1 所示。

二、转向系统的类型

转向系统按结构不同可分为机械转向系统和动力转向系统，如图 9-2 所示。其中动力转向系统按动力源不同可分为液压助力式和电动助力式两类。

图 9-1 转向系统的作用

(a) 机械转向系统

(b) 动力转向系统

图 9-2 转向系统的类型

三、转向系统的组成

1. 机械转向系统

机械转向系统主要由转向操纵机构（方向盘、转向柱）、转向器和转向传动机构（转向直拉杆、转向节、梯形臂和转向横拉杆）等组成，如图 9-3 所示。

（1）转向操纵机构　转向操纵机构的作用是将驾驶人操纵方向盘的力传递给转向器和转向传动机构，从而使转向轮偏转。它主要由方向盘和转向柱组成，如图 9-4 所示。

（2）转向器

① 作用。转向器是转向系统中减速、增力的传动装置，其作用是增大由方向盘传到转

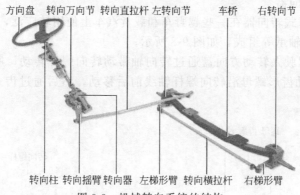

图 9-3 机械转向系统的结构

向节的力,并改变力的传递方向。

② 转向器的种类较多,一般是按转向器中传动副的结构形式分类。目前应用较广泛的有齿轮齿条式、循环球式和蜗杆曲柄指销式等,如图 9-5 所示。其中齿轮齿条式转向器在轿车中使用最广泛。

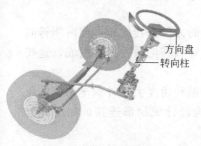

图 9-4 转向操纵机构

(a) 齿轮齿条式转向器　(b) 循环球式转向器　(c) 蜗杆曲柄指销式转向器

图 9-5 转向器的类型

③ 齿轮齿条式转向器的结构与工作原理。齿轮齿条式转向器主要由主动斜齿轮、齿条、转向器壳体、压紧弹簧、锁止螺母、齿条调整螺母和防尘套等组成,如图 9-6 所示。

压紧弹簧通过齿条导向套将齿条压靠在斜齿轮上,保证无间隙啮合,压紧弹簧的预紧力可用齿条调整螺母进行调整。

齿轮齿条式转向器在驾驶人转动方向盘时,转向柱内的转向轴带动斜齿轮转动,与之啮合的转向齿条则沿轴向左右移动,从而使左右横拉杆带动转向节左右转动,使左右前轮偏转,实现汽车转向,如图 9-7 所示。

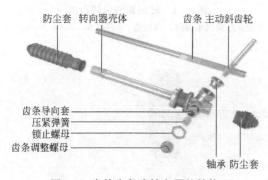

图 9-6 齿轮齿条式转向器的结构

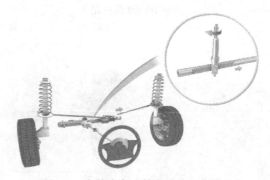

图 9-7 齿轮齿条式转向器的工作原理

(3) 循环球式转向器

① 结构。循环球式转向器在一些越野车和载货汽车上使用较广泛,它主要由转向蜗杆、钢珠、螺母、齿扇和轴承等组成,如图 9-8 所示。

② 工作原理。驾驶人转动方向盘通过转向轴带动转向螺杆转动,所有钢球在螺母之间形成"球流",并推动齿形螺母沿转向螺杆轴线前后移动,然后通过齿条带动齿扇摆动,如图 9-9 所示。

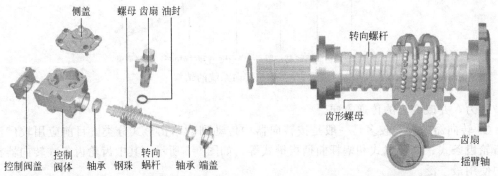

图 9-8 循环球式转向器的结构　　图 9-9 循环球式转向器的工作原理

(4) 转向传动机构　转向传动机构的作用是将转向器输出的力传给转向轮,使两侧转向轮偏转以实现汽车转向。其主要由转向直拉杆、转向节、梯形臂和转向横拉杆等组成,这些传动杆件之间采用球头连接形式,球头的结构如图 9-10 所示。

汽车在转向时,为了保证转向轮纯滚动,需要使内侧车轮偏转角度大于外侧车轮偏转角度,如图 9-11 所示。为了保证这种运动关系,将转向传动机构设计成梯形连接,如图 9-12 所示。

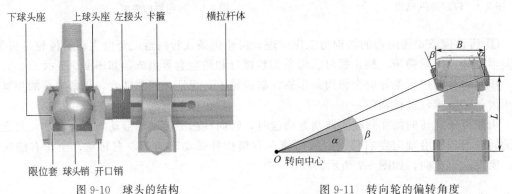

图 9-10　球头的结构　　图 9-11　转向轮的偏转角度

B 为轮距;L 为汽车轴距;内转角 β>外转角 α,$\cot\alpha - \cot\beta = B/L$

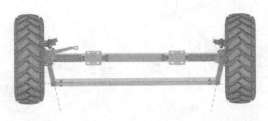

图 9-12　转向梯形

2. 动力转向系统

由于机械转向系统完全依靠驾驶人的体力来使车轮偏转，故转向较重，目前只在少部分微型车上采用，现代轿车上都采用动力转向系统。动力转向系统是兼用驾驶人体力和发动机的动力为转向能源的转向系统，它是在机械转向系统的基础上加设一套转向加力装置而形成的。动力转向系统按动力源不同，可分为液压助力式和电动助力式两大类，液压助力式在轿车上应用较广泛，但电动助力式在新式轿车上应用也越来越广。

液压助力式转向系统主要由机械转向部分和液压助力部分组成，其中液压助力部分主要由储油罐、转向液压泵、转向控制阀、液压缸和进、出油管等组成，如图 9-13 所示。

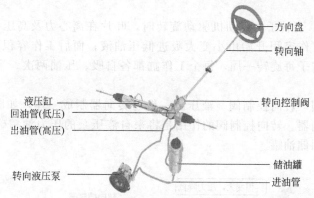

图 9-13 液压助力式转向系统的组成

(1) 储油罐 储油罐的作用是储存、滤清和冷却液压转向加力装置的工作油液，一般罐盖上有油标尺，便于检查油液的多少，如图 9-14 所示。

图 9-14 储油罐

(2) 转向液压泵

① 作用。转向液压泵是液压助力式转向系统的动力来源，其作用是将发动机输入的机械能转换为液压能输出，一般安装在发动机前部，由发动机曲轴通过传动带驱动，只要发动机运转，液压泵就使油液流动。注：发动机怠速运转时，汽油机压力值为 8.5～9.5MPa；柴油机压力值为 9.6～10.5MPa。

② 类型。如图 9-15 所示，转向液压泵有叶片泵、齿轮泵和转子泵三种，其中以叶片泵应用较普遍。

③ 叶片泵的结构与工作原理。叶片泵主要由驱动轴驱动，由四周开有小槽的转子、安装在转子槽上的叶片、定子、安全阀和壳体等组成，如图 9-16 所示。

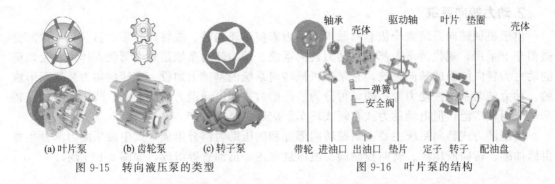

图 9-15 转向液压泵的类型　　图 9-16 叶片泵的结构

如图 9-17 所示，当转子由发动机驱动旋转时，叶片在离心力及高压油的作用下紧贴在定子的内表面，其工作容积开始由小变大吸进低压油液；而后工作容积由大变小，压缩油液，输出高压油。转子每旋转一周，每个工作缸都各自吸、压油两次。当系统油压过高时，安全阀打开泄压。

（3）转向控制阀　转向控制阀、液压缸一般与转向器制成一体，如图 9-18 所示为齿轮齿条式液压助力转向器。转向控制阀的作用是将来自液压泵的压力油精确地分配到液压缸，并将多余的油液流回储油罐。

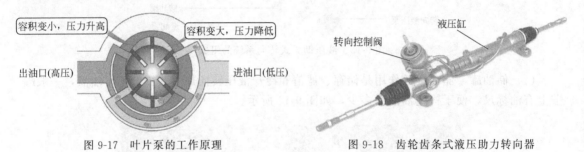

图 9-17 叶片泵的工作原理　　图 9-18 齿轮齿条式液压助力转向器

转向控制阀主要由阀体、阀芯、扭杆和壳体等组成，如图 9-19 所示。

当车辆直线行驶时，如图 9-20 所示，控制阀阀芯处于阀体的中间位置，此时由液压泵过来的液压油经控制阀后直接流回储油罐，液压缸两端压力相等。

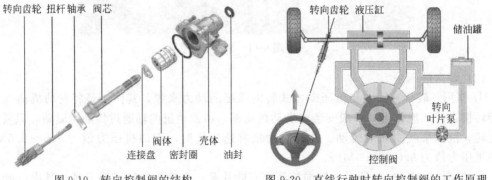

图 9-19 转向控制阀的结构　　图 9-20 直线行驶时转向控制阀的工作原理

当车辆向右转向时，如图 9-21 所示，在转向轴的带动下，控制阀也随之移动，接通油缸右侧与液压泵的油路，来自液压泵的高压液压油推动液压缸向左侧移动，同时液压缸左侧的油液流回储油罐，从而推动转向轮向右偏转。

当车辆向左转向时，如图 9-22 所示，在转向轴的带动下，控制阀也随之移动，接通油缸左侧与液压泵的油路，来自液压泵的高压液压油推动液压缸向右侧移动，同时液压缸右侧的油液流回储油罐，从而推动转向轮向左偏转。

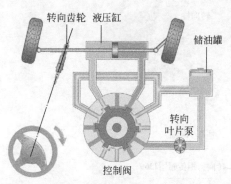 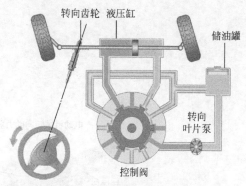

图 9-21　向右转向时转向控制阀的工作原理　　　图 9-22　向左转向时转向控制阀的工作原理

第二节　电动助力转向系统

一、电动助力转向系统的基本组成

电动助力转向系统没有转向助力油，减少了对环境的污染。"双齿轮"式电子机械助力转向系统，由两个能够向转向拉杆提供足够转向力的齿轮组成（转向小齿轮和驱动小齿轮），根据驾驶员转向意愿要求，调节电机工作，帮助转向。系统通过"主动回正"功能帮助转向轮回到中心位置，以保证在各种驾驶情况下能获得良好的平衡感觉及精确的直线行驶稳定性。

由于有了直线行驶稳定功能，当车辆受到侧向风力的作用和行驶在上下颠簸的路面时，驾驶员更容易控制车辆在直线上行驶。

电动助力转向系统的基本组成如图 9-23 所示，随着电动机械转向助力器的使用，液压式转向助力系统可以被取消。由于不再使用液压油，所以该转向系统在环境保护方面做出了重大贡献。

所使用的电动机械转向助力器是一种双小齿轮，它以两个小齿轮（转向齿轮和驱动齿轮）命名，在它们的帮助下，需要的转向力被传导到齿条上。

二、奥迪滚珠丝杠电动助力转向系统

奥迪电动助力转向的结构及原理如图 9-24～图 9-28 所示。滚珠丝杠能够将电机的旋转运动转换成齿条的直线运动。滚珠丝杠的工作原理类似于螺栓、螺母系统。螺距变成了沟道，螺栓（螺杆）和螺母（球循环螺母）之间的连接是通过沟道中的球来实现的。这些球的滚动就像轴承内的滚子元件一样，在一个封闭的循环回路中运动。要想实现这种运动，球循环螺母内要有一个循环通道，将球循环螺母的沟道"起点"和"终点"连接在一起。

随着球循环螺母的反向转动以及球滚动方向的逆转，螺杆的运动方向也会跟着改变。滚珠丝杠在将旋转运动转换成直线运动时，因为摩擦减小了（球与沟道是点接触的），所以功率的消耗只有普通螺杆传动功率的 1/3。整个结构具有磨损小、定位精度高（安装间隙很小）的特点。

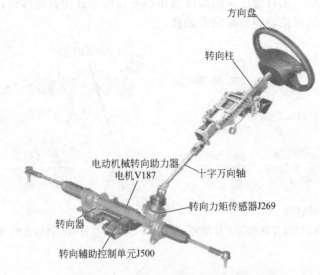

图 9-23 电动助力转向系统的基组成

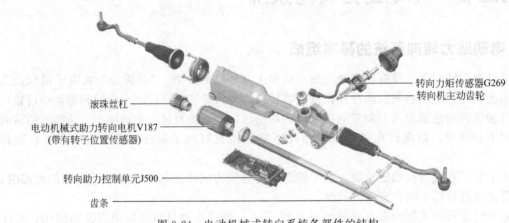

图 9-24 电动机械式转向系统各部件的结构

图 9-25 控制单元　　图 9-26 电动机械式助力转向电机

球循环螺母被纵向固定，如果转动，那么螺杆就会按如图 9-27 所示箭头指示的方向做直线运动。为了减少这些球之间的接触，循环通道越短越好，因此，在球循环螺母内采用两条彼此分开的循环通道。

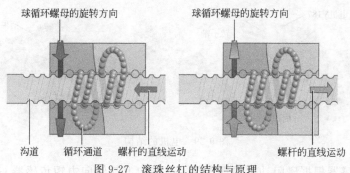

图 9-27　滚珠丝杠的结构与原理

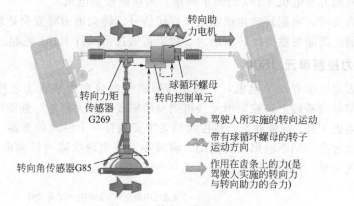

图 9-28　转向工作原理

在奥迪 A7 Sportback 上，球循环螺母与转子空心轴是连在一起的，齿条的一端被设计成螺杆形。电机被启动时，转子空心轴连同球循环螺母开始转动，齿条也就开始直线运动。电机转动产生的力可为方向盘左转、右转提供助力。电机电流的大小决定了转向助力力矩的大小。

三、大众电动助力转向系统

1. V187 电动助力转向系统电机

电机安装在一个铝质壳罩中，如图 9-29 所示。转子轴在输出侧呈蜗杆状。蜗轮驱动小齿轮用于转向助力支持。驱动轮与小齿轮之间的摇摆减振器可以保证活动自如。

V187 是一个异步电机。异步电机在结构上很简单（无刷），因此运行非常稳定。其响应时间很短暂，因此适合极快的转向运动。最大助动力矩为 4.4N·m。即便在无转动的情况下，发动机也会产生转矩。

2. 转子转速传感器

电机 V187 转子的位置（扭转角度）通过一个传感器获得。该传感器的工作基于磁电阻式效果（磁电阻式效果：一条导线轨的电阻在横向和纵向上随作用的磁场方向而改变）。传感器是电机的一个组成部分并不可从外部操作。传感器提供一个正弦和一个余弦信号作为角度输出信号。两个信号被输出，以便可以通过控制单元进行合理性检验（功能监控）。控制单元 J500 需要位置数据说明以用来计算所必需的转向助力。

转子转速传感器是电动机械转向助力器电机 V187 的一个组成部件，从外部无法接触到它。

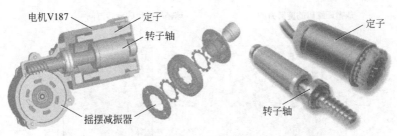

图 9-29 电机的结构

转子转速传感器根据磁阻功能原理工作，在结构上与转向力矩传感器 G269 相同。它探测电动机械转向助力器电机 V187 的转子转速，来精确控制电机。

当传感器失灵时，将把转向角速度用作替代信号。转向助力将安全地缓慢降低，从而避免由于传感器的失灵而突然关闭转向助力。故障将通过指示灯 K161 亮起红灯来显示。

3. 转向助力控制单元 J500

控制单元固定连接有一个电机，它们是按照微型混合动力装置工艺搭建的，如图 9-30 所示。在输入信号的基础上，控制单元获得当前所需要的辅力转矩。励磁电流的电流强度将被计算，并且电机 V187 将被触发。在控制单元中安装有一个温度传感器，它测量输出级的温度。如果温度过高，功率输出及转向助力将减小。在出现故障时转向助力装置将被"软"关闭。作为替代信号，将由转向角信号形成一个转向速度信号。

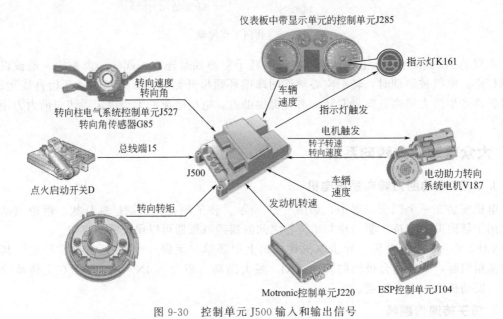

图 9-30 控制单元 J500 输入和输出信号

4. 转向力矩传感器 G269

传感器按照磁电阻式传感器的功能原理工作。磁环通过一个转向转轴与扭杆的上部固定连接在一起，如图 9-31 所示。传感器位于与扭杆的上部固定连接在一起的小齿轮轴上。

通过复位环完成触点接通信号。根据对方向盘作用力的不同，扭杆完成一圈定义的旋转。由此在磁环和传感器之间产生一个相对运动。由磁电阻式效果而产生的电阻变化通过控制单元计算出。

如果识别了一个故障,转向助力系统将被关闭。关闭不是立即断电,而是缓慢进行的。对于被控制的缓慢关闭而言,控制单元将由转向角及电机转子转速构成一个转向力矩替代信号。

5. 转向角传感器 G85

转向角传感器在复位环的后面,和安全气囊滑环安装在一起,它位于组合开关和方向盘之间的转向柱上,如图 9-32 所示。

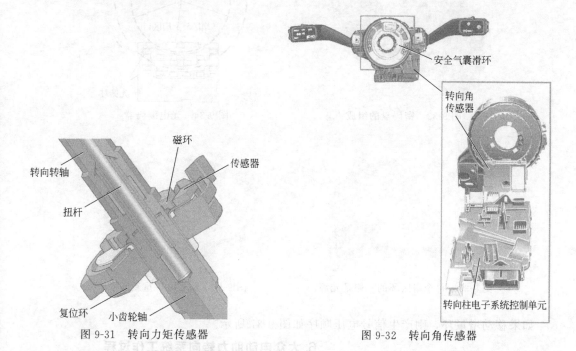

图 9-31 转向力矩传感器　　图 9-32 转向角传感器

它通过 CAN 数据总线向转向柱电子系统控制单元 J527 提供信号测算转向角,转向柱电子系统控制单元中有电子系统分析信号。向带有 EDL/TCS/ESP 的 ABS 控制单元传递方向盘转角信号。

失效影响:系统将不能识别车辆的预期行驶方向(驾驶员意愿),导致 ESP 不起作用。

自诊断:更换控制单元或传感器后,需重新标定零点。

当传感器失灵、紧急运行程序启动时,缺损的信号被设置成替代值,完全保持转向助力。该故障将通过指示灯 K161 的亮起来显示。

转向角传感器的基本组成部件:带有两个密码环的密码盘;各有一个光源和一个光学传感器的光栅对。

密码盘由两个环组成,如图 9-33 所示,在外面的一个叫作绝对环,里面的一个叫作增量环。增量环被分为 5 个扇区,每个扇区 72°,它由一对光栅对读取,如图 9-34 所示。该环在扇区有开口,同一扇区内的开口顺序是相同的,但不同扇区之间的开口顺序则不同,从而实现了各扇区之间的设码。

转向角传感器可以识别 1044°的转向角,它对角度进行累加。由此当超出 360°标记时,能够识别方向盘完全转动了一圈。转向器的这种设计结构可以使方向盘转动 2.76 圈。

若出于简化考虑,仅观察增量环,那么每个扇区环的一侧是光源,另一侧是光学传感器,如图 9-35 所示。

当光线穿过缝隙落到传感器上时,就产生了信号电压。当光源被遮盖时,信号电压又重新断开,如图9-36所示。

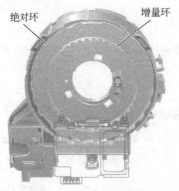

图9-33 密码盘的组成

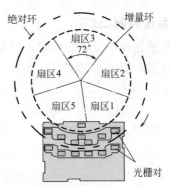

图9-34 光电编码器

图9-35 每个扇区环的一侧是光源

图9-36 信号电压重新断开

如果移动增量环,则产生信号电压顺序如图9-37所示。

图9-37 移动增量环产生信号电压顺序

6. 大众电动助力转向系统工作过程

驾驶员开始转向,通过作用在方向盘上的扭矩扭转扭杆。转向力矩传感器G269捕捉扭转并向控制单元J500报告所获得的转向力矩。转向角传感器G85报告当前的转向角及转向速度。

控制单元由转向力矩、车辆速度、发动机转速、转向角、转向速度以及在控制单元中存储的特征曲线获得触发电机的额定力矩。作用在方向盘上的扭矩和助力力矩的和即为推动齿条作用在转向器上的有效力矩,如图9-38所示。

如果驾驶员不再施加作用力在方向盘上或松开方向盘,扭杆将释放压力,转向力矩将降为零。

由于车桥几何形状所致,在安装好的车轮上将产生复位力。由于转向系统的摩擦,复位力一般都很小,以至于车轮将再次在直线行驶位置上转动。

控制单元J500通过转向角传感器G85的转向角值对此进行识别。控制单元通过计算出转向力矩、车辆速度、发动机转速、转向角、转向速度和在控制单元中保存的特征曲线来计算出复位所需要的电机扭矩。

电机被触发,并且车轮将重新转回到直线行驶位置,齿条上的主动复位最大助力力矩被限制为25N·m,如图9-39所示。

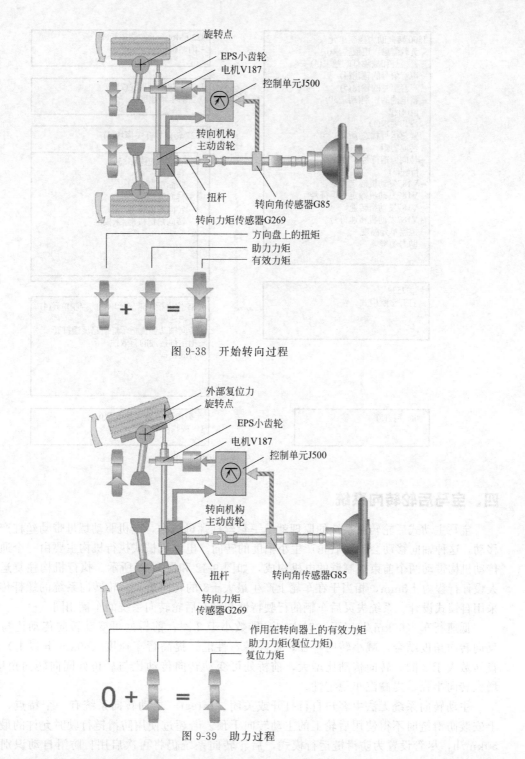

图 9-38 开始转向过程

图 9-39 助力过程

在蓄电池断开连接或失灵的情况下，通过车载电网控制单元（图 9-40）可以确保在发动机运行的情况下有足够的电流供电动助力转向系统使用，如图 9-41 所示。

必要时，低优先级别的某些用电设备将被关闭。如果系统因为故障完全被关闭，汽车应可不受限制地转向。

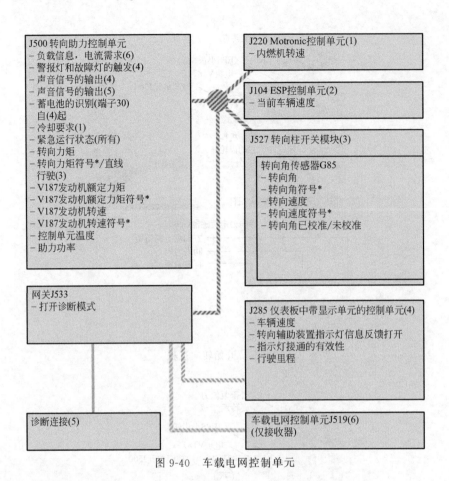

图 9-40 车载电网控制单元

四、宝马后轮转向系统

宝马主动式后轮转向系统的原理就是一套丝杠螺母机构，电机驱动螺母带动丝杠产生轴向移动，这种轴向移动会带动后轮产生小幅度的转向。电动机械式执行机构主要由一个通过螺杆传动机构带动两个前束控制臂的电机构成，如图9-42和图9-43所示。执行机构往复运动的最大设计行程为±8mm，相当于在车轮上产生最大±3°的转向角。后轮转向系统的螺杆传动机构采用自锁式设计。系统失灵后车辆的行驶特性与没有后轮转向系统的车辆相同。

低速行车（60km/h以下）时方向盘转数小于2圈，前桥处可变动转向传动比与后桥处反向转向角度结合，减小转向半径，提高转弯性能。提高行车速度（60km/h以上）时方向盘转数大于2圈，转向传动比增大，前桥处可变动转向传动比与后桥处同向转向角度结合，增大转向半径，提高汽车稳定性。

主动转向系统无法由客户自行打开或关闭。Integral主动转向系统有一个特点，即后桥上安装防滑链时不得使用后轮上的主动转向干预。若超过使用防滑链行驶时允许的最高车速50km/h，尽管设置为防滑链运行模式，后轮转向系统仍将再次启用！防滑自动识别（仅限宝马公司许可使用的防滑）。

这样，无论是急转弯或是在停车场泊车，整体主动转向系统使转向更容易。低速行驶，后轮可转向与前轮相反的方向，以减少转弯半径，并确保每一次都精准过弯。当以高于80km/h的速度改变车道时，前轮和后轮会转向同一方向，以确保高速变道时的平稳性及及时、有效的转向响应。例如带有DSC和AL在不同路面摩擦系数下制动，车辆会不稳，

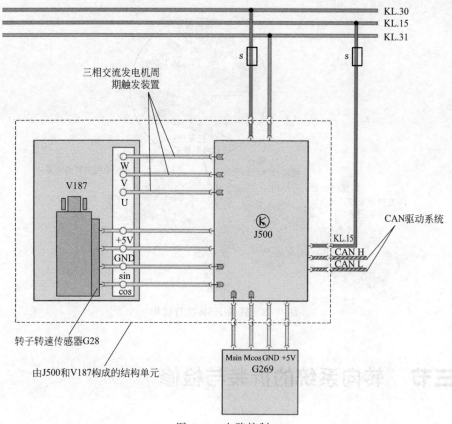

图 9-41 电路控制

DSC 就会计算前轮转向角，主动转向系统将这一数据转化为主动反向转向。这样就会形成一个绕车辆垂直轴的反向力矩，从而"补偿"（抵消）之前形成的偏转力矩。带有 DSC、行驶动态协调控制器和 Integral 主动转向系统的车辆在附着系数不同的路面上制动时，行驶动态协调控制器通过前桥和后桥上的反向转向干预调节用于稳定车辆的偏转力矩，这将补偿因单侧制动力而造成的车辆跑偏，因此可以为实现较短的制动距离提供最大制动力。

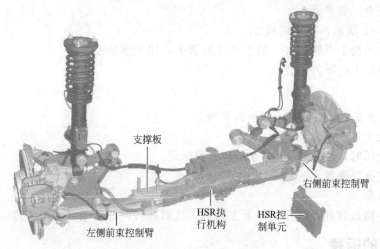

图 9-42 主动转向后桥构造

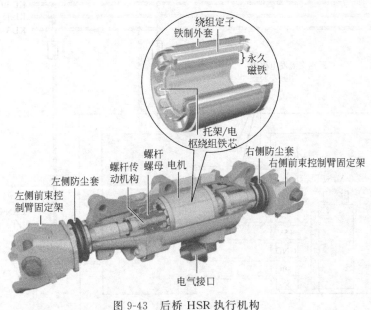

图 9-43 后桥 HSR 执行机构

第三节　转向系统的拆装与检修

一、四辐方向盘的拆装

大众奥迪方向盘装配结构如图 9-44 所示。

1. 拆卸

① 使车轮处于正前打直位置。
② 使用转向柱调整装置的整个调整范围，尽量把方向盘向后放低。
③ 关闭点火开关。
④ 拆卸安全气囊单元。
⑤ 如图 9-45 所示，旋出螺栓 2。
⑥ 标记方向盘 1 至转向柱 3 的安装位置箭头，用于重新安装。
⑦ 从转向柱上拔下方向盘。

2. 安装

安装以倒序进行，同时要注意下列事项。
① 前轮处于正前打直位置。
② 重新使用时，注意转向柱/方向盘上的标记。
③ 安装安全气囊单元。
④ 进行试车。
⑤ 如果方向盘倾斜，则重新拆下方向盘，然后在转向柱的啮合齿上换位。

二、转向柱的拆装

大众奥迪转向柱装配结构如图 9-46 所示。

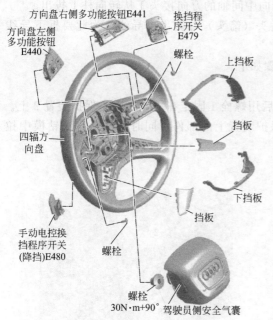

图 9-44 大众方向盘装配结构

图 9-45 旋出螺栓

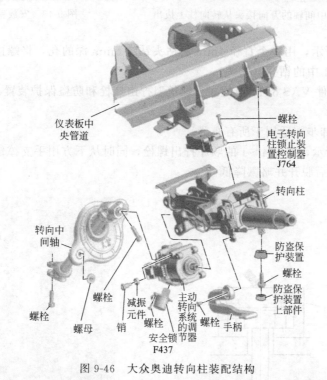

图 9-46 大众奥迪转向柱装配结构

1. 拆卸

① 拆卸驾驶员侧脚部空间盖板前部件。
② 拆卸驾驶员侧脚部空间出风口。
③ 拆卸转向柱开关模块。

④ 如图9-47所示，拧出螺栓2，然后将转向中间轴的万向接头1从转向柱上拔出。

⑤ 带主动转向系统的装备型号：脱开电插头（箭头）并露出电导线，为此要拆下导线支架。

装备机械式防盗保护装置的转向柱拆卸步骤如下。

① 插入保护板套件VAS 871009。

② 如图9-48所示，安放钻模T40338，然后用螺栓1固定在机械式防盗保护装置2上。

③ 用维修套件中的钻头钻透机械式防盗保护装置上的部件，同时通过反复从钻模中拉出以清洁钻头。

④ 拆下钻模。

图9-47 将转向中间轴的万向接头从转向柱上拔出

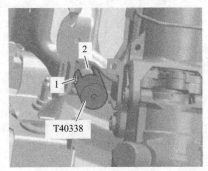
图9-48 安放钻模

⑤ 如图9-49所示，用一个直径4mm的钻头钻约8mm深的孔，将螺栓2通过机械式防盗保护装置上部件1中的钻孔（箭头）。

⑥ 用螺丝刀套件VAS 5514中的3号螺丝刀拧出螺栓和防盗保护装置。

⑦ 吸出钻屑。

以下转向柱拆卸步骤适用于所有车辆。

① 如图9-50所示，按照4~1的顺序拧出螺栓，同时从下方用手支撑住转向柱（箭头）。

② 将转向柱向后脱开并略微降低。

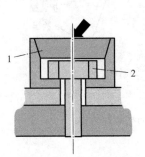
图9-49 防盗保护装置上部件中的钻孔

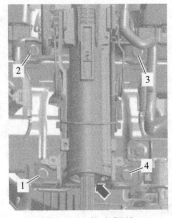
图9-50 拧出螺栓

③ 如图9-51所示，脱开并露出电子转向柱锁止装置控制器J764（图中位置1的电插头3）；提示：无须理会图中位置2。

④ 取下转向柱。
⑤ 将转向柱从主动转向系统的调节器上脱开。

2. 安装

安装以倒序进行，同时要注意，如图 9-52 所示，将转向柱置于安装位置，为此将装配钩 1 挂到中央管 2 上，如箭头所示。

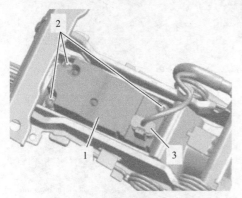

图 9-51 控制器 J764 的电插头

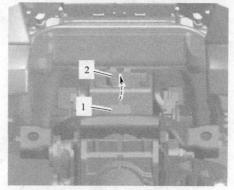

图 9-52 将转向柱置于安装位置

装备机械式防盗保护装置的转向柱安装步骤如下。
① 如图 9-53 所示，将螺栓 2 与机械式防盗保护装置的下部件 1 置于安装位置。
② 将机械式防盗保护装置的上部件 3 用一把塑料槌齐平地敲入下部件中。
③ 安装转向中间轴。

三、转向中间轴的拆装

1. 拆卸

① 使车轮处于正前打直位置。
② 将驾驶员座椅向后调整到极限位置。
③ 使用转向柱调整装置的整个调整范围，尽量把方向盘向后放低。
④ 关闭点火开关。

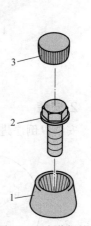

图 9-53 安装螺栓

⑤ 在车轮位于正前打直位置时把方向盘用胶带固定住，以防意外转动，如图 9-54 中箭头所示。
⑥ 如图 9-55 所示，旋出螺栓 2。
⑦ 将转向中间轴的万向接头 1 从转向器 3 上拔出。
⑧ 拆卸驾驶员侧脚部空间盖板前部件。
⑨ 拆卸踏脚板。
⑩ 将地板垫略微向后按压。
⑪ 如图 9-56 所示，拧出螺母 1、4，取下转向中间轴 3 与密封唇 2。提示：无须注意箭头所指部位。
⑫ 如图 9-57 所示，拧出螺栓（箭头）并从转向柱 2 上拔出转向中间轴的万向接头 1。
⑬ 取下转向中间轴。

图 9-54　把方向盘用胶带固定住

图 9-55　旋出螺栓 2

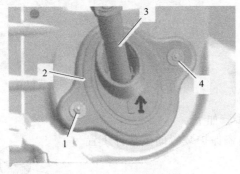

图 9-56　拧出螺母

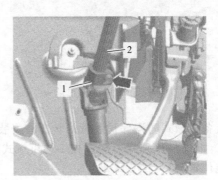

图 9-57　拧出螺栓

2. 安装

安装以倒序进行，同时要注意下列事项。

提示：拆卸后更换螺栓。清洁万向接头上的螺栓的螺纹孔，例如用丝锥。

① 将转向中间轴 3 按如图 9-58 所示置于安装位置，同时密封唇 2 必须在隔热层上。

② 箭头指向上方。

③ 拧紧螺母 1、4。

④ 如图 9-58 所示，将转向中间轴的万向接头 4 套到转向柱 2 或转向器的限位位置（箭头 B）。转向柱或转向器的凹槽 3 必须精确对准万向接头上用于插入螺栓 1 的孔（箭头 A）。

⑤ 用手将新螺栓拧入至限位位置。

⑥ 通过尝试拔出，检查转向中间轴是否安装正确，然后拧紧螺栓。

⑦ 对连接至转向器的下部万向接头重复该过程。

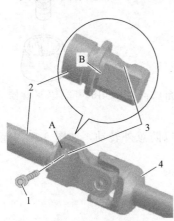

图 9-58　将转向中间轴的万向接头套到转向柱

四、转向器的拆装

大众奥迪转向器安装结构如图 9-59 所示。

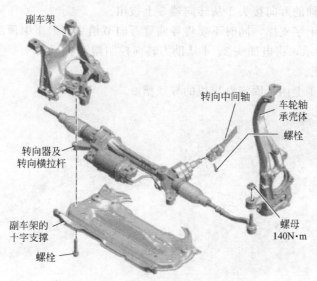

图 9-59 大众奥迪转向器安装结构

1. 拆卸

① 使车轮处于正前打直位置。

② 关闭点火开关。

③ 在车轮位于正前打直位置时把方向盘用胶带固定住,以防意外转动,如图 9-60 中箭头所示。

④ 拆下前车轮。

⑤ 如图 9-61 所示,为保护螺纹,应将转向横拉杆头万向节销上的螺母(箭头)拧出,直到它与万向节销的螺纹齐平为止。

⑥ 将转向横拉杆头球形万向节用顶出器 VAS 251805 从车轮轴承壳体中顶出,如图 9-61 所示。

图 9-60 把方向盘用胶带固定住

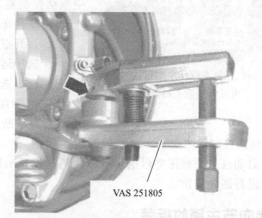

图 9-61 将转向横拉杆头球形万向节顶出

⑦ 然后拧出螺母,为此,必要时用内六角套筒扳手 SW 6 顶住万向节销。

⑧ 在对面一侧重复上述工作步骤。

⑨ 如图 9-62 所示,旋出螺栓 2。

⑩ 将转向中间轴的万向接头 1 从转向器 3 上拔出。

⑪ 降低副车架十字支撑，同时不要将导向臂万向节销从锥形座中顶出。

⑫ 如图 9-63 所示，将电插头 3、4 从助力转向控制器 J500 上断开，为此需松开防松件，并将解锁装置向下压。

⑬ 露出转向器 1 上用于固定电导线的导线槽 2。

图 9-62 将转向中间轴的万向接头从转向器上拔出

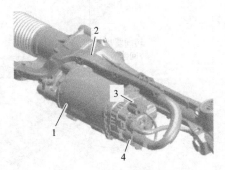

图 9-63 将电插头断开

⑭ 如图 9-64 所示，将支撑杆 T40335 左侧和右侧插入副车架中。如有必要，通过滚花手槽调整支撑杆。

⑮ 将支撑杆左侧和右侧用开口销（箭头）锁定。

⑯ 拧出固定销 T40334，取下转向器。

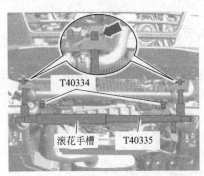

图 9-64 将支撑杆左侧和右侧用开口销箭头锁定

2. 安装

安装以倒序进行，同时要注意下列事项。

① 安装副车架的十字支撑。

② 安装转向中间轴。

在安装了带助力转向控制器 J500 的新转向器后，应激活控制器，操作步骤如下。

① 连接车辆诊断测试仪。

② 打开点火开关。

③ 选择运行模式诊断并启动。

④ 选择选项卡检测计划。

⑤ 选择自检按钮并依次选择：底盘转向系统→01-具有自诊断功能的系统→44-助力转向控制器 J500→44-助力转向控制器功能→44-更新控制器。

⑥ 启动选择的程序并根据车辆诊断测试仪显示屏上的说明进行操作。

⑦ 进行四轮定位。

五、转向节主销的拆装

1. 拆卸

① 松开轮毂上的万向轴螺栓。

② 松开车轮螺栓。

③ 升高车辆。
④ 拆卸车轮。
⑤ 拧下螺母，如图 9-65 中箭头所示。
⑥ 从轮毂中将万向轴稍微拉出。
⑦ 将摆臂从转向节主销中拉出。
⑧ 尽量向下弯曲摆臂。
⑨ 如图 9-66 所示，松开转向节主销螺母，但不要拧下。

 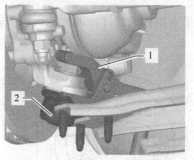

图 9-65 拆下螺栓　　图 9-66 松开转向节主销螺母
　　　　　　　　　　1—万向节拉拔器；2—转向节主销

⑩ 将转向节主销从车轮轴承罩上压出，拧出螺母并取出转向节主销。注：使用万向节拉拔器 3287A。

2. 安装

安装以倒序进行。安装时应注意下列事项。
① 将转向节主销装入车轮轴承罩中。
② 把万向轴装入轮毂内。
③ 拧上新的自锁螺母，同时卡住内星形 T40 处。
④ 拧紧螺母，如图 9-67 中箭头所示，力矩为 60N·m。

图 9-67 拧紧螺母

六、主销检查

① 检查轴向间隙：如图 9-68 所示，沿箭头方向用力将摆臂向下拉，并重新向上压。
② 检查径向间隙：如图 9-69 所示，沿箭头方向向内和向外用力按压车轮下部。

 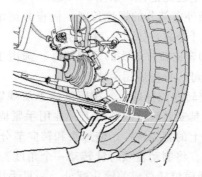

图 9-68 检查轴向间隙　　图 9-69 检查径向间隙

提示：在进行两项检测时，不允许有明显的、能够看到的"间隙"存在。检测时观察主销。注意可能存在的车轮轴承间隙或减振支柱支座上部的"间隙"。检查橡胶防尘罩是否损坏，如有必要则更换主销。

七、方向盘自由行程检查

① 停车，使车轮正对前方。

② 向左和向右慢慢转动方向盘，检查方向盘的自由行程。最大自由行程为30mm，如图9-70所示。

③ 如果自由行程超过最大值，则检查转向系统各部件是否磨损松动。

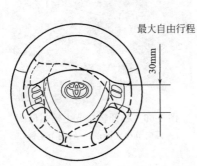

图 9-70　检查方向盘的自由行程

图 9-71　摆正车轮

八、转向拉杆更换

1. 拆卸需更换转向球头侧的轮胎

① 摆正车轮。将点火开关置于ACC挡位，然后将方向盘转至直线行驶的位置，再检查两个前轮是否处于直线行驶位置，如图9-71所示。

② 锁止方向盘。将钥匙转到"Lock"位置，拔下点火钥匙，稍微转动方向盘，使方向盘锁止而不能转动，拆卸车轮。

2. 拆卸转向拉杆球头

① 清洁转向拉杆球头。使用干净的抹布清洁转向拉杆球头及拉杆。

② 在拉杆球头和锁紧螺母上做标记。使用专用记号笔在拉杆球头和锁紧螺母的中心水平方向做一个装配记号，如图9-72所示。

③ 记录外露部分的螺纹长度。检查并记录转向拉杆螺纹部分内侧最边缘位置与锁紧螺母之间的螺牙个数，如图9-73所示。

④ 拆卸转向拉杆球头的紧固螺母。选用19mm套筒、棘轮扳手，拆卸转向拉杆与转向节的固定螺母，拧松后用手取下。

⑤ 分离转向拉杆球头。按照维修手册规定，选用转向球节拆卸专用工具。将转向球节拆卸专用工具安装到转向球节上，并用手紧固转向球节拆卸专用工具，如图9-74所示，旋转专用工具上的紧固螺栓，使球头和转向节分离，分离后取下专用工具。用手从转向节上分开转向球头。将制动盘顺时针转动一个角度。

⑥ 松开横拉杆总成的锁止螺母。一只手用18号呆扳手固定转向拉杆球头，另一只手用22号呆扳手顺时针松开转向横拉杆的锁紧螺母。

⑦ 选用呆扳手。正确使用工具固定转向拉杆，用手转动并取下转向球头，如图 9-75 所示。

图 9-72 做标记

图 9-73 记录外露部分的螺纹长度

图 9-74 分离转向拉杆球头

图 9-75 取下转向球头

3. 安装新转向拉杆球头

① 检查新的转向拉杆球头。检查新的转向拉杆球头零件号是否正确；检查转向拉杆球头外观是否有破损、螺纹是否有损伤、锈蚀等现象；检查球头是否活动自如。

② 将转向拉杆球头安装到转向拉杆上。检查转向拉杆锁紧螺母内侧外露螺牙数量是否与记录相符（图 9-76），必要时调整。

③ 旋转拉杆球头。一只手用呆扳手固定转向拉杆，另一只手将转向拉杆球头慢慢旋入到与锁紧螺母接触，如图 9-77 所示。

图 9-76 检查外露螺牙数量

图 9-77 旋转拉杆球头

④ 将转向横拉杆球头部分连接到转向节上。适当旋转转向横拉杆球头使其螺纹部分向下，将转向横拉杆球头压入转向臂内，再用塑料槌向下敲击转向横拉杆球头，使其安装到位。

⑤ 旋紧转向横拉杆球头紧固螺母。用手将转向横拉杆球头紧固螺母旋入，再选用19mm套筒、扭力扳手旋紧转向横拉杆球头紧固螺母。

⑥ 紧固转向横拉杆调整螺母。一只手用18号呆扳手固定转向横拉杆球头，另一只手用22号呆扳手紧固转向横拉杆调整螺母。

⑦ 安装车轮。

九、液压助力转向系统检查

液压助力转向系统使用的油液，随着时间的延长会逐渐变质，定期更换液压助力转向液非常必要，助力器液也可以用自动变速器液（ATF）来代替。

1. 液压助力转向系统的常规检查

① 检查各油管接头、油管是否渗漏，管路安装是否牢固。

② 启动发动机怠速运转、保持车辆原地不动，连续转动方向盘至左、右极限位置数次，以便使油液升高到正常工作温度（60~80℃），将发动机熄火，检查液面高度，要求储液罐液面在上下标线之间。

③ 打开储液罐盖，将油液蘸出并涂在手上，检查油液有无乳化、起泡、颜色变深等，若有则应提前更换助力液。

④ 用手从助力泵皮带中间位置按压（约40N），皮带挠度以10mm为宜，且皮带无裂纹、脱胶、老化等状况。

2. 液压助力转向系统放气操作

① 启动发动机，运行至助力油液到正常工作温度。

② 向左、右转动方向盘至极限位置，保持5s左右，反复操作2~3次，就能将助力系统渗入的气体放出。

注意：液体助力转向系统为长流式液体助力结构；方向盘在极限位置时，管路处于截流状态，液压系统压力范围为6.5~8.0MPa，因此，应避免处于方向盘极限状态时间过长；当出现转向助力忽大忽小时，一般为转向油缸中存留气体，应进行放气操作。

3. 转向助力液的更换

① 将车辆停放在平直的路面上，启动发动机运行，使储液罐内的油液达到正常工作温度。

② 发动机熄火后，打开储液罐盖，用专用工具将油液全部抽出，然后加入新的油液至正常液面位置。

③ 启动发动机运行，向左、右转动方向盘至极限位置，如此反复2~3次，使助力系统油液充分循环。

④ 将发动机熄火，用专用工具抽出油液，再加入新的油液，如此反复操作2~3次，直到储液罐内的油液与新油液颜色接近。最后调整液面高度至正常值，转向助力液更换操作完毕。

注意：转向助力液可用自动变速器液（ATF）替代；转向助力液的更换周期一般为60000~80000km，以厂家规定的更换周期为准。

第四节　转向系统的故障诊断与维修

一、机械转向系统常见故障诊断

1. 转向沉重

汽车在行驶中驾驶人向左、向右转动方向盘时，感到沉重费力，无回正感；当汽车低速转弯行驶和调头时，转动方向盘感到超乎寻常地沉重，甚至转不动。

（1）原因
① 转向器轴承装配过紧。
② 传动副啮合间隙过小。
③ 横、直拉杆球头销装配过紧或接头缺油。
④ 转向节主销与衬套配合过紧。
⑤ 转向轴或柱管弯曲，互相摩擦或卡住。
⑥ 转向装置润滑不良。
⑦ 前束调整不当。

（2）诊断
① 拆下转向臂，转动方向盘，如感觉沉重则应调整轴承紧度和传动副啮合间隙。若有松紧不均或有卡住现象，则应拆下转向轴检查传动副及轴承有无损坏，转向轴与柱管有无摩擦或卡住现象，必要时进行修理或更换。
② 转动方向盘时，如感到轻松，则故障在传动机构，应顶起前轴，并用手左、右扳动前轮。如过紧，应检查转向节主销与衬套，推力轴承和直、横拉杆球头销配合是否过紧，润滑是否良好，必要时进行调整和润滑。
③ 若上述情况均正常良好，则应检查前轴和车架是否变形，前束是否符合标准，必要时调整前束。

2. 转向不稳

（1）原因
① 转向器轴承过松。
② 传动副啮合间隙过大。
③ 横、直拉杆球头销磨损严重。
④ 转向节主销与衬套磨损严重，配合间隙过大。
⑤ 前轮毂轴承松旷。
⑥ 前轴弯曲。
⑦ 车架和轮辋变形。
⑧ 前束过大。

（2）诊断
① 一人转动方向盘，另一人在车下检查传动机构，如方向盘转了许多而转向臂并不转动，则故障在转向器；如转向臂转动了许多而前轮并不偏转，则故障在传动机构。
② 如果故障在转向器，应检查传动副啮合间隙，必要时进行调整。
③ 如果故障在传动机构，应检查转向臂和直、横拉杆各球头销是否松旷，必要时进行

调整。

④ 经检查上述情况良好，则应架起前轴并用手推动车轮，检查转向节主销与衬套，前轮毂轴承是否松旷，必要时进行调整或修理。

⑤ 方向盘经过上述检查、调整后仍不稳定，应检查前轴和车架以及轮辋是否变形，前束是否符合标准规定，必要时进行调整或修理。

3. 单边转向不足

（1）原因

① 转向摇臂在转向摇臂轴上装配位置不合适。

② 有一边前轮转向角限位螺钉过长。

③ 直拉杆弯曲变形。

④ 前钢板弹簧骑马螺栓松动或中心螺栓折断。

⑤ 中心不对称的前钢板弹簧前后装反。

（2）诊断

① 若汽车转向原来良好，由于行驶中的碰撞而造成转弯半径一边大一边小时，应检查直拉杆、前轴、前钢板弹簧有无变形和中心螺栓有无折断现象。

② 若在维修后出现单边转向不足，可架起前桥，先检查转向摇臂是否装配正确。可将方向盘向一边转到尽头，再回到另一边尽头，记住方向盘转动的总圈数，然后检查转向摇臂的位置，即在总转动圈数之半时前轮是否在居中的位置。倘若位置不对，应拆下转向摇臂另行安装。若摇臂位置始终不能使前轮对中，则应检查直拉杆有无弯曲变形。若转向角不等仅是受到转向限位螺钉不同长度的影响，则应调整限位螺钉。

③ 对于中心不对称的前钢板弹簧，则应检查是否有装反现象。

4. 方向盘自由转动量过大

汽车保持直线行驶位置或静止不动时，方向盘左、右转动的游动角度过大。

（1）原因

① 转向器内主、从动啮合部位间隙过大或主、从动部位轴承松旷。

② 方向盘与转向轴连接部位松旷。

③ 转向垂臂与转向垂臂轴连接松旷。

④ 直、横拉杆球头连接部位松旷。

⑤ 直、横拉杆臂与转向节连接松旷。

⑥ 转向节主销与衬套磨损后松旷。

⑦ 车轮轮毂轴承间隙过大。

（2）诊断

① 更换轴承或调整轴承紧度。

② 更换球头。

③ 调整转向器齿轮啮合间隙或更换损坏的齿轮。

5. 车轮回正不良

（1）原因

① 转向车轮轮胎气压不足。

② 前轮定位失准。

③ 转向器齿轮调整不良或损坏。

（2）诊断

① 按标准充气。
② 检查调整前轮定位。
③ 调整转向器或更换损坏的齿轮。

二、动力转向系统常见故障诊断

动力转向系统实际上是机械转向器加液压助力器。转向系统故障前面已叙述，因此动力转向系统的故障，就是指常见液压传动部分的泄漏、渗进空气、液压泵工作不良、操纵阀失效等引起的转向沉重、跑偏等。

1. 转向沉重

（1）原因
① 油箱缺油或油液高度不足或滤清器堵塞。
② 回路中有空气。
③ 液压泵磨损，内部泄漏严重，或驱动带打滑。
④ 安全阀泄漏，弹簧太软或调整不当。
⑤ 动力缸或分配阀密封圈损坏。
⑥ 各油管接头泄漏。

（2）诊断
① 检查液压泵传动带是否打滑或其他驱动形式的齿轮传动等有无损坏。
② 检查转向器、分配阀、液压泵、动力缸、各油管接头等有无渗漏。
③ 从油箱检查油质及油面高度。若发现油中有泡沫时，可能是油路中有空气。此时，可架起前桥或拆下直拉杆，启动发动机怠速运转，反复将方向盘从一个尽头转到另一个尽头，使动力缸在全行程往复运动，逐步排除油路中的空气。最后加添油液至规定高度。
④ 检查液压泵、安全阀、动力缸是否良好。接上与规定油压相适应的压力表和开关。打开开关，转动方向盘到尽头，启动发动机低速运转。这时，若油压表读数达不到该车型规定压力值，且在逐步关闭开关时，油压也不提高，说明液压泵有故障或安全阀未调整好。若油压表读数达到规定值，在逐步关闭开关时压力有所提高，说明液压泵良好，故障在动力缸或分配阀。

2. 汽车直线行驶时方向盘发飘或跑偏

（1）原因
① 控制阀回位弹簧损坏或太软，难以克服转向器逆传动阻力，使滑阀不能及时回位。
② 因油液脏污使滑阀运动受到阻滞。
③ 由于滑阀与阀体台阶位置偏移使滑阀不在中间位置。
④ 流量控制阀卡住使液压泵油量过大或油压管道布置不合理，导致油压系统管道节流损失过大，使动力缸左右腔压力差过大。

（2）诊断
① 应当检查油液是否脏污，新车或大修后的车辆不认真执行走合维护的换油规定，往往使油液脏污。
② 对于使用较久的车辆，则可能是流量控制阀或分配阀反作用弹簧失效所致，可在不启动发动机的情况下，转动方向盘，凭手感判断滑阀是否开启运动自如。若有怀疑，一般应拆装检查。

3. 左右转向轻重不同

（1）原因

① 分配阀的滑阀偏离中间位置，或虽在中间位置但与阀体台肩的缝隙大小不一致。

② 滑阀内有脏物阻滞，使左右移动时阻力不一样。

③ 调整螺母调整不当。

（2）诊断 这种故障多为油液脏污所致，应换新油。如果油液良好，对可调式分配阀，应将调整螺母重新调整，或拆开分配阀检查台肩的缝隙是否有毛刺，滑阀位置是否居中等。

4. 快转向时方向盘感到沉重

（1）原因

① 液压泵传动带打滑。

② 流量控制阀弹簧过软。

③ 安全阀、流量控制阀泄漏严重。

④ 液压泵磨损过甚。

⑤ 液压泵选型不对，使供油不足。

（2）诊断 这种故障多为供油量不足所致。因此，除应先检查传动带有无打滑，油箱存油是否符合规定外，可以顶起前桥，接上压力表及开关，进行快慢转向检验。同时变更发动机转速进行检验，根据压力变化做出诊断。

5. 转向时有噪声

（1）原因

① 油箱中油面过低，液压泵在工作时容易吸进空气；或液压泵传动带过松。

② 油路中存有空气。

③ 滤油器滤网堵塞，或因其破裂造成油管堵塞。更换滤清器。

④ 各管路接头松动或油管破裂。更换油管。

⑤ 液压泵损坏或磨损严重。更换动力转向装置。

（2）诊断

① 检查油箱液面高度，若缺油液，应加注液压油至标准高度。

② 检查液压泵传动带是否打滑。必要时调整传动带紧度。

③ 查看油液中有无泡沫，若有泡沫，应查找漏气处，排除动力转向装置中的空气。

④ 若转向器损坏或磨损产重，则更换转向器齿轮。

三、故障维修案例

1. 上海大众轿车行驶跑偏

故障现象

一辆上海大众 1.6L 轿车，搭载 CDF 发动机，累计行驶里程约为 5 万千米。据驾驶人反映，该车在行驶时始终向右侧跑偏，且助力转向指示灯会偶尔点亮（红色），做了四轮定位，但故障依旧。

故障排除

连接 VAS 6150B，读取故障码为 00573，如图 9-78 所示。助力转向系统有故障且助力转向指示灯点亮（红色），在不清除故障码的情况下，助力转向系统在应急模式下运行，转向助力依然存在；在断电清除故障码后，若助力转向系统存在元件方面的故障，如转向扭矩传感器 G269、转向角传感器 G85 或助力转向控制单元 J500 有故障,那么转向助力将完全消失且无法恢复,只能更换转向机总成。

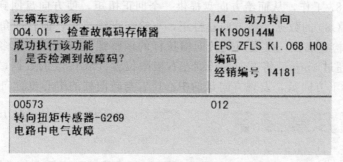

图 9-78 读取的故障码

分析故障码,决定先检查 G269。G269 集成在 J500 内,相关电路如图 9-79 所示。用万用表检测端子 T2p/2 的 30a 供电线、端子 T5e/2 的 15a 供电线和端子 T2p/1 的 31 搭铁线,检测结果表明 J500 的供电和搭铁均正常。测量端子 T5e/1 和端子 T5e/2 之间的电压,工作时电压为 2.5~3.5V,休眠模式下的电压为 0V,说明 CAN 总线通信正常。测量端子 T5g/2 和端子 T5g/3 之间的电压,为 0V,正常电压应在 5V 左右,说明 G269 供电电路有故障。拔下导线侧连接器,直接测量导线侧连接器端子 T5g/2 与端子 T5g/3 之间的电压,为 4.5V 左右,正常;再插上导线侧连接器测量,又无电压,这说明导线侧连接器内部线束存在断路现象。对该导线侧连接器进行处理后,故障码变为偶发,助力转向指示灯熄灭,但经试车发现车辆依旧跑偏。拆下 J500 的 15a 供电线的熔丝,让助力转向系统停止工作,查看跑偏是否是由四轮定位参数引起的,结果车辆行驶良好,由此确定还是助力转向系统有故障。

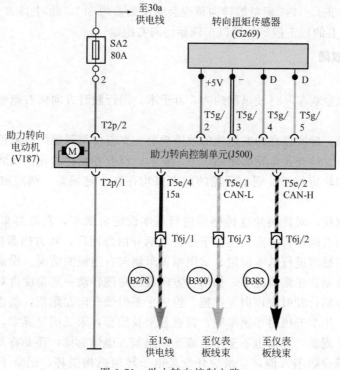

图 9-79 助力转向控制电路

重新整理维修思路，考虑到该车助力转向系统有主动回正功能，即当车辆直线行驶时，如果 G85 检测到方向盘不在中心位置（方向盘转角为 0°），则 J500 会根据 G85 的信号控制助力转向电机 V187 工作，从而给方向盘提供一个回正扭矩，使方向盘回到中心位置。连接 VAS 6150B 观察 G85 的数据，将方向盘打正，车轮在直线位置，但转向角向左偏差约 30°，如图 9-80 所示。检查底盘，发现两侧转向横拉杆的调整螺纹长度相差太多，标准是两侧螺纹长度相差不得超过 3mm。将方向盘转到左右极限位置读取 G85 的数据，发现转向角偏差均在 34°左右。拆下方向盘，发现方向盘的中心位置与转向柱的中心位置向左偏差 30°左右。

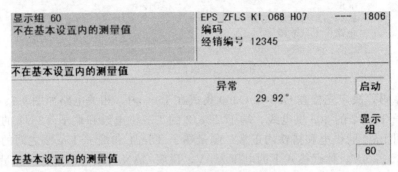

图 9-80　转向角传感器的数据

故障排除

将方向盘和转向柱的中心位置对正安装，然后做四轮定位，最后用 VAS 6150B 对 G85 做零点基本设置。经试车，车辆行驶恢复正常，故障彻底排除。

故障分析

若方向盘和转向柱的中心位置出现错位安装，即使车辆四轮定位参数正常，在直线行驶过程中（方向盘打正），G85 测量的转向角也会向左偏差约 30°，此时 J500 根据 G85 的信号控制 V187 提供向右的回正扭矩，所以车辆始终向右跑偏。

2. 途观跑偏故障

故障现象

一辆上海大众途观车，行驶里程约为 5 万千米，因行驶时方向向右跑偏而进厂检修。

故障诊断

试车验证故障，确实存在向右跑偏的故障现象。本着由简到繁的故障诊断原则，首先对车辆进行常规检查。检查各车轮的轮胎压力，正常；检查各轮胎的花纹及磨损情况，未见异常；对车辆进行四轮定位，发现前后轮的前束值均存在一定偏差，调整前束后试车，故障依旧。

连接故障检测仪，对转向角度传感器进行基本设定后试车，发现当车辆保持直线行驶时，方向盘始终向右侧偏转一定角度。于是将车辆开回修理厂，将方向盘向左转动约 6°后，再次对转向角度传感器进行基本设定，试图纠正车辆向右跑偏的情况。设定完成后试车，发现车辆仍然向右跑偏。正常情况下，如果将方向盘向左侧转动一定角度再对转向角度传感器进行基本设定，车辆行驶时应该向左跑偏，但该车不但没有向左跑偏，就连向右跑偏的情况都没有任何改善。用举升机将车辆举升，检查悬架及胶套，未见明显异常，只是感觉右前侧三角臂胶套有松旷现象，应该也不至于造成车辆跑偏。谨慎起见，还是将其更换后试车，故障依旧。至此故障排除陷入僵局。最后怀疑是电子转向机构损坏，记录了错误的转向修正角度。

故障排除

更电子转向机构总成,调整四轮定位,并设置好转向角度传感器后,对车辆进行路试,故障排除。

3. 新帕萨特轿车仪表盘上的黄色转向故障灯报警

故障现象

一辆新帕萨特轿车仪表盘中的黄色转向故障灯点亮,并且显示"方向盘锁止系统异常"。

故障诊断

接车后,确认故障现象属实,用故障检测仪读取 2B-转向柱锁的故障码,存储有故障码 P305300,含义是"起动机启动,端子 50 返回信息对搭铁短路/断路主动/静态"。新帕萨特高配车上装备了电子转向柱锁 ELV,在线路端子输出、转向柱锁等控制上与以往传统的机械点火方式有很大差别。如图 9-81 所示,ELV 控制单元 J764 导线连接器 T16s 的端子性质如表 9-1 所示,除去供电、搭铁与 CAN 端子,在表中重点对 J764 的信号端子 3、4、7、8、12、13、14 进行了分析。检查 J682 至 J764 的线路、端子,均无异常。按照表 9-1 的分析和故障码 P305300 的提示,检查 ELV 控制单元 J764 的端子 T16s 的输出信号,端子信号输出时没有 12V 电压,因此判定 J764 损坏。

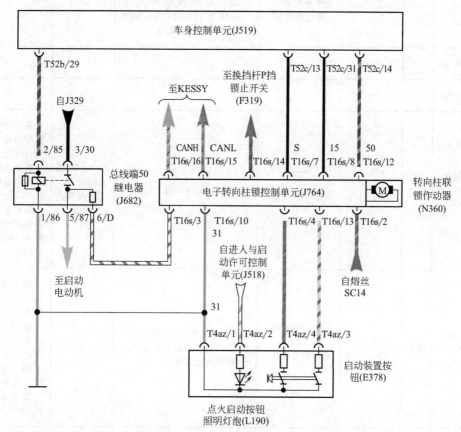

图 9-81 新帕萨特轿车电子转向柱锁 ELV 控制电路

故障排除

更换 J764 后使用 VAS 6150B 进行防盗匹配(引导新功能→防盗器→ELV 匹配),匹配完成后试车,车辆一切正常,故障排除。

表 9-1 ELV 控制单元 J764 导线连接器 T16s 的端子性质

端子号	定义	端子性质	信号来源/输出对象	工作电压性质	故障测试(短路或断路) 故障现象	故障测试(短路或断路) 故障码	测量数据块
1	未占用	—	—	—	—	—	—
2	30号供电	输入	B+→SA4→SC14	—	—	—	—
3	50号继电器信号	输入	J682(6/D)	J682接通:12V J682断开:0V	无	P3053 50端返回信号对搭铁短路/断路	端子50倒拖电缆返回信号:ON/OFF
4	点火开关信号	输入	E378(T4az/4)	按下点火开关:0V 不按下点火开关:10.75V 发动机启动后:蓄电池电压	端子T16s/4和T16s/13若有一根发生故障,可接通KL15,但发动机无法启动。端子T16s/4和T16s/13两根线必须同时接通发动机才能启动。如果启动后端子T16s/4和T16s/13有一根出现故障,发动机便熄火	无	开关触点2(T16s/4):未启动/启动
5	未占用	—	—	—	—	—	—
6	未占用	—	—	—	—	—	—
7	接线柱S端端子信号	输出	J519(T52c/13)	端子信号输出:12V 端子信号截止:0V	无法启动,可接通KL15	P3053 50端返回信号对搭铁短路/断路	端子S线路状态转向柱锁规定值:开/关 端子S线路状态转向柱锁实际值:开/关 端子S线路状态电子中央电气装置实际值:开/关
8	接线柱15#端子信号	输出	J519(T52c/31)	端子信号输出:12V 端子信号截止:0V	发动机无法启动,仪表无反应。若此时接通点火开关再断开,则转向盘无法锁止	无	端子15线路状态转向柱锁规定值:开/关 端子15线路状态转向柱锁实际值:开/关 端子15线路状态电子中央电气装置实际值:开/关
9	未占用	—	—	—	—	—	—
10	搭铁	输出	搭铁点44,左侧A柱下部	—	—	—	—

续表

端子号	定义	端子性质	信号来源/输出对象	工作电压性质	故障测试（短路或断路）		测量数据块
					故障现象	故障码	
11	未占用	—	—	—	—	—	—
12	接线柱50#端子信号	输出	J519(T52c/14)	端子信号输出：12V 端子信号截止：0V	无法启动，可接通KL15	无	端子50线路状态转向柱锁规定值：开/关 端子50线路状态转向柱锁实际值：开/关 端子50线路状态电子中央电气装置实际值：开/关
13	点火开关信号	输入	E378(T4az/3)	接下点火开关：0V 不按下点火开关：10.75V 发动机启动后：蓄电池电压	端子T16s/4和T16s/13若有一处发生故障，可接通KL15，但发动机无法启动。端子T16s/4和T16s/13两处必须同时接通发动机才能启动。如果启动后端子T16s/4和T16s/13有一处出现故障，发动机便熄火	无	开关触点1(T16s/13)：未启动/启动
14	P挡锁止开关信号	输入	F319(T10p/2)	P挡：蓄电池电压 其他挡：0V	不挂P挡也能锁车	无	停车选挡杆位置：P挡显示已接合和已锁止其余挡显示未接合和未锁止
15	CAN总线-低位	输入/输出	舒适/便利CAN总线	—	—	—	—
16	CAN总线-高位	输入/输出	舒适/便利CAN总线	—	—	—	—

4. 迈腾 B7L 车转动方向盘时有"嗡嗡嗡"的异响

故障现象

一辆迈腾 B7L 轿车，在转动方向盘时，方向盘底座处有"嗡嗡嗡"的异响。

故障检测

接车后，启动车辆，转动方向盘，确认异响来源，最终确认异响来自方向盘与安全气囊滑环接触面附近，如图 9-82 所示。拆检方向盘发现故障原因为：方向盘底座接触面不平，方向盘上端面与安全气囊滑环间隙偏小，大约为 2mm[图 9-83（a）]，方向盘下端面与安全气囊滑环间隙偏大，大约为 5mm[图 9-83（b）]，从而

图 9-82 转动方向盘时异响发出部位

导致转动方向盘时，方向盘与安全气囊滑环干涉产生异响。取下方向盘，发现方向盘底座残留有与安全气囊滑环干涉的痕迹，如图9-84所示。分析认为是由于方向盘底座不平，导致其与安全气囊滑环间隙不一致，在转动方向盘的过程中，因间隙偏小产生运动干涉发出异响。

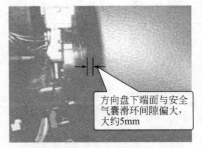

(a) 方向盘上端面与安全气囊滑环间隙偏小　　(b) 方向盘下端面与安全气囊滑环间隙偏大

图9-83　拆解方向盘

故障排除

更换方向盘。

四、转向系统匹配设置

1. 大众轿车转向角设置

① 连接VAS 6150，进入"44-助力转向系统"，点击"015-访问认可"（图9-85），进入"015.02-安全访问（自动）"（图9-86），点击"下一步"，输入访问权限代码"40168"，点击"Q"进行确认（图9-87），系统会显示"成功执行该功能"（图9-88），退出上述界面。

图9-84　方向盘底座残留的与安全气囊滑环干涉的痕迹

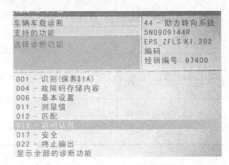

图9-85　点击"015-访问认可"

图9-86　进入"015.02-安全访问（自动）"

② 进入"44-助力转向系统"，点击"006-基本设置"进入下一步（图9-89），输入编码60，点击"Q"进行确认（图9-90）。

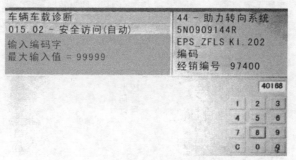

图 9-87 输入访问权限代码 "40168"

图 9-88 系统提示 "成功执行该功能"

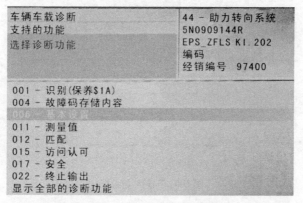

图 9-89 点击 "006-基本设置"

图 9-90 输入编码 60

③ 系统会显示转向角度（左右的最大角转向角度不能超过 15°），将转向角度调整合适后。点击 "激活"（图 9-91），仪表上的转向助力警告灯会亮黄灯，在车辆行驶一段距离后会自动熄灭。

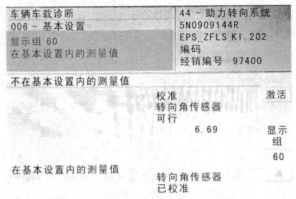

图 9-91 调整转向角度后点击"激活"

2. 大众动力转向匹配设置

① 在 ODIS 中，进入"44 动力转向"，进行"控制单元自诊断"，选择"访问权限"，在弹出窗口输入登录码 20103，点击"进行"，如图 9-92 所示。

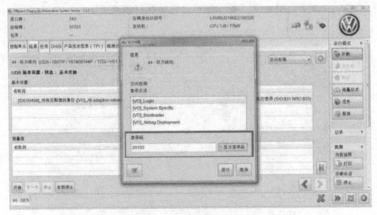

图 9-92 输入登录码

② 再次进入"44 动力转向"，进行"控制单元自诊断"，选择"基本设置"，将"所有匹配值的复位"选入右侧选择框，点击进入下一步，如图 9-93 所示。

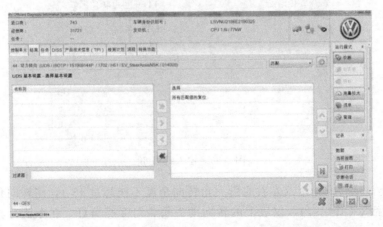

图 9-93 将"所有匹配值的复位"选入右侧选择框

③ 跳过"UDS 基本设置-设置参数",在"UDS 基本设置-选择测量值"中,将"[MAS00478]-保留"选入右侧选择框,点击进入下一步,如图 9-94 所示。

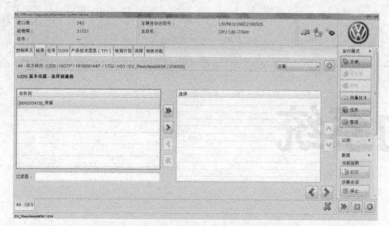

图 9-94 将"MAS00478 保留"选入右侧选择框

④ 选择"基本设置"后单击"开始",完成动力转向基本设置,如图 9-95 所示。

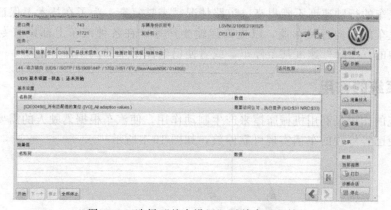

图 9-95 选择"基本设置"后单击"开始"

第十章 制动系统

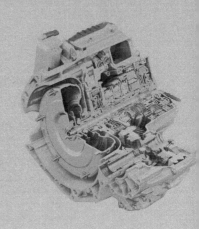

第一节 概述

目前,汽车的行驶速度不断提高,道路情况越来越复杂。为了在技术上保证汽车的安全行驶,提高汽车的平均行驶车速,以提高运输生产率,在各种汽车上都设有专用的制动机构,使行驶中的汽车降低速度甚至停车,或者使已经停下来的汽车保持不动。

一、制动系统的作用

制动系统的作用是利用机械摩擦来产生制动作用,使汽车根据驾驶人的需要适时减速或停车,还能使已经停驶的车辆实现可靠停放,如图 10-1 所示。

图 10-1 制动系统的作用

二、制动系统的分类

① 汽车制动系统按制动传动介质不同分类,可分为液压制动系统和气压制动系统两大类,如图 10-2 所示。轿车上普遍采用液压制动系统,大型载重汽车上都采用气压制动系统。

② 汽车制动系统按作用分类,可分为行车制动系统和驻车制动系统两大类,如图 10-3 所示。行车制动系统用于行驶中的汽车减速或停车,通常由驾驶人用脚操纵;驻车制动系统用于使停驶的车辆停留原地不动,通常由驾驶人用手操纵。

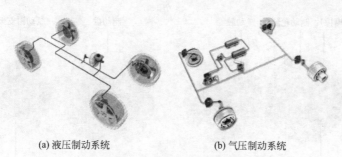

(a) 液压制动系统　　　(b) 气压制动系统

图 10-2　制动系统的分类

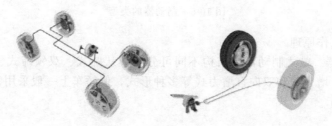

(a) 行车制动系统　　　(b) 驻车制动系统

图 10-3　按制动系统的作用分类

三、制动系统的组成

液压式行车制动系统主要由制动器、制动主缸、制动管路、制动液和真空助力器等组成，如图 10-4 所示。

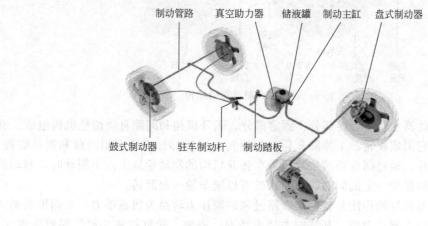

图 10-4　制动系统的组成

1. 制动器

（1）作用　制动器的作用是将从制动管路传过来的液压力转换成摩擦力矩，迫使车轮减速或停转。

（2）类型　制动器按结构不同，可分为鼓式制动器和盘式制动器，如图 10-5 所示。其中鼓式制动器由于能产生大的制动力矩，多用于货车或轿车后轮；盘式制动器由于散热性能好，多用于轿车的前轮。

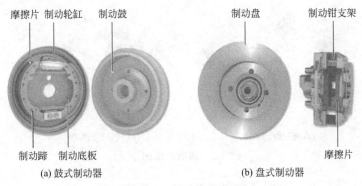

图 10-5 制动器的类型

(a) 鼓式制动器　　(b) 盘式制动器

(3) 结构与工作原理

① 鼓式制动器。鼓式制动器按结构不同可分为领从蹄式、双领蹄式、双从蹄式、双向双领蹄式、单向自增力式和双向自增力式等多种形式,但轿车上一般采用领从蹄式较多,其结构如图 10-6 所示。

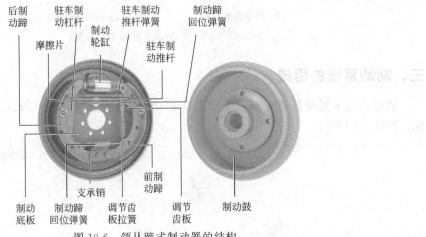

图 10-6 领从蹄式制动器的结构

a. 领从蹄式制动器主要由旋转部分、固定部分、张开机构和间隙自动调整机构组成。旋转部分是制动鼓,它固定在轮毂上并随车轮一起旋转。固定部分主要有制动蹄和制动底板,制动蹄上铆有摩擦片,通过回位弹簧拉紧压靠在张开机构的制动轮缸上。不制动时,制动鼓的内圆与制动蹄之间保留一定的间隙,使制动鼓可以随车轮一起旋转。

领从蹄式制动器轮缸的作用是将制动管路过来的液压力转换为机械推力,从而推动制动蹄与制动鼓摩擦,产生制动力矩。其结构主要由活塞、皮碗、轮缸缸体和放气螺钉等组成,如图 10-7 所示。

领从蹄式制动器在制动时,制动轮缸的两个活塞在液压作用下向外移动,推动前、后制动蹄紧压在制动鼓上,不旋转的制动蹄就对旋转的制动鼓产生一个摩擦力矩,其方向与车轮旋转方向相反,迫使车轮减速或停车,如图 10-8 所示。当放松制动时,油液流回主缸,在回位弹簧作用下,制动蹄与制动鼓又恢复原来的间隙,从而制动作用解除。

b. 双向自增力式制动器。自增力式制动器可分为单向自增力方式和双向自增力式两种。单向自增力式只是在汽车前进时起自增力作用,使用单活塞式轮缸;双向自增力式在前进和

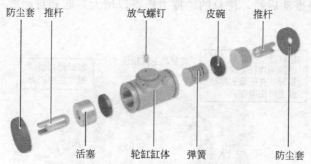

图 10-7 领从蹄式制动器轮缸的结构

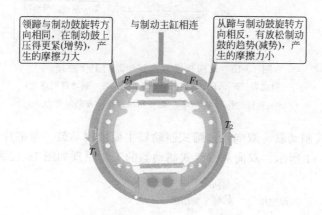

图 10-8 领从蹄式制动器的工作原理

F_1—制动液压力；T_1—旋转的制动鼓对领蹄施加的力；T_2—旋转的制动鼓对从蹄施加的力

倒车制动时都能起自增力作用，使用双活塞轮缸。

双向自增力式制动器主要由摩擦片、制动鼓、制动蹄、制动轮缸等组成，如图 10-9 所示。

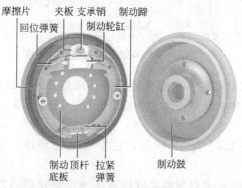

图 10-9 双向自增力式制动器的结构

制动蹄的上端两侧铆有夹板，用回位弹簧将夹板拉靠在支承销上，两蹄的下端由拉紧弹簧拉靠在可调顶杆体两端直槽的底平面上。可调顶杆体是浮动的。轮缸处于支承销稍下的位置。

双向自动增力式制动器的增力原理是将两制动蹄用可调顶杆体浮动铰接代替固定的偏心

253

销,利用前蹄的助势推动后蹄,使总的摩擦力矩得以增大,起到自动增力作用,其工作原理如图10-10所示。

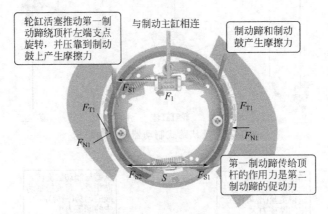

图 10-10 双向自增力式制动器的工作原理

F_1—制动力;F_{T1},F_{N1}—切向合力;F_{S1}—第一制动蹄促进力;

S—顶杆的作用力;F_{S2}—第二制动蹄相反方向促进力

c.双向双领蹄式制动器。双向双领蹄式制动器主要由制动鼓、摩擦片、制动轮缸和制动蹄等组成,如图10-11所示。双向双领蹄式制动器的工作原理如图10-12所示。

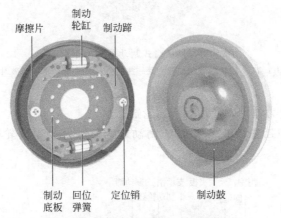

图 10-11 双向双领蹄式制动器的结构

② 盘式制动器。盘式制动器在轿车上使用得越来越普遍,按结构不同盘式制动器可分为定钳式和浮钳式两类,其中浮钳式由于热稳定性好、结构简单、造价低廉等优点,使用较广泛。

浮钳式制动器的结构如图10-13所示,它主要由制动钳、摩擦片、制动盘和活塞等组成。

浮钳式制动器在制动时,来自制动主缸的液压油推动左侧活塞和左侧摩擦片向右移动,最终压到制动盘上,同时,液压缸中的油液压力将反过来推动制动钳向左侧移动,并带动制动盘右侧的摩擦片也向左移动,直到制动盘右侧的摩擦片也压到制动盘上。此时,两侧的摩擦片都压在制动盘上,从而产生制动力矩,如图10-14所示。

盘式制动器的制动间隙是自动调整的,它主要是利用密封圈的弹性变形来实现的,密封圈的弹性变形既可使活塞在解除制动时回位,还可自动调整制动间隙。

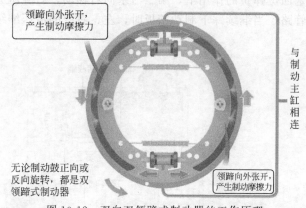

图 10-12 双向双领蹄式制动器的工作原理

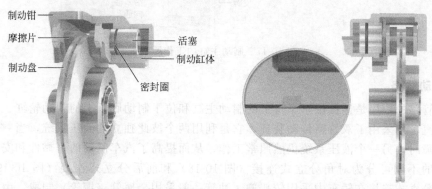

图 10-13 浮钳式制动器的结构　　图 10-14 浮钳式制动器的工作原理

2. 制动主缸

制动主缸也称制动总泵,其作用是将制动踏板输入的机械能转换成液压能。制动主缸与储液罐制成一体,储液罐上一般有制动液的最高和最低平面线。为了保证安全性,汽车的制动装置都采用双管路制动传动,因此,都使用串联双腔式制动主缸,如图 10-15 所示。

串联双腔式制动主缸主要由主缸缸体、第一活塞、第二活塞、皮碗、卡环和回位弹簧等组成,如图 10-16 所示。

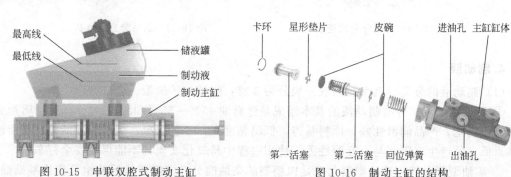

图 10-15 串联双腔式制动主缸　　图 10-16 制动主缸的结构

当驾驶人踩下制动踏板时,推杆推动第一活塞向右移,直到皮碗盖住进油孔后,左侧工作腔中液压升高,油液一方面通过左侧出油阀进入制动管路,一方面又推动第二活塞右移。

在左腔液压和第一活塞回位弹簧的作用下，第二活塞向右移动，右腔压力也随之提高，油液通过出油阀进入制动管路。当继续踩下制动踏板时，左、右腔的液压继续提高，使制动器制动，如图10-17所示。

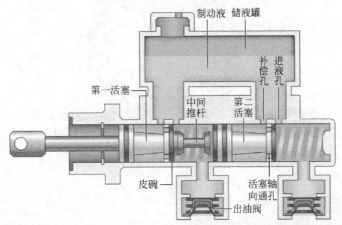

图10-17 制动主缸的工作原理

3. 制动管路

制动管路的作用是连接位于车身上的制动主缸和位于制动底板上的制动轮缸。

现代汽车都采用了双管路传动装置，它是利用两个彼此独立的液压系统，当一个液压系统发生故障时，另一个液压系统仍然照常工作，从而提高了汽车制动的可靠性和安全性。按连接方式的不同可分为对角分立式连接（图10-18）和前后分立式连接（图10-19）两种。其中对角分立式连接在轿车中采用较普遍。油管一般采用金属管（铜管）制成，由于车轮通过弹性悬架与车身相连，所以在车身端与制动轮缸端管路采用高强度的橡胶软管连接。

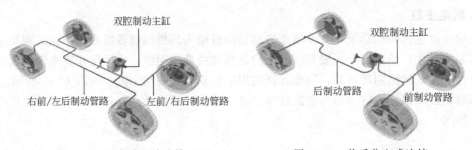

图10-18 对角分立式连接　　　　　图10-19 前后分立式连接

4. 制动液

（1）制动液的分类　汽车制动液一般分为3类：醇型、矿油型、合成型。

① 醇型制动液。醇型制动液的基本组成是蓖麻油45%～55%和醇55%～45%（质量分数）进行调配，产品润滑性好，原料易得，低温黏度大，工艺简单，但低温性能差，平衡回流沸点低，易产生气阻，与水互溶性差，使用过程中易氧化变质，不能保证安全行车。

② 矿油型制动液。矿油型制动液是以精制的柴油馏分经深度脱蜡后的组分作为基础油，加入增黏剂、抗氧化剂、防锈剂、染色剂等调和而成。这类制动液的温度适应范围宽、低温性能好，对金属无腐蚀作用。但不能与水及合成制动液混溶，进入少量水后在高温下水气化而产生气阻，影响制动效果，对天然橡胶有溶胀作用，必须使用耐油橡胶密封件。

③ 合成型制动液。合成型制动液是目前使用最多的制动液，可分为 3 类：醇醚型、酯型和硅型。

a. 醇醚型制动液。由润滑剂、稀释剂和添加剂组成，常用的润滑剂有乙二醇、聚丙二醇、环氧乙烷加成物、环氧丙烷的聚合物等，常用的有二甘醇醚、三甘醇醚、四甘醇醚等。常用的添加剂有抗氧剂、抗腐蚀剂、防锈剂、抗磨剂、pH 值调整剂等。产品性能较为稳定，成本较低，用量最大。其缺点是平衡回流沸点不太高，湿性强，低温性能差，而且在湿热气候条件下使用时，制动器部件易锈蚀。

b. 酯型制动液。其基础液为羧酸酯与硼酸酯，加入量为总量的 20%～50%（质量分数），常用的为聚乙二醇的单烷基醚等，常用的添加剂有抗氧化剂、抗腐蚀剂、pH 值调整剂等。性能比前者有很大改善。

c. 硅型制动液。一般为亚烷基聚醚硅酸酯，如聚亚烷基乙二醇硅酸酯等，并加有橡胶抗溶胀剂和其他添加剂。这类制动液性能较好，但价格昂贵。

(2) 制动液的选用　具有 ABS 的制动系统一般推荐选用 DOT3、DOT4 号制动液。美国运输部（DOT）的制动液标准见表 10-1 所示。

表 10-1　美国运输部（DOT）的制动液标准

DOT 标准	沸点/℃	吸湿沸点/℃	动力黏度/(mm^2/s)
DOT3	205 以上	140 以上	1500 以下
DOT4	230 以上	155 以上	1200 以下
DOT5	260 以上	180 以上	900 以下

注：1. 沸点是指制动液中含水量为零时的温度。
2. 吸湿沸点是指制动液中含水量为 3.5%时的温度。
3. 动力黏度是指在－40℃下测得的黏度。

(3) 制动液更换周期　具有 ABS 的制动系统每隔 12 个月更换一次制动液。

(4) 制动液的液位　制动液储液罐一般刻有液位标记，制动液液位应在允许最高液位 MAX 与最低液位 MIN 之间。

(5) 制动液的添加　若制动液液位低于储液罐中的最低液位，应向储液罐补充新的、同型号的制动液。注意：切不可将制动液加注到超过储液罐的最高液位标记，否则，当蓄能器中的制动液排出时，制动液可能会溢出储液罐。

5. 真空助力器

在液压制动系统中，加装真空助力器，可以减轻驾驶人施加于制动踏板上的力，增加车轮制动力，达到操纵轻便、制动可靠的目的。真空助力器是利用发动机工作时在进气管中形成的真空度作为动力源，利用真空的吸力帮助制动踏板对制动主缸产生推力，所以真空助力器装在制动踏板与制动主缸之间。

真空助力器主要由前/后壳体、膜片、膜片回位弹簧、顶杆和推杆等组成，如图 10-20 所示。

当未踩下制动踏板时，真空助力器内的真空阀打开，空气阀关闭，真空助力器膜片的左侧气室通过橡胶管与发动机节气门的后方相连，发动机运转后，由于真空阀打开，膜片两侧气室相通，压力也相等，膜片在回位弹簧的作用下推向最右侧；当踩下制动踏板时，推杆推动顶杆压向制动主缸的同时，也使真空阀关闭，空气阀打开，此时膜片右侧进入空气，使两气室之间产生压差，膜片此时在压差作用下也能对顶杆施加推力，从而起到助力作用，如图 10-21 所示。

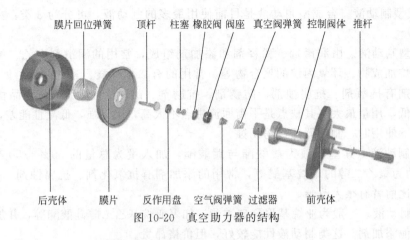

图 10-20 真空助力器的结构

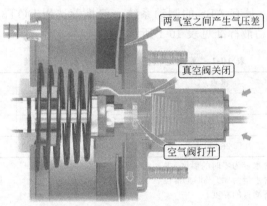

图 10-21 真空助力器的工作原理

第二节 汽车防抱死制动系统

一、汽车防抱死制动系统的基本组成与工作原理

汽车防抱死制动系统（ABS）主要由 ABS 控制器（包括电子控制单元、液压控制单元、液压泵等）、四个车轮转速传感器、ABS 故障警告灯、制动警告灯等组成，如图 10-22 所示。

汽车防抱死制动系统的基本工作原理是：汽车在制动过程中，车轮转速传感器不断地将车轮的转速信号及时输送给 ABS 电子控制单元（ECU），ABS 的 ECU 根据预先设置的控制逻辑对四个车轮的转速传感器输入的信号进行处理，计算出汽车的参考车速、减速度，以确定各车轮的滑移率。如果某一车轮的滑移率超过了设定值，ECU 就发出指令给液压控制单元，减小该车轮轮缸的制动压力；反之，则增大该车轮轮缸的制动压力；如果某一车轮的滑移率接近于设定值，控制单元即发出指令给液压控制单元，使该车轮轮缸的制动压力保持一定值，从而使各车轮的滑移率保持在理想的范围内，完成防抱死控制过程，发挥车轮与地面之间的附着力，使制动性能保持最佳状况。

在制动过程中，如果车轮没有抱死趋势，ABS 将不参与制动压力控制，此时，制动过程与常规制动过程相同；如果 ABS 出现故障，电子控制单元将不再给液压控制单元发出指

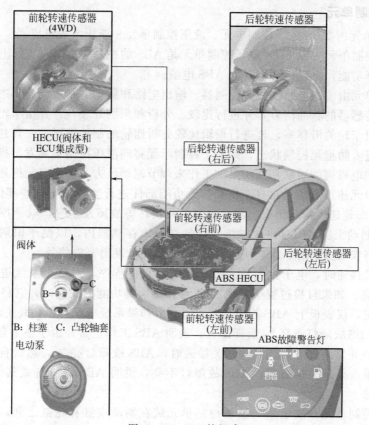

图 10-22　ABS 的组成

令，此时，ABS 将不再参与制动力控制与调节，即不起作用，制动过程与没有 ABS 的常规制动系统相同，仪表板上的 ABS 故障警告灯点亮，向驾驶人发出警告信息，提示驾驶人应到维修服务站去检修。

二、汽车防抱死制动系统的主要部件

1. 车轮转速传感器

车轮转速传感器可以测出车轮的转速，通过测量与车轮共同旋转的齿圈转速信号而测出，并将车轮的转速信号传输给 ABS 电子控制单元。车轮转速传感器主要由磁铁、磁极和线圈组成，其工作原理如图 10-23 所示。永久磁铁产生一定强度的磁场，齿圈在磁场中旋转时切割磁场，产生交流电压信号，交变电压的频率将随车轮转速成正比例变化，并将该信号输送给电子控制单元（ECU），经过电子控制单元设有标定好程序的比较、鉴别和计算后，对机械执行机构发出指令。捷达两阀电喷系列轿车选装的 ABS 共装有四个车轮转速传感器，前轮齿圈安装在前轮毂上，转速传感器安装在转向节上；后轮齿圈安装在后轮毂轴上，转速传感器也紧固在后轮毂轴的法兰端面上。

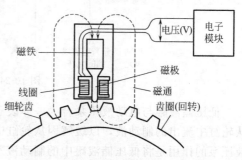

图 10-23　车轮转速传感器的工作原理

2. ABS 控制单元

ABS 控制单元由 ABS 电子控制单元、液压控制单元和液压泵等组成。

(1) 电子控制单元（ECU） 电子控制单元是 ABS 的控制中心，它实际上是一个微型计算机，具有运算功能，所以又常称其为 ABS 电脑。

电子控制单元由输入电路、数字控制器、输出电路和警告电路组成。其主要功能是接收四个车轮转速传感器的脉冲信号，并进行比较、分析和判别处理，计算出车轮转速、车轮减速度以及制动时车轮的滑移率，再进行逻辑比较分析四轮的制动情况，一旦判断出车轮将要抱死，将立即进入防抱死控制状态，即电子控制单元将向液压控制单元发出指令，通过控制制动轮缸油路中电磁阀的通断和液压泵的工作来调节制动压力，防止车轮抱死。

电子控制单元还不断地对自身工作和其他功能部件进行监控。当这些部件发生异常时，如 ECU 损坏、车轮速度信号消失、液压控制单元损坏等故障发生时，电子控制单元将关闭 ABS 进入常规制动工况，同时将故障信息存储在故障存储器内，以便于识别故障类型，排除故障，同时将仪表板上的 ABS 故障灯点亮，向驾驶人发出警告信号。

当点火开关接通时，电子控制单元即开始运行自检程序，对整个系统进行自检，此时 ABS 故障灯点亮。如果自检过程中发现 ABS 存在影响其功能的故障时，它将关闭 ABS，恢复常规制动系统，仪表板上 ABS 故障灯一直点亮。如果系统中没有影响其正常工作的故障，自检结束后，ABS 故障灯点亮 2s 后即熄灭，表明 ABS 工作正常。由于整个自检过程大约需要 2s，因此，在正常情况下，当点火开关接通时，ABS 故障灯亮 2s，然后自动熄灭是正常的；反之，如果点火开关接通时，ABS 故障灯不亮，说明 ABS 故障灯或其线路存在故障，应予以检修排除。

(2) 液压控制单元和液压泵 液压控制单元装在制动主缸和轮缸之间，采用整体式结构，如图 10-24 所示。主要任务是转换执行 ABS 电子控制单元的指令，通过控制液压控制单元内电磁阀电流的通断来自动调节制动器中的液压压力。

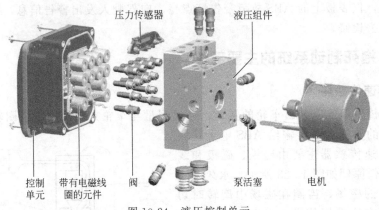

图 10-24 液压控制单元

低压储液罐与电动液压泵合为一体装于液压控制单元上。低压储液罐的作用是暂时存储从轮缸中流出的制动液，以缓解因从轮缸中流出制动液而使制动系统的脉动液压过高。电动液压泵的作用是将低压储液罐中的制动液及时送回制动主缸，同时在增压阶段将部分低压储液罐中的制动液泵入液压制动循环系统中，增加系统压力。

液压控制单元阀体内包括电磁阀，每个回路各一对，其中一个是常开进油阀，一个是常闭出油阀。其工作原理如下。

① 常规制动过程。常规制动过程是指 ABS 未进入工作状态。制动压力由制动主缸产生。制动时,驾驶人踩下制动踏板,制动液经常开的进油阀到车轮制动轮缸,此时,常闭的出油阀依然关闭,主缸和轮缸是相通的,主缸可随时控制制动压力的增减,防抱死制动系统没有参与控制,如图 10-25 所示。

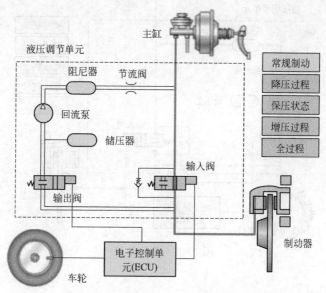

图 10-25 ABS 不工作(常规制动过程)

② 保压阶段。当驾驶人继续踩制动踏板,油压继续升高到车轮出现抱死趋势时,ABS 电子控制单元发出指令使进油阀通电并关闭阀门,出油阀依然不带电压保持关闭,回流通路被关闭,系统油压保持不变,如图 10-26 所示。

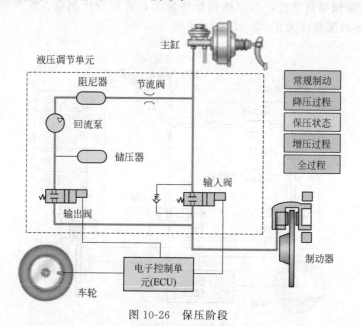

图 10-26 保压阶段

③ 降压阶段。在保压阶段车轮仍有抱死趋势时,ABS 电子控制单元给出油阀通电,使出油阀打开,制动回路中的一部分制动液进入低压储液罐中,使回路中的制动压力降低,此

时，进油阀继续通电并保持关闭状态，有抱死趋势车轮的制动器制动压力部分被释放，车轮转速开始上升，如图 10-27 所示。

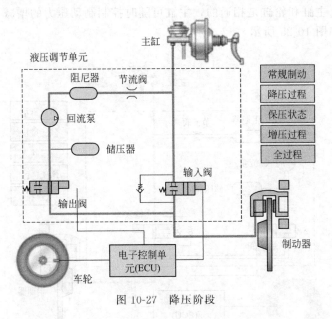

图 10-27　降压阶段

④ 增压阶段。压力下降后车轮加速太快，当车轮转速增加到一定值后，则电子控制单元给出油阀断电，关闭此阀门，进油阀断电而打开，电动液压泵继续工作，从低压储液罐中将制动液泵入液压制动系统中，如图 10-28 所示。随着制动压力增加，防抱死制动系统即按照以上控制过程，循环往复地控制，将车轮的滑移率始终控制在最佳值范围内。如果 ABS 出现故障，则进油阀始终常开，即出油阀始终常闭，常规液压制动系统继续工作，ABS 不工作，直至 ABS 故障排除为止。

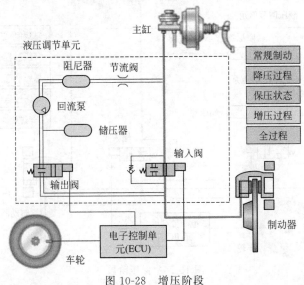

图 10-28　增压阶段

⑤ 制动系统故障警告灯。在仪表板上装有两个关于 ABS 的故障警告灯：一个是 ABS

警告灯；另一个是制动装置警告灯。正常情况下，当点火开关打开至启动挡时，制动防抱死系统进行自检，ABS警告灯点亮约2s；在拉起驻车制动操纵杆时，制动装置警告灯点亮，解除驻车制动后熄灭。如果上述情况灯不亮，说明故障警告灯本身或线路有故障，应予以排除。如果ABS故障灯常亮，说明ABS出现故障；如果制动装置警告灯常亮，说明制动系统中制动液缺乏。

第三节　电子驻车制动系统

一、电子驻车制动系统的类型与组成

电子驻车制动（Electric Parking Brake，EPB）系统，是指相对传统驻车制动系统的操纵形式而言，如图10-29所示。

与传统驻车制动系统相比，EPB具备以下优点。
① 可以在发动机熄火后自动施加驻车制动。
② 驻车方便、可靠，可防止意外释放。
③ 不同驾驶员的力量大小有别，传统驻车制动系统对实际驻车作用力存在差异，而EPB系统制动力稳定，不会因人而异。
④ 可以增加辅助起步等自动功能。
⑤ 占用驾驶室空间较小。

图10-29　电子驻车制动系统与传统驻车制动系统的区别

1. EPB的类型

目前市场上EPB产品主要分两类：集成式EPB和拉索式EPB。集成式EPB根据后制动器形式，分为集成钳式与集成鼓式；拉索式EPB根据拉索形式分为单拉索式及双拉索式，如图10-30所示。

(a) 集成式EPB　　　　　　　　(b) 拉索式EPB

图10-30　EPB电子驻车类型

2. EPB 的组成

大众奥迪电子驻车系统由电子驻车控制单元 J540、离合器传感器、自动保持开关、电子驻车执行单元、驻车开关等组成，如图 10-31 所示。

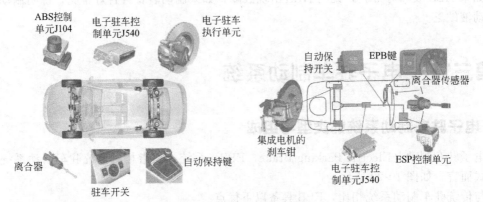

图 10-31　EPB 系统的组成

（1）电子驻车控制单元 J540　该控制单元安装在后备厢右侧的蓄电池的下方，如图 10-32 所示。从蓄电池开始，驻车制动左、右电机 V282/283 是单独控制的。在这个控制单元内装有两个处理器，驻车制动器松开的命令要由这两个处理器共同执行。数据的传送是通过驱动 CAN 总线进行的，该控制单元内还有一个微型倾斜角传感器。

（2）驻车制动左、右电机 V282/283　制动摩擦衬块的收紧是通过一根螺杆的带动来实现的。这根螺杆上的螺纹是可以自锁的，螺杆是由斜轴轮盘机构来驱动的。斜轴轮盘机构是由一个直流电机来驱动的。斜轴轮盘机构和直流电机通过法兰固定在制动钳上，如图 10-33 所示。

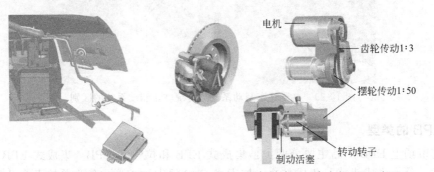

图 10-32　控制单元 J540　　　图 10-33　驻车制动左、右电机 V282/283

（3）EPB 开关

① 手动驻车：如图 10-34 所示，向上拉起开关，仪表上的指示灯会先闪烁，常亮之后代表 EPB 已拉起。

② 手动释放：打开点火开关至 ON 挡，向下按下开关，同时踩住制动踏板，直至仪表上的指示灯熄灭，即表示已释放电子驻车。

二、电子驻车制动系统的工作原理

电子机械式驻车制动只需要制动活塞进行非常小的往复运动，电机的旋转运动通过多个阶段转化为线性运动，如图 10-35 所示。

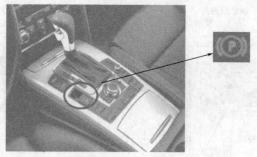

图 10-34 电子驻车开关

阶段1：从电机的螺杆至第一级传动装置的正齿。
阶段2：从蜗杆传动装置的螺杆至第二级传动装置的正齿轮。
阶段3：通过螺杆传动装置将旋转运动转为往复运动。

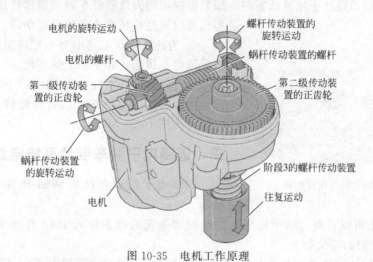

图 10-35 电机工作原理

1. 驻车制动

需要关闭驻车制动器时会触发电机。螺杆由电机通过多级传动装置驱动。通过螺杆的旋转运动带动螺杆螺纹上的压力螺母向前移动。压力螺母碰到制动活塞的内侧端面，并将其抵到制动摩擦片上。制动摩擦片压到制动盘上，此时密封套会向制动摩擦片的方向发生变形。压力会使通过电机的电流增大。

电子机械式驻车制动器的控制单元在整个驻车过程中对电机的电流进行测量。当电流超过一个特定值时，控制单元会切断电机的供电，如图 10-36 所示。

2. 松开

电机改变旋转方向。螺杆沿反方向旋转，螺杆上的压力螺母向后运动。制动活塞上的压力减轻。密封套恢复变形，制动活塞也向后移动。制动摩擦片松开制动盘，如图 10-37 所示。

3. 调整间隙

如果驾驶员在 2000～3000km 的行驶里程中没有操作 EPB，则间隙会周期性地进行调整。此时，制动摩擦片会从初始位置向制动盘方向移动。

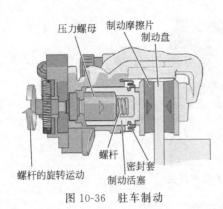

图 10-36　驻车制动　　　　　　　图 10-37　驻车松开

4. 应急松开

① 当驻车制动器处于拉紧状态时，如果电控功能失效或驻车制动器部件出现机械故障，那么可以通过机械方式来松开制动器。

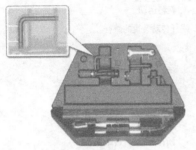

② 为此在随车工具中有一把应急用的钥匙。用千斤顶将车顶起，卸下相应的车轮。

③ 这把钥匙的 Torx 端用于拆下制动钳中的执行元件，钥匙的另一端可以转动螺杆，直至制动器松开，如图 10-38 所示。

图 10-38　紧急松开制动

三、迈腾电子驻车制动系统电路分析

EPB 电子控制系统电路如图 10-39～图 10-41 所示。

从电路图中可以看到，电子机械式驻车制动系统的控制单元 J540 有一个 30 针的插头 T30，其各个针脚的定义如下。

T30/1：到 G476 离合器位置传感器（仅限于装备手动变速器的车辆），获取离合器位置信号，用于动态启动辅助。该线出现故障时，J540 给出故障码 03182——离合器位置传感器 G476 异常。

T30/2：到 J285 仪表 T36/6，功用是提供手刹信号给仪表，点亮或熄灭仪表上制动系统警报灯 K118。当该线断路时，仪表上 K118 指示灯不能点亮。

T30/3：空。

T30/4：空。

T30/5：空。

T30/6：到 J104 ABS 控制单元的 T38/6，唤醒导线。关于电子驻车制动系统 CAN 的唤醒导线：当关闭点火开关后，理论上 J104 应停止工作，但是此时电子驻车制动系统仍需工作，如果此时按下驻车制动开关，J540 要将此信号发送给 J104，所以要通过唤醒导线进行唤醒，等 J104 工作后通过驻车 CAN 发送信号。因此，如果唤醒导线有故障，不能唤醒 J104 时，电子驻车故障警报灯 K214 点亮，J540 存储故障码 02839——电子刹车系统 ECU 的唤醒导线对正极短路，但不影响电子机械式驻车制动系统正常工作。

T30/7：AUTO HOLD 指示灯 K237 的控制搭铁。

T30/8：电子机械式驻车制动器指示灯 K213 的控制搭铁。

T30/9：AUTO HOLD 开关 E540 的输入线。

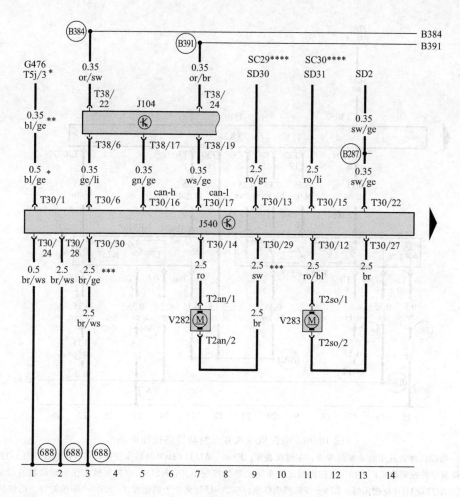

图 10-39 左右两侧驻车电机电路

G476—离合器位置传感器；J104—ABS 控制单元；J540—电控机械式驻车制动器的控制单元；SC29—熔丝架 C 上的熔丝 29；SC30—熔丝架 C 上的熔丝 30；SD2—熔丝架 D 上的熔丝 2；SD30—熔丝架 D 上的熔丝 30；SD31—熔丝架 D 上的熔丝 31；T2an, T2so—2 芯插头连接；T5j—5 芯插头连接；T30—30 芯插头连接；T38—38 芯插头连接；V282—左侧驻车电机；V283—右侧驻车电机；⑥⑧⑧—中间通道上的接地点 2；⑧②⑧⑦—正极连接 11（15a），在主线束中；⑧③⑧④—连接 2（驱动系统 CAN 总线 High），在主线束中；⑧③⑨①—连接 2（驱动系统 CAN 总线 Low），在主线束中；ws—白色；sw—黑色；ro—红色；br—褐色；gn—绿色；bl—蓝色；gr—灰色；li—淡紫色；ge—黄色；or—橘黄色

T30/10：空。

T30/11：J540 对电子机械式驻车制动器按钮 E538 和 AUTO HOLD 开关 E540 的输出，正常情况下测量电压为蓄电池电压。当该线断路时，电子机械式驻车制动器按钮 E538 不能正常工作，按压按钮 E538 时，电子机械式驻车制动器指示灯 K213 会闪一下，但系统不工作。J540 记忆故障码 03200——电子机械式驻车制动器按钮 E538 异常；03216——AUTO HOLD 开关 E540 异常。

T30/12：至右侧驻车电机 V283。

T30/13：30 正电，由 SD30 提供，2006 年 5 月后生产的车型由 SC29 提供。

T30/14：至左侧驻车电机 V282。

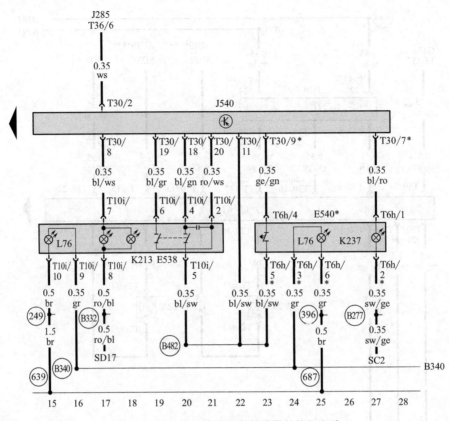

图 10-40 电控机械式驻车制动器的按钮电路

E538—电控机械式驻车制动器的按钮,左侧仪表板;E540—AUTO HOLD 驻车按钮,靠近换挡操作杆;J285—组合仪表中的控制单元;J540—电控机械式驻车制动器的控制单元;K213—电控机械式驻车制动器的指示灯;K237—AUTO HOLD 指示灯;L76—按钮照明灯泡;SC2—熔丝架 C 上的熔丝 2;SD17—熔丝架 D 上的熔丝 17;T6h—6 芯插头连接;T10i—10 芯插头连接;T30—30 芯插头连接;T36—36 芯插头连接;(249)—接地连接 2,在车内线束中;(396)—接地连接 31,在主线束中;(639)—接地点,在左侧 A 柱上;(687)—中间通道上的接地点 1;(B227)—正极连接 1 (15a),在主线束中;(B332)—正极连接 18 (30a),在主线束中;(B340)—连接 1 (58d),在主线束中;(B482)—连接 18,在主线束中

T30/15:30 正电,由 SD31 提供,2006 年 5 月后生产的车型由 SC30 提供。

T30/16:至 J104 的总线 CAN-H。CAN 总线和 J104 之间的信息传递路线,不能单线工作,当断路时仪表上电子驻车故障警报灯 K214 不点亮,电子机械式驻车制动系统能正常工作,但诊断仪器无法进入。也可以看出 J540 的故障信息以及数据传递是通过 CAN 线到 J104,再经动力 CAN 传递到仪表。

T30/17:至 J104 的总线 CAN-L。

T30/18:E538 给 J540 的输入信号线。

T30/19:E538 给 J540 的输入信号线(冗余设计),18 号和 19 号线应该是 E538 内的一个冗余设计,当这两根线任一条线断路时,电子机械式驻车制动器按钮 E538 不能正常工作,按压按钮 E538 时,电子机械式驻车制动器指示灯 K213 会闪一下,但系统不工作。J540 记忆故障码 03200——电子机械式驻车制动器按钮 E538 异常。

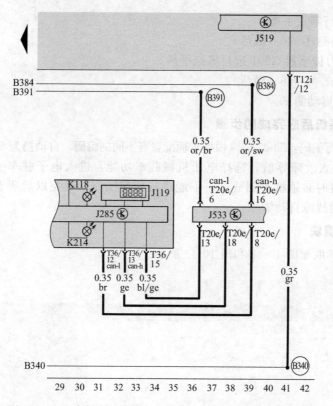

图 10-41　组合仪表、多功能显示屏、数据总线诊断接口电路

J119—多功能显示器；J285—组合仪表中的控制单元；J519—车载电网控制单元；J533—数据总线诊断接口；
K118—制动系统指示灯；K214—电动驻车制动器和手制动器故障指示灯；T12i—12 芯插头连接；
T20e—20 芯插头连接；T36—36 芯插头连接

T30/20：J540 给 E538 的输出。

T30/21：空。

T30/22：15 正电，由 SD2 提供。

T30/23：空。

T30/24：J540 搭铁线。

T30/25：空。

T30/26：空。

T30/27：至右侧驻车电机 V283。

T30/28：J540 搭铁线。

T30/29：至左侧驻车电机 V282。

T30/30：J540 搭铁线。

四、大众电子驻车制动系统基本设定的操作

1. 迈腾轿车更换 J540 后应做的基本设定

进入 03 系统，完成以下步骤。

① 对 ABS 进行编码（根据车辆配置有不同的编码，如 318、315、2366 等）。

② 对偏航率传感器 G200、横向加速度传感器 G202、纵向加速度传感器 G251 进行基本设定：03-16-40168-04-061（激活）。

③ 对 G85 进行零点平衡。
④ 03-16-40168-04-060（激活）。
⑤ 对制动压力传感器 G201 进行零点平衡。
⑥ 03-16-40168-04-066（激活）。
⑦ 进行 ESP 启动测试。

2. 进入 53 系统后应完成的步骤

① 对 J540 进行编码：53-07-57（根据车辆配置有不同的编码，自动挡为 57；手动挡为 56）。
② 用 5051 进入故障导航，选择电子机械驻车功能：进入电子驻车手刹基本设置。注意：在做基本设置时必须将手刹放开，不能进行任何操作。做完以后所有的故障灯都应熄灭，系统里所有的故障自动清除。

3. 读取测量值块

J540 数据块读取如图 10-42 和图 10-43 所示。

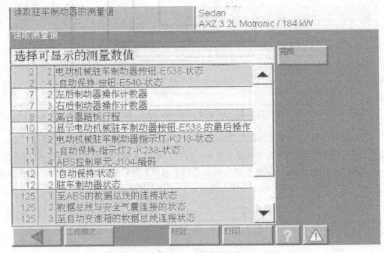

图 10-42　J540 数据块读取（一）

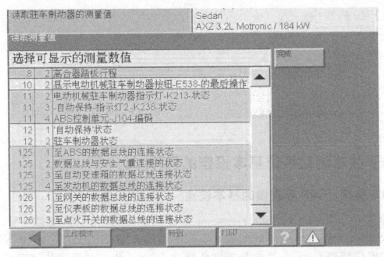

图 10-43　J540 数据块读取（二）

第四节　气压制动系统

一、气动防抱死制动系统的组成

气动防抱死制动系统（ABS）是在常规气压制动系统的基础上，增设一个电子控制系统，其组成如图10-44所示。

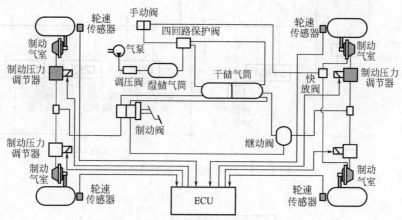

图 10-44　气压 ABS 的组成

电子控制系统主要由轮速传感器、制动压力调节器、ABS 电控单元、ABS 指示灯等装置组成。电子控制系统主要部件的外形如图 10-45 所示，其控制电路组成如图 10-46 所示。

二、气动防抱死制动系统气压调节器

下面以博世（BOSCH）公司生产的气压调节器为例，说明其构造和工作过程。

1. 构造

许多大型汽车均采用博世公司生产的气压调节器（又称气压控制阀），固定在制动气缸的支架上。气压调节器主要由阀体、进气阀（膜片、弹簧、阀座、阀盖）、排气阀（膜片、弹簧、阀盖）、进气电磁阀（常闭）和排气电磁阀（常开）等所组成，如图 10-47 所示。

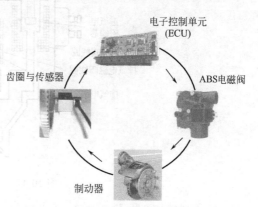

图 10-45　电子控制系统主要部件的外形

2. 工作过程

（1）压力升高过程　制动踏板阀门的制动压力由进气口进入，顶起进气膜片，经出气口继续进入制动气缸以实施制动。与此同时，制动压力经排气电磁阀到达排气膜片下的空隙内，保持排气口关闭，如图 10-48 所示。

在压力升高过程，进气电磁阀和排气电磁阀均不通电。

（2）压力下降过程　如果某一车轮趋于抱死，则进、排气电磁阀由 ABS 电脑供电。进气电磁阀上阀门打开使得压缩气体进入进气膜片上的空隙内，进气膜片关闭以防止制动压力

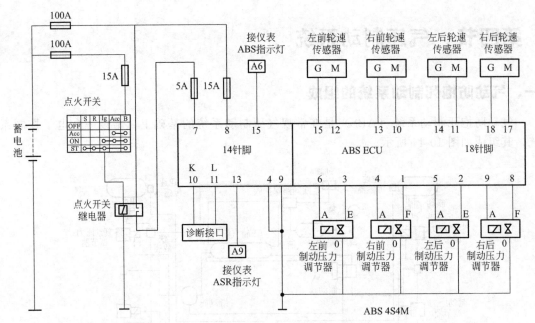

图 10-46　气动 ABS 控制电路组成

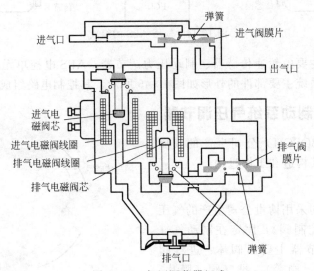

图 10-47　气压调节器组成

进一步升高。进气电磁阀下阀门关闭了排气口的通道。排气电磁阀上阀门关闭以防止压缩气体进入排气膜片下的空隙中，排气电磁阀下阀门打开，使排气膜片下的空隙排气。打开膜片，制动气缸经由阀门排气口排气，制动压力和制动效能随之下降，如图 10-49 所示。

压力下降过程，进、排气电磁阀均通电。

（3）压力保持过程　制动气缸中的压力下降后，汽车车轮速度升高，在某一速度状态下，ABS 电脑切断排气电磁阀的供电，则排气电磁阀的上阀门打开，下阀门关闭。压缩气体流入排气膜片下的空隙内，使得排气口的通道关闭。这就使出气口和制动气缸中的压力在一小段时间内保持稳定，如图 10-50 所示。

压力保持阶段，进气电磁阀通电，排气电磁阀断电。

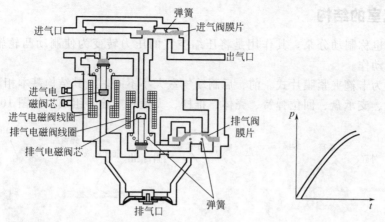

图 10-48 气压调节器的工作过程（压力升高过程）

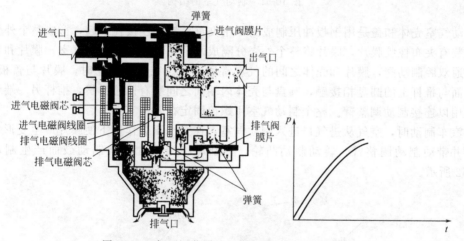

图 10-49 气压调节器的工作过程（压力下降过程）

此后，进气电磁阀中的电流中断，制动力重新升高，又开始一个新的循环。一个工作循环的速度很快，可达 5 次/s。

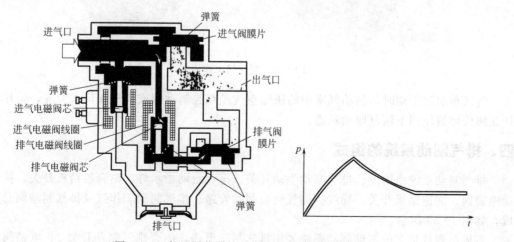

图 10-50 气压调节器的工作过程（压力保持过程）

三、制动气室的结构

制动气室也称制动分泵,其作用是将压缩空气的压力转变为使制动凸轮轴转动的机械力,实现制动动作。

制动气室为卡箍夹紧膜片式。前、后制动气室大小不同,但其结构基本相同。它由进气口、盖、膜片、支承盘、回位弹簧、壳体、推杆、夹箍和螺栓等组成,如图 10-51 所示。

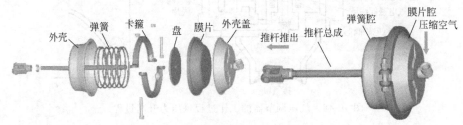

图 10-51　制动气室的结构

制动气室壳体和盖是用钢板冲压制成的,用夹箍、螺栓连接在一起,形成整个外壳,它们之间装有夹布橡胶膜片,膜片将整个外壳分隔成两个相互完全隔离的气室。膜片和盖之间的气室通双腔制动阀,膜片和壳体之间的气室常通大气。在自由状态时,膜片与盖板紧贴,而另一面与推杆上的圆盘相接触,圆盘与壳体内端面之间装有回位弹簧,推杆另一端装有连接叉,用以连接制动调整臂。整个制动气室用螺栓固定在专门支架上。

当汽车制动时,空气从进气口进入制动气室,在空气压力作用下使膜片产生变形,推动推杆,并带动制动调整臂,转动制动凸轮,将制动蹄摩擦片压向制动鼓而产生制动,如图 10-52 所示。

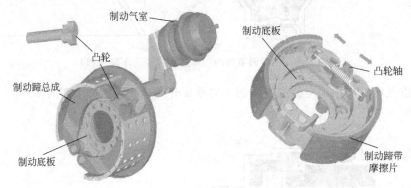

图 10-52　制动气工作原理

当汽车解除制动时,制动气室中的压缩空气经双腔制动阀或快放阀排入大气,膜片和推杆在回位弹簧作用下恢复原始状态。

四、排气制动系统的组成

排气制动系统由熔丝、排气制动手动开关、排气制动指示灯、离合器踏板开关、排气制动电磁阀、加速踏板开关、导线、储气筒、制动管路、排气制动工作缸及排气制动阀总成组成,如图 10-53 所示。

东风系列载货车的辅助制动系统采用排气制动形式,闭合排气制动开关 2,电磁阀 7 接通,储气筒的压缩空气经电磁阀 7 进入操纵气缸 8,从而推动排气制动的蝶阀 9 转动而关闭排气管。蝶阀如图10-54所示。排气制动系统可增加发动机转动的阻力,以减轻汽车在下长坡时因频繁使用行车制动而出现制动器热衰退现象,延长摩擦片的使用寿命。东风EQ 1118GA的排气制动采用电控气操纵控制方式,控制电路中设置了加速开关和离合器开关,使驾驶员在踩油门和离合器时,能自动解除排气制动,以防止出现错误操作。

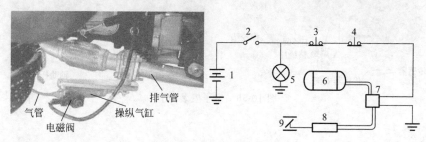

图10-53 排气制动原理
1—电源;2—排气制动开关;3—加速开关;4—离合器开关;5—指示灯;6—储气筒;
7—电磁阀;8—操纵气缸;9—蝶阀

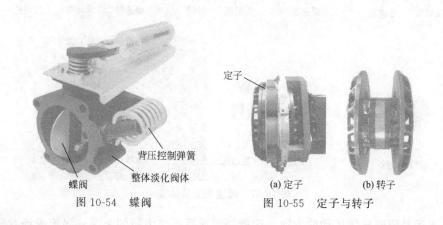

图10-54 蝶阀　　　　图10-55 定子与转子

五、电涡流缓速器

1. 结构

电涡流缓速器的主要组件为定子和转子,如图10-55所示。定子具有沿圆周均匀分布的铁芯,铁芯上装有线圈。定子通过支架固定在变速器后端盖、后桥壳或车架上,如图10-56所示。转子有2个磁盘(转子盘),分别通过突缘盘与主动传动轴、从动传动轴、变速器、传动轴,或传动轴、后桥连接,如图10-57所示。转子和定子之间仅有很小的间隙,定子中的线圈通电时即产生强磁场,在转子的两磁盘内产生涡流电,从而产生制动转矩,使车辆减速。

2. 工作原理

在两个转盘之间有定子总成,上面装有交错接线的极性线圈。缓速器工作时由蓄电池或发电机注入电流,给缓速器的定子线圈通入直流电,这时候在定子线圈内会产生磁场,该磁场在相邻的铁芯、磁轭、气隙、转子之间形成多组回路,此时如果转子转动,就相当于导体在切割磁力线,如图10-58所示。

根据电磁感应原理可知,会在导体内部产生感生电流,同时感生电流会产生另外一个感生磁场,即在转子中形成涡状电流磁场,该磁场和已经存在的磁场之间会有作用力,而作用

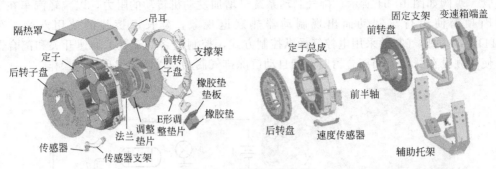

图 10-56 定子安装位置

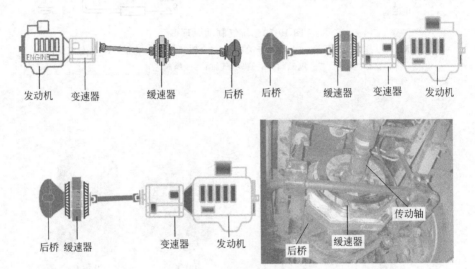

图 10-57 缓速器安装位置

力的方向永远是阻碍导体运动的方向,这就是缓速器缓速力矩的来源。涡流磁场对转子产生制动力矩,在无接触、无磨损的情况下减慢转子速度。其值与励磁电流的大小转子转速有关,电涡流产生的热量由转子冷却风槽散出。

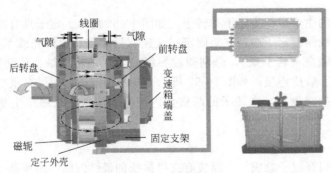

图 10-58 缓速器工作原理

3. 电路控制

定子线圈中通电时间和电流大小(或通电线圈的数量)由电涡流缓速器的控制电路控制。控制电路由车速传感器(位于定子上)、制动空气压力传感器(气压开关)、手控开关、缓速器指示灯和控制器（包括电气盒和控制盒）等组成，如图10-59所示。其中，制动空气压力传感器与气阀座一起固定在车架上，通过三通管及气管与制动管路相连接，用于向控制器输送制动管路中的空气压力信号（间接反映制动踏板的行程）。手控开关（缓速器挡位操纵开关）位于驾驶室内，驾驶人可以选择合适的工作挡（合适的制动转矩）使车辆减速。缓速器指示灯包括电源指示灯、准备工作灯和工作指示灯。其中，准备工作灯用于指示电涡流缓速器是否处于工作待命状态；工作指示灯用于指示电涡流缓速器的工作挡，点亮的工作指示灯越多，缓速器的工作挡越高，制动转矩越大。缓速器指示灯也用于为电涡流缓速器的故障判断提供依据。

控制器的功用是根据车速传感器信号、制动空气压力传感器信号和驾驶人的意图（手控开关信号）确定定子线圈中的电流（或通电线圈的数量），实现所需的制动。

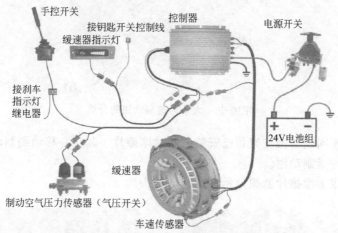

图10-59　电涡流缓速器控制电路的组成

第五节　制动系统的拆装与检修

一、前制动钳的拆装

大众奥迪制动钳的分解如图10-60所示。

1. 拆卸

① 拆卸相关的前车轮。
② 如图10-61所示，脱开右侧制动钳上摩擦片磨损显示触点的电插头（箭头）。

提示：为了更容易地从制动盘上拔下制动钳，应如图10-62所示，将制动摩擦片3用合适的钳子1略微压回。为了不损坏制动钳上的油漆层，在钳子和制动钳之间垫入一块橡胶2。

③ 如图10-63所示，拧下制动钳的螺栓。
④ 取下制动钳。
⑤ 用合适的钢丝将制动钳挂在车身上。

2. 安装

① 清洁制动钳。

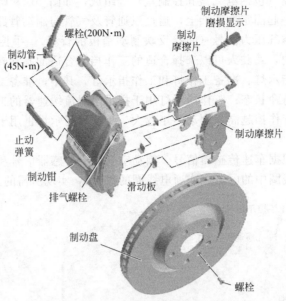

图 10-60　大众奥迪制动钳的分解

② 将制动钳连同制动器支架和已安装的制动摩擦片一起小心移动到制动盘上方。

③ 用新螺栓拧紧制动钳。

④ 连接制动钳上摩擦片磨损显示触点的电插头。

图 10-61　脱开右侧制动钳上摩擦片磨损显示触点的电插头　　图 10-62　将制动摩擦片用合适的钳子略微压回

二、制动盘的拆装

1. 拆卸

如图 10-64 所示，拧出螺栓（箭头），取下制动盘。

2. 安装

安装以倒序进行，同时要注意下列事项。

在重新使用前，应检查制动盘的磨损和损坏情况：制动盘磨损极限。

刹车片更换周期：刹车片和刹车盘的更换周期一般都不是固定的，这主要取决于车辆行驶的路况、驾驶员踩制动踏板的频率以及相关的力度。一般常规刹车片的更换里程主要为车辆每行驶 25000～30000km。

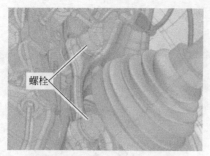
图 10-63 拧下制动钳的螺栓

图 10-64 拧出螺栓

三、后制动摩擦片的拆装

后制动摩擦片的分解如图 10-65 所示。

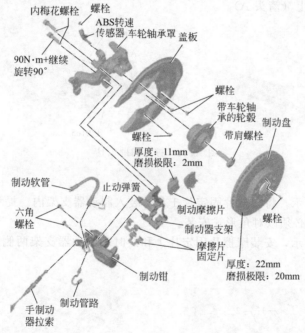

图 10-65 后制动摩擦片的分解

1. 拆卸
① 升高车辆，拆下后轮。
② 如图 10-66 所示，固定住导向销，将螺栓（箭头）从制动钳上拧出。
③ 取下制动钳并用钢丝固定，以便制动钳的重量不使制动软管过度承重或损坏。
④ 如图 10-67 所示，拆下制动摩擦片和摩擦片固定片（箭头）。
⑤ 彻底清洁制动器支架上摩擦片固定片（制动摩擦片）的支承面，清除锈蚀。
⑥ 清洁制动钳。注：只能用酒精清洁制动钳。

2. 安装
安装以倒序进行。安装时应注意下列事项。
① 向右转动复位工具 T10165 的调节轮，拧上活塞。同时不要损坏护罩。

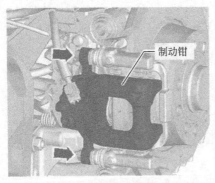

图 10-66　将螺栓从制动钳上拧出　　　　图 10-67　拆下制动摩擦片

② 拧入时使用板 T10165/1 作为辅助工具，如图 10-68 所示。装入复位工具 T10165 时，凸肩要靠在板 T10165/1 上。活塞活动不顺畅时，可将一个开口扳手（扳手开口度 13mm）置于规定的扳手平面上（箭头 A）。

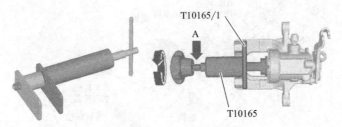

图 10-68　拧入辅助工具

③ 如图 10-69 所示，将摩擦片固定片 1 和 2 装入制动器支架内。提示：摩擦片固定片 1 和 2 是不同的，两者必须以对角形式安装。

④ 如图 10-70 所示，安装摩擦片固定片 1 和 2 时，制动器支架两侧的导向凸缘（箭头）要指向外侧。

图 10-69　将摩擦片固定片装入制动器支架内　　　图 10-70　导向凸要指向外侧

⑤ 将制动摩擦片装入制动钳内。
⑥ 注意，制动摩擦片应位于摩擦片固定片（箭头）内。
⑦ 用新的自锁式螺栓固定制动钳。拧紧力矩为 35N·m。
⑧ 安装车轮。

四、制动盘和制动摩擦片的检查

制动摩擦片的结构如图 10-71 所示。

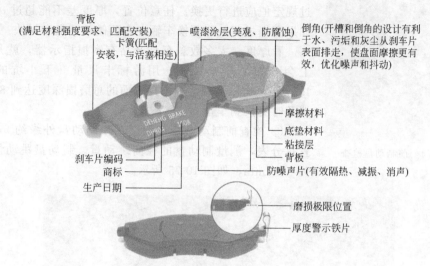

图 10-71　制动摩擦片结构

1. 制动摩擦片的检查

① 目视检查制动摩擦片是否有裂纹、油渍或脱胶现象，如图 10-72 所示。

② 目视检查制动块的表面与制动盘的接触面积和接触位置，是否存在不均匀磨损。制动盘上不应有刻痕、不均匀或者异常磨损以及裂纹和其他损坏。

③ 对制动盘和制动块表面进行清洁工作。

④ 用卡尺检查制动块（外侧）厚度，前制动块厚度标准值为 11.0mm，维修界限为 2.0mm，如图 10-73 所示，如低于规定要求应进行更换。后制动块厚度规定值为 10.0mm，维修界限为 2.0mm，如低于规定要求应进行更换。

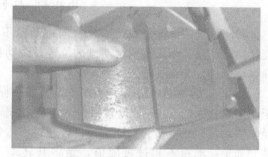

图 10-72　制动块外观检查

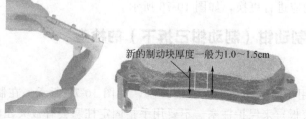

图 10-73　检查制动块厚度

2. 制动盘的检查

① 清除制动盘表面上的锈及污染物，至少取 8 点测量制动盘的厚度，如图 10-74 所示。

前制动盘厚度规定值为 26.0mm，极限值为 24.0mm。任意位置，厚度差不能超过 0.005mm，如果磨损超过规定要求则应更换。

图 10-74 前制动盘检查

后制动盘厚度规定值为 10.0mm，极限值为 8.4mm，超过规定值应进行更换。任意位置，厚度差不能超过 0.01mm。如果磨损过度，应更换车辆左右两侧的圆盘和衬块。

看厚度：大多数刹车盘产品有磨损指示器，就是在盘面上会分布 3 个小凹坑。用游标卡尺量一下小坑的深度是 1.5mm。也就是说，刹车盘双面的总磨损深度达到 3mm，建议及时更换刹车盘。

② 检查前制动盘跳动量。在距制动盘外缘约 5mm 处设置百分表，测量制动盘的径向跳动量。制动盘跳动量极限值为 0.05mm，如图 10-75 所示。

图 10-75 制动盘跳动量检查

若超过极限值则更换。如果径向跳动量不超过极限值，则将其转动 180°安装，再次检查径向跳动量。如果改变制动盘的位置，跳动量不正确，可以进行光盘处理。

③ 检查后制动盘跳动量（方法如上述一样）。在距制动盘外缘约 5mm 处设置百分表，测量制动盘的径向跳动量。极限值为 0.05mm，若超过极限值则更换。如果跳动量不超过极限值，则将其转动 180°安装，再次检查跳动量；如果改变制动盘的位置，跳动量不正确，可以光盘处理。

④ 目视检查制动卡钳及连接管路是否有液体渗漏，如果有渗漏，则应进行更换，如图 10-76 所示。

图 10-76 目视检查制动卡钳渗漏情况

五、宝马左右前制动钳（制动钳已拆下）的检查

1. 拆卸和检查

① 通过连接孔用压缩空气小心地吹出柱塞，如图 10-77 所示。在制动钳凹口处放置护板（例如硬木或橡胶板）来保护柱塞。不要用手指固定柱塞会有被夹住的危险！

② 如图 10-78 所示，顶出防尘套。

③ 如图 10-79 所示，小心地取出密封环。清洁制动缸孔和部件，并用压缩空气干燥。小心地检查制动缸孔、柱塞和法兰表面是否有损坏。不允许对制动缸和柱塞进行机械加工。

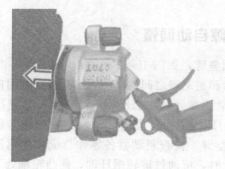 

图 10-77　用压缩空气小心地吹出柱塞　　　图 10-78　顶出防尘套

2. 安装

① 安装密封环。在制动缸孔、柱塞和密封环上略微涂 ATE 制动缸涂膏。

② 如图 10-80 所示,将防尘套 1 装入柱塞 2 的环槽中。

注意:不要让制动器柱塞歪斜。将柱塞压入制动缸孔中。均匀用力,在制动钳壳体上将防尘套压至极限位置。防尘套和制动钳壳体之间必须保持干燥。不允许接触 ATE 制动缸涂膏或制动液,以确保防尘套位置正确。

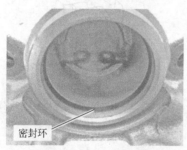 

图 10-79　取出密封环　　　图 10-80　将防尘套 1 装入柱塞 2 的环槽中

六、车轮转速传感器输出电压的检查

① 检查车轮转速传感器与齿圈之间的间隙是否合乎标准值要求,如图 10-81 所示。前轮间隙为 1.10~1.97mm,后轮间隙为 0.42~0.80mm。

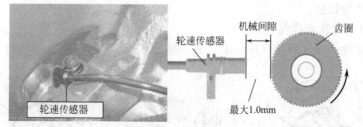

图 10-81　轮速传感器

② 将车升起使轮胎离地,松开手制动器。

③ 拆下 ABS 车轮转速传感器线束插头并测量。

④ 以 0.5r/s 的速度转动车轮,用万用表测量输出电压:前轮电压为 70~310mV,后轮

电压大于 260mV。

七、东风天锦和天龙的制动器制动间隙自动调整

东风天锦和天龙的制动器一般装有自动调整臂，如图 10-82 和图 10-83 所示，当摩擦片磨损、间隙超过设定值时，能自动调小制动蹄和制动毂之间的间隙，以减少保养时间、保证行车安全。正常工作时，每行驶 10000km 从滑脂嘴处加注润滑脂，检查并拧紧连接叉紧固螺母。每行驶 20000 检查一次反向调整力矩，即按逆时针方向转动蜗杆轴力矩（重试验三次），若力矩均小于 26N·m，则必须更换调整臂。检查制动器各零件总成在使用过程中回位是否顺畅，有无发卡现象。当需更换新蹄片时，应通过旋转蜗杆轴，使凸轮轴处于最小张开位置。换完摩擦片后在整车 300~400Pa 气压范围内踩制动 30~40 次，以保证制动器调小间隙。在车辆使用过程中，随着磨合，蹄片间隙会不断自动调整，直至稳定在设计预留间隙范围内。

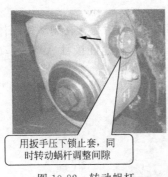

图 10-82 转动蜗杆

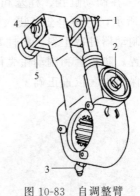

图 10-83 自调整臂

1—小轴销；2—蜗杆轴；3—滑脂嘴；4—连接叉；5—锁紧螺母

八、轿车制动系统的排气

(1) 使用专用制动系统充液装置 VW1238/1 排气　接通 VW1238/1 制动系统放气装置，按以下顺序打开放气螺栓，并用排液瓶盛放排出的制动液。

① 右后车轮制动轮缸。

② 左后车轮制动轮缸。

③ 右前制动钳轮缸。

④ 左前制动钳轮缸。

(2) 不使用专用装置排气

① 将一根软管一端接到排气螺钉上，另一端插入排液瓶，如图 10-84 所示。

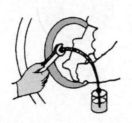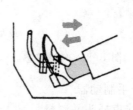

图 10-84 ABS 排气

② 两人配合，一人连续踏制动踏板数次，直至踏板再也踏不下去为止，并用力踏住踏板不放，另一人将排气螺栓稍松开，让制动系统内的空每连同一部分制动液一起排出。当制动踏板被踏到底后，立即旋紧排气螺栓。排气顺序同上。

③ 重复上述过程，直至放出的完全是制动液，容器中制动液里无气泡为止。

④ 在排气过程中，必须观察储液罐内制动液面的高度，必要时添加制动液。

（3）制动系统渗入空气的判定方法　如果一次踏下制动踏板，软绵无力，连续踏数次，制动踏板逐次升高，升高后踏不动，感到有弹力，则表明制动系统中渗有空气。

（4）制动系统渗入空气的危害性　制动液压系统有空气侵入时，就会感到制动踏板无力，制动踏板行程过长，致使制动不足，甚至制动失灵。

（5）常规放气方法　用一根专用橡胶管的一端接在某一放气螺钉上，另一端插入盛有半瓶制动液的玻璃瓶中。慢踩快放制动踏板2～3次，每次间隔3～5s，直至制动踏板升至最高位置，此时制动系统内剩余压力一般可达0.15～2atm（1atm=101325Pa）。

迅速把某分泵上的放气螺钉旋松1/3～1/2圈，带有空气泡沫的制动液便排出。反复1～2次，直至该分泵内空气彻底排净。

① 放气原则：先远后近，先下后上，逐个进行放气。

② 放气顺序：右后轮缸→左后轮缸→右前轮缸→左前轮缸。

九、制动器总成拆装

制动器总成的结构如图10-85所示。注：推杆尺寸 $a=(164.7\pm0.5)$mm。

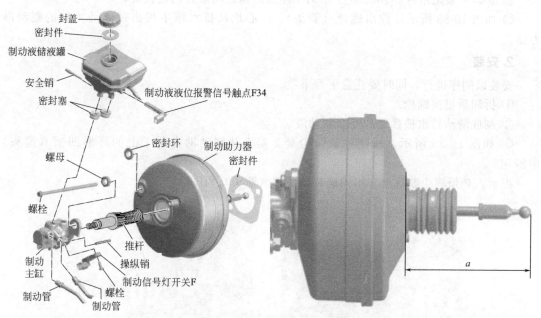

图10-85　制动器总成的结构

1. 拆卸

① 关闭点火开关。

② 反复踩下制动踏板，降低制动助力器内的真空。

③ 从制动助力器上拆下制动踏板。

④ 在制动助力器下面的区域里铺放足够的不起毛的抹布，以防制动液溢出。

⑤ 将制动液用制动液加注及排气装置 VAS 5234 和适配接头 VAS 5234/1A 尽可能多地从制动液储液罐中吸出，如图 10-86 所示。

⑥ 拆卸排水槽盖板。

⑦ 拆卸制动液储液罐。

⑧ 如图 10-87 所示，将电插头 1 从制动助力压力传感器和制动灯开关 F（图中位置 4）上断开。

⑨ 拆卸制动助力压力传感器 2。

图 10-86 吸出制动液

图 10-87 拆下真空传感器

⑩ 拧出制动管路的锁紧螺栓 3，将制动管路从制动主缸上拔下并略微压向一侧。

⑪ 立即用装配组件 5Q0698311 中的干净密封塞封闭敞开的连接处。

⑫ 如图 10-88 所示，拧出螺栓（箭头）。小心地从排水槽中拔出带制动主缸的制动助力器。

2. 安装

安装以倒序进行，同时要注意下列事项。

① 拆卸后更换螺栓。

② 彻底清洁排水槽残留的外溢制动液。

③ 如图 10-89 所示，检测橡胶防尘套 2 是否从制动助力器 1 上的环形凹槽（箭头）中滑出。

提示：必须将橡胶防尘套牢固地装入凹槽（箭头）周围。

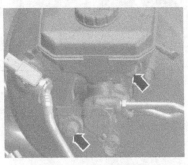

图 10-88 拆下制动器

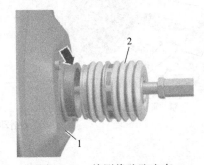

图 10-89 检测橡胶防尘套

④ 小心地装入带制动主缸的制动助力器拧入螺栓。

⑤ 将真空软管压入制动助力器。

⑥ 安装制动助力压力传感器。

⑦ 将真空软管稳固地推到制动助力压力传感器上。
⑧ 用手将制动管装入制动主缸，不要改变制动管路的弯曲形状。
⑨ 用必要的扭矩拧紧制动管的锁紧螺栓。
⑩ 安装制动液储液罐。
⑪ 将制动踏板与制动助力器连接在一起。

十、制动踏板高度的检修

1. 测量制动踏板自由行程

① 确认点火开关处于关闭位置，多次（3次以上）踩下制动踏板，直至制动助力器内无真空。

② 选用钢直尺沿制动踏板一侧向下移至与地板完全抵靠，用拇指按下制动踏板直至感到轻微的阻力，读出并记录此时的高度值。

③ 松开拇指，记录此时的高度值，两次测量的高度差为制动踏板的自由行程，标准值应为1.0~6.0mm，如果不符合标准，则调整制动灯开关推杆的突出部分与缓冲垫之间的间隙，如图10-90所示。

2. 调整制动踏板高度

① 拔下制动灯开关线束插接器，逆时针转动制动灯开关总成，将其拆下。
② 选用14mm呆扳手，松开推杆锁紧螺母。
③ 选用鲤鱼钳，转动推杆以调整制动踏板高度。
④ 选用钢直尺沿制动踏板一侧向下移至与地板完全抵靠，读出并记录踏板高度值，调整踏板高度到规定范围内。注：标准高度为145.8~155.8mm。
⑤ 用14mm呆扳手拧紧推杆锁紧螺母。
⑥ 将制动灯开关总成插入支承座，直到触及缓冲垫，顺时针转动1/4圈锁紧，如图10-91所示。

图10-90 测量踏板自由行程

图10-91 调整制动踏板高度

十一、真空助力器的检查

1. 助力功能的检查

在发动机熄火时，以相同的踏板力踩制动踏板若干次，以消除真空助力器的全部残余真空，并确认踏板高度无变化后，踩住踏板不动，然后启动发动机。此时若制动踏板略微下沉，则说明真空助力器助力功能正常；如踏板不动，则真空助力器无助力作用，应首先检查真空源是否提供了一定的真空度,然后检查真空管路、单向阀及真空助力器。

2. 密封性能的检查

启动发动机,使发动机在急速运转1~2min后,踏下制动踏板数次,并在踏板处于最低位置、保持踏板力不变的情况下,停止发动机运转。若发动机提供的真空度正常,且踏板高度在30s内无变化,则说明真空助力器密封性能良好。如制动踏板有明显的回升现象,则说明真空助力器有漏气故障,需更换。

十二、制动液的更换

制动液更换机结构如图10-92所示。

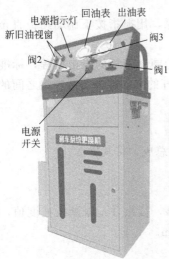

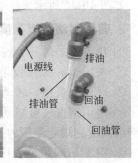

图10-92 制动液更换机结构

① 汽车处于静止状态。

② 阀1指向开处,阀2、阀3指向关处。

③ 找出待操作汽车刹车总泵位置,先将刹车总泵储油壶上的盖旋出,放在安全位置,再将吸油管配上专用接头后,插至刹车总泵储液壶内,开启调压阀。此时机器工作,将刹车总泵储液壶内的旧油吸出至机器内旧储油桶内,如图10-93所示。

图10-93 将吸油管配上专用接头

④ 旧油抽干净后,取出吸油管,取下专用接头,将出油管配上专用接头,放至刹车总泵储油壶内,阀3指向开位置,阀1指向关位置,阀2指向开位置,将新油注入刹车总泵油壶内2/3处即可。

⑤ 完毕后，关闭调压阀。

注：更换刹车油（上压下吸）。

① 确定待操作汽车型号，从本机器配备的专用接头中找出与之相配的接头（刹车总泵储液壶旋紧盖），旋在刹车总泵储液壶上。

② 将出油（PRESSURE）与专用储液壶接头相连接，将吸油管配上专用吸油管连在刹车轮上的排气螺栓上，并打开排控螺栓，如图 10-94 所示。

③ 当需要两轮或四轮同时操作时，可在回油管上配上专用五通阀。两轮操作时，可同时接上两根专用吸油管（一般左前右后，或右前左后）。

④ 管接好后，可将阀 2、阀 3 指向开位置，阀 1 指向关位置。

⑤ 当回油管内出来的刹车油为新油时，即可依次旋紧刹车轮上的排空气螺栓，关闭电源。

⑥ 换油完毕后，将阀 2 指向 AIR 中间泄压位置（由于刹车总泵储液壶内，在换油时处于高压位置，必须先泄压）。

⑦ 恢复汽车原状态，试刹车即可。

⑧ 整理本机器上的出油管、吸油管及专用接头以备下次使用。

注：
① 汽车处于静止状态；
② 先将汽车刹车油壶内的旧油抽出至本机废油桶内（同抽油、注油步骤一样）；
③ 开启电源，这时刹车油路内的旧油被吸出，排入本机废油桶。

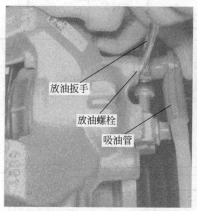
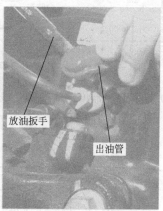

图 10-94　将吸油管配上专用吸油管连在刹车轮上的排气螺栓上

第六节　制动系统常见故障与诊断

一、迈腾电子机械式驻车制动器控制单元 J540 唤醒导线故障的检修

故障现象

仪表上电动驻车制动器和手制动器故障指示灯 K214 点亮。用 VAS 5051 读取故障码，故障码 53-J540 内容为电动驻车制动器 ECU 唤醒导线对正极短路；故障码 03-J104 的内容为电子手刹 ECU 信号不可靠；故障码 25 的 ESP 信号不稳定。后两个故障为偶发性故障，清

除故障码后连续开关点火开关时，故障不再现。但当关闭点火开关几分钟后，打开点火开关则再次出现同样故障码。相关电路如图 10-95 所示。

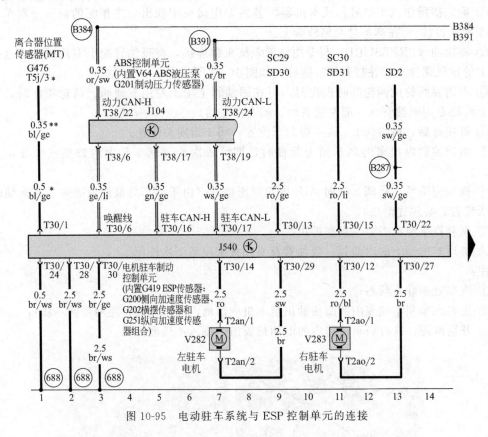

图 10-95　电动驻车系统与 ESP 控制单元的连接

① 对于电动驻车制动器 CAN 数据总线控制单元，从图 10-95 中可看到，J540 是与动力 CAN 彼此分开，具体如图 10-96 所示。

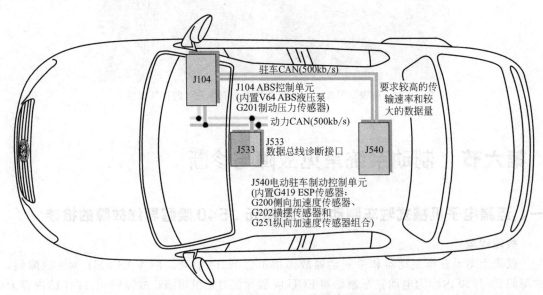

图 10-96　电动驻车系统与 ESP 控制单元通讯原理

② 关于唤醒线：舒适 CAN 由于有睡眠功能且必须随时保证立即工作，电源不受点火开关电源控制，所以需要 CAN-L 较长时间为 6V 左右电压，对舒适 CAN 进行唤醒，但是不需要单独唤醒线。动力 CAN 的工作受 15 正电控制，即打开点火开关后所有与动力 CAN 连接的控制单元都工作，无唤醒。

关于电子驻车制动系统 CAN，可能是关闭点火开关后，理论上 J104 应该停止工作，但是此时电子驻车制动系统仍需工作，如果此时按下驻车制动开关，J540 要将此信号传递给 J104，即要通过唤醒线进行唤醒，等 J104 工作后才通过驻车 CAN 发送信号。因此，如果唤醒线有故障，不能唤醒 J104，关闭点火开关几分钟后就会出现故障码。

故障处理流程

① 用万用表着重检测 J540 中的 T30/6 线是否正常：是否导通，是否对地/电源短路。

② 断开 J540 控制单元的接插，关闭点火开关几分钟后重新读故障码。如果此时在 25 中没有出现"ESP 信号不可靠"的故障码，则应为 J540 故障。

③ 更换 J540 后故障排除。

二、迈腾 EPB 故障灯闪烁但无故障码

故障现象

迈腾驻车制动装置（EPB）故障灯闪烁如图 10-97 所示，但无故障码。电子制动功能正常，EPB 系统概貌如图 10-98 所示。

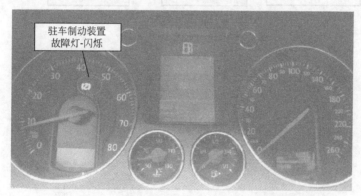

图 10-97　迈腾驻车制动装置（EPB）故障灯闪烁

故障诊断

① 用 VAS 5052 诊断仪进行自诊断检测，如图 10-99 所示，但无故障码。

② 对电控机械式驻车制动器系统的数据流进行读取并分析，正常，如图 10-100 所示。

③ 检查 ABS 及 EBP 控制单元版本及编码，正常，如图 10-101 所示。

④ 用系统相关功能进行匹配，故障仍未解决。

03-16-40168-04-060：方向转角传感器 G85 复位。

03-16-40168-04-061：纵向、横摆、侧向加速度传感器复位。

03-16-40168-04-063：侧向加速度传感器 G200 复位。

03-16-40168-04-066：制动压力传感器 1-G201 复位。

⑤ 试对控制单元断电，故障未能排除。

a. 故障原因分析：53（EPB）基本设定的功能。

53-04-007：后制动片打开。

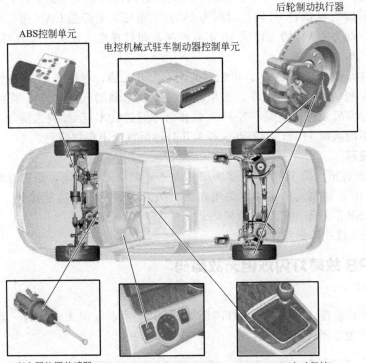

图 10-98 EPB 系统概貌

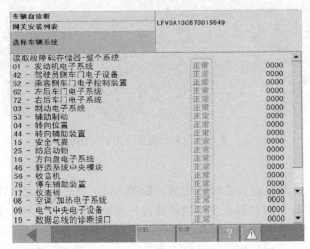

图 10-99 用 VAS 5052 议断仪进行自诊断

53-04-006：后制动片关闭。

53-04-010：基本设定（后制动片开关 3 次）。

注意：进行以上操作时，必须等至少 30s 再进入下一步，否则可能由于硬件原因导致 EPB 控制单元损坏。

b. 故障处理方法：53-04-010。

案例点评及建议

① EPB 基本设定的其他功能。

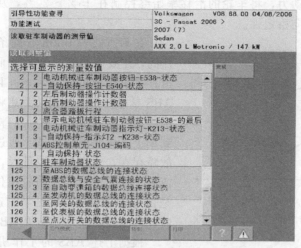

图 10-100 数据流进行读取并分析

53-10-04 将 1 改为 0：不踩刹车踏板可解除 EPB。

53-10-10 将 1 改为 0：自动挡车会出现 03182（离合器位置传感器 G476 异常）故障码且不能清除，EPB 故障灯会长亮。并且每断一次电，此编码可能会自动更改一次。

EPB 编码 57（AT）改为 56（MT），Auto-Hold 开关失效。

② 其他系统有故障灯闪烁并且没有故障码时，可先做基本设定。

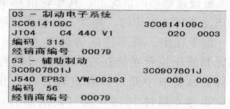

图 10-101 读取 ABS 和 EBP 控制单元版本和编码

三、奇瑞瑞虎 ABS 低速误动作故障

故障现象

一辆新款的奇瑞瑞虎 SUV，在车辆即将停车时踩踏制动踏板，ABS 误动作。

故障诊断与排除

首先对该车进行了路试。在快速行驶的情况下，采取紧急制动，ABS 工作正常；当车速减慢接近要停车时，轻踩制动踏板，踏板频繁弹脚，说明 ABS 此时工作，并且 ABS 故障灯也没有点亮，这种情况确实不正常。我们知道，ABS 通常都是根据汽车车轮的滑移率 S 来实施 ABS 执行器的具体动作。所谓滑移率，就是指车轮相对于地面的滑移程度，即

$$S = \frac{v - \omega r}{v} \times 100\%$$

式中，v 为车速（车身速度、车轮中心速度）；ω 为车轮旋转角速度；r 为车轮滚动半径。

在实施制动时，如果滑移率过小，则表明制动力不足，会增大制动距离；如果滑移率过大，则表明制动力已远远超过地面附着力，车轮将出现抱死拖滑的情况，这不但可能增大制动距离，也会使车辆去方向稳定性。实验证明，在制动时将车轮的滑移率控制在 15%～20%，此时，纵向附着系数最大，能够得到非常好的制动效能。同时，横向附着系数也较大，使汽车具有较好的制动方向稳定性，如图 10-102 所示。ABS 的功用就是在制动过程中，

通过调节制动器的制动力,将车轮的滑移率始终控制在15%～20%,从而获得最佳的制动效能和较好的制动方向稳定性。

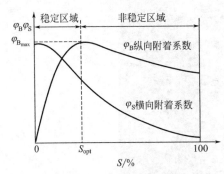

图10-102 滑移率与附着系数的关系曲线

在车速低于10km/h的条件下,ABS是不工作的,主要原因就是在如此低速的情况下,车轮滑移率很难会超过20%,并且在该条件下,如果ABS参与工作,其制动距离将可能超过常规制动的距离,反倒不安全。我们将X-431检测仪连接到车上,再次进行路试。通过检测仪的诊断,无故障存在,但在车速较低时,我们读取到的数据流有一点异常,即左前轮速传感器信号不稳,这是否与此故障有关呢?当车速降至12km/h左右时,实施慢速制动,结果ABS又工作了。

根据上述ABS的工作机理和实车路试的情况,我们认为该SUV的故障尽管是在车速超过10km/h时出现,满足ABS工作的条件,但在实施慢速制动的情况下,其车轮滑移率不可能超过15%～20%。因此,在正常的情况下ABS是不可能工作的。那么,导致该故障的原因究竟是什么呢?

由于在中、高车速的情况下ABS工作都很正常,因此,基本上可以排除ABS控制单元和液压执行系统存在故障的可能性,最大的可能就是在低速期间轮速传感器的信号陡然减弱或中断,只有这样,ABS电脑才会根据接收到的陡降或中断的轮速信号,判定滑移率超过15%～20%,从而启动ABS。而能造成轮速传感器信号在低速时陡降或中断的原因主要有:个别车轮刹车发胀、轮速传感器自身故障、轮速传感器与感应齿圈的间隙异常等。

本着由简至繁的检修原则,我们首先举升起车辆,用手分别转动每个车轮,各车轮都旋转自如,未发现有制动发胀的情况存在;由于前期在用X-431读FA的数据流中发现左前轮速传感器信号不稳,为确定该情况是否确实存在,接下来我们分别慢速转动左、右前轮,并再次读取数据流,发现左前轮速传感器信号电压时有时无,而右前轮速传感器的信号电压比较稳定,由此,我们可以断定,造成ABS低速误动作的原因要么是轮速传感器自身故障(线圈匝间局部短路或电路虚接),要么是轮速传感器与感应齿圈的间隙异常。拆下两前轮轮速传感器,转动半轴检查传感器的感应齿圈,均正常,测量传感器与感应齿的间隙,都在0.4mm左右,符合0.2～0.8mm的规定要求,可见,问题还是出在轮速传感器自身。为此,我们又分别断开左、右前轮后轮速传感器插头,测试传感器的阻值,都约为1200Ω,也在规定范围之内,之后又查阅了瑞虎的相关资料,根据ABS控制电路,我们对ABS电脑1号和2号端子至左前轮速传感器插接器进行了导通性测试,也正常。至此,可以基本确定左前轮速传感器有线路虚接问题存在。为了证明我们的推断,本应该更换一个新的左前轮速传感器进行实验验证,但由于当时没有备件,我们采取了另外一种方法,如图10-103所示,断开左前轮速传感器插头,从右前轮速传感器的插接器处并出两条线路,连接至ABS电脑的1号和2号端子的线路插接器上,目的是利用右前轮速传感器的信号来取代原左前轮速传感器的信号。在此条件下驾驶车辆路试,ABS低速误动作的现象终于消失了,ABS工作一切正常。在推断得到证实之后,我们将左前轮速传感器拆下并剖开外层护套仔细检查,发现该传感器在左前翼子板上沿附近的位置有被挤压的痕迹,但线路并没有完全断开,这很可能是在车辆装配过程中造成的。修复该车ABS后完全恢复正常,再也没有低速误动作的情况出现。

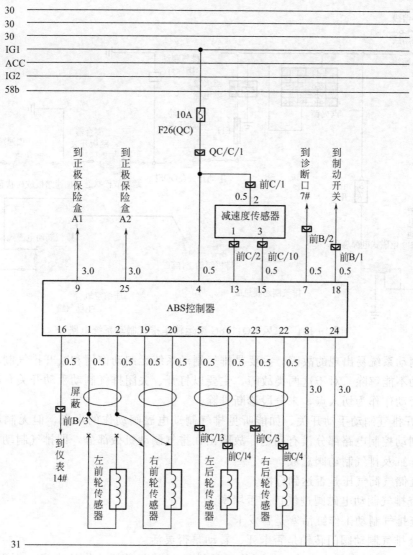

图 10-103 瑞虎的 ABS 电路

四、排气制动系统电路图分析及常见故障

东风 EQ1118G 型运输车排气制动系统电路如图 10-104 所示。

① 点火锁继电器控制电路，该电路接通后，排气制动控制电路才能将源头电源引过来。该电路的电流走向：蓄电池正极-红色易熔线-点火锁 B 接线柱-点火锁-点火锁 IG 接线柱-点火锁继电器-搭铁-蓄电池负极。

② 排气制动指示灯电路，该电路接通后，排气制动指示灯才会亮。该电路的电流走向：蓄电池正极-红色易熔线-点火锁继电器-熔丝 11-排气制动手动开关-排气制动指示灯-搭铁-蓄电池负极。

③ 排气制动控制电路，该电路接通后，排气制动电磁阀才会工作。该电路的电流走向：蓄电池正极-红色易熔线-点火锁继电器-熔丝 11-排气制动手动开关-离合器踏板开关-排气制动电磁阀-加速踏板开关-搭铁-蓄电池负极。

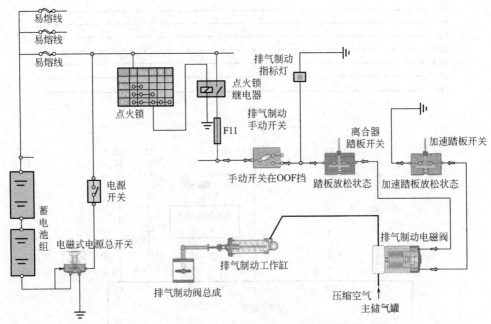

图 10-104 东风 EQ1118G 型运输车排气制动系统电路

排气制动系统易出现的故障，主要是排气制动系统无制动作用和断开排气制动手动开关后排气制动不能解除。对于这两类故障，主要以打开、关闭排气制动手动开关，听排气制动电磁阀是否动作作为切入点，来分段诊断排除。

① 打开排气制动手动开关，如能听见排气制动电磁阀动作的声音，但无制动作用，则说明排气制动控制电路部分没有问题，故障出在排气制动机械部分，即排气制动电磁阀、排气制动工作缸及排气制动阀总成。

　　a. 检查储气筒气压是否达到标准。
　　b. 检查排气制动电磁阀进气口是否堵塞。
　　c. 检查排气制动工作缸活塞是否发卡。
　　d. 检查排气制动阀门转轴是否卡死、转动是否灵活。

② 打开排气制动手动开关，如不能听见排气制动电磁阀动作的声音，更无制动作用，则说明故障出在排气制动控制电路部分。

　　a. 排气制动指示灯亮，说明线路 1 及线路 2 都没问题，故障出在线路 3 的后半部分。检查离合器踏板开关、排气制动电磁阀、加速踏板开关及线路。
　　b. 排气制动指示灯不亮，说明故障出在线路 2 的后半部分。检查熔丝 11、排气制动手动开关、排气制动指示灯及线路。

③ 关闭排气制动手动开关，如能听见排气制动电磁阀动作的声音，但排气制动不能解除，则说明排气制动控制电路部分没有问题，故障出在排气制动机械部分，即排气制动电磁阀、排气制动工作缸及排气制动阀总成。

　　a. 检查排气制动电磁阀出气口是否堵塞。
　　b. 检查排气制动工作缸回位弹簧是否折断、是否老化、弹力是否过弱。
　　c. 检查排气制动阀门转轴是否卡死、转动是否灵活、是否因积炭过多嵌入阀门，而造成阀门不能完全复位。

④ 踩下离合器踏板，排气制动不能解除。

a. 检查液压系统是否异常、离合器踏板开关安装部位是否漏油。
b. 踩下、松开离合器踏板,检查离合器踏板开关是否发生故障或安装不正确。
⑤ 踩下加速踏板,排气制动不能解除。
a. 踩下、松开加速踏板,检查加速踏板开关是否有故障或安装不正确。
b. 调整时,使发动机转速略高于怠速,将加速踏板开关调整到接通状态即可。